大学整并之比较研究

陈光亮　张惠怡　著

中国社会科学出版社

图书在版编目（CIP）数据

两岸大学整并之比较研究／陈光亮，张惠怡著 . —北京：中国社会
科学出版社，2016.4

ISBN 978-7-5161-7987-1

Ⅰ.①两⋯ Ⅱ.①陈⋯②张⋯ Ⅲ.①海峡两岸—高等学校—对比
研究 Ⅳ.①G649.2

中国版本图书馆 CIP 数据核字（2016）第 074833 号

出 版 人	赵剑英
责任编辑	冯春凤
责任校对	张爱华
责任印制	张雪娇

出　　版	中国社会科学出版社
社　　址	北京鼓楼西大街甲 158 号
邮　　编	100720
网　　址	http：//www.csspw.cn
发 行 部	010 - 84083685
门 市 部	010 - 84029450
经　　销	新华书店及其他书店

印　　刷	北京君升印刷有限公司
装　　订	廊坊市广阳区广增装订厂
版　　次	2016 年 4 月第 1 版
印　　次	2016 年 4 月第 1 次印刷

开　　本	710 × 1000　1/16
印　　张	19.75
插　　页	2
字　　数	324 千字
定　　价	88.00 元

前　言

　　教育政策研究在国际教育科学研究领域一直是重要的方向之一，牛津大学、哈佛大学、斯坦福大学等著名大学均设有专门的教育政策研究机构，联合国教科文组织也有专门大使及委员会积极推动世界范围内的教育政策研究。国内的教育政策研究也呈现方兴未艾之势，中国教育科学研究院以及多所高等学校先后成立了教育政策研究机构，但由两岸高等学校联合举办的教育政策研究机构，广州大学是第一家。

　　近年来，两岸的教育交流与合作日趋紧密，而理论研究却落后于实践的进程，在教育政策方面的研究尤为薄弱。两岸同文同种，文化同根同源，可供相互学习之处颇多，教育政策的相互借鉴有助于两岸教育的共同进步与繁荣。有鉴于此，广州大学与台湾屏东教育大学（现为屏东大学）在长期友好合作的基础上，于2010年10月签署联合建立教育政策研究中心的协议书；2011年9月29日，"广州大学——屏东教育大学教育政策研究中心"在海峡两岸同仁的共同见证下揭牌成立。中心旨在共享双边优质教育资源，合作推进两岸政策领域研究，培养教育政策研究人才，为政府教育政策的制定与完善提供智力支持。

　　根据广州大学和屏东教育大学签订的协议，两校分设"两岸教育政策研究中心"，其主要职能包括：互派教研人员交流、合作进行教育政策课题研究、交换研究资料及网站建设、联合举办学术会议等。中心成立四年多来，遵循协议，建章立制，密切合作，运行良好：建立了定期商讨年度研究计划制度、教师驻校研究与合作攻关制度、研究生和本科生联合培养制度、联合建设教育研究资料共享中心和两岸教育政策资源网站、定期出版学术论文集和发布研究成果和咨询报告等。

　　教育政策研究中心已成功联合举办了四届两岸教育政策研讨会：第一届于2011年12月在屏东教育大学举办，主题为"两岸教育交流政策"；第二届于 2012 年 9 月在广州大学召开，主题为"两岸教育质量保障"；第三届于 2013 年 4 月在屏东教育大学举行，主题为"两岸教育行政改革"；第四届于 2014 年 3 月在广州大学举办，主题为"两岸教育发展脉络与亮点：教师发展"；第五届于 2015 年 12 月在屏东大学举行，主题为"两岸教育品质保证政策"。每届研讨会发表的论文均已经或即将在两岸结集出版。

　　我们将以教育政策研讨会为基础，出版研讨两岸教育政策问题的连续性学术辑刊《两岸教育政策评论》，辑刊同时向外界开放，收录国内外同行有关两岸教育政策的高论。期待学界同仁不吝赐教，惠赐稿件，把《两岸教育政策评论》办成汇集两岸教育政策研究最新成果的理论园地。

　　《两岸教育政策评论》第一辑是第二届两岸教育政策研讨会会议论文的结集，已于 2014 年 3 月出版；第二辑是第四届两岸教育政策研讨会会议论文的结集，已于 2015 年 11 月出版。

　　《两岸教育政策评论》第三辑是由一部讨论两岸大学合并效益和困境的博士论文整理而成的专著，作者是曾在屏东大学政策、屏东大学教育行政研究所（两岸教育政策研究中心）读博士班的陈光亮博士和张惠怡博士。2000 年初，我应邀作为讲座教授为屏东大学的教育管理博士班授课，结识了陈光亮和张惠怡伉俪，得知他们有兴趣做两岸大学合并的比较研究，我很是高兴，乐观其成。此后，出于博士论文研究（以大陆广州大学与台湾东华大学为研究个案）的需要，他们数度来广州做实地调研和访谈，我作为特邀指导老师和两岸教育政策研究中心主任，义不容辞地为他们提供必要的指导和帮助。如今，他们的博士论文纳入了《两岸教育政策评论》辑刊序列出版，我更愿意将其看作是两岸教育政策研究中心精诚合作的结晶，无论是作为合作研究的成果，还是作为联合培养人才的成果，或是教育政策比较研究的范例，都是恰当的，可喜可贺的。

　　我们当然也恳切地期待为类似的研究成果搭建出版平台，以繁荣两岸教育政策研究，促进两岸学界同仁的相互分享与借鉴。

广州大学—屏东大学教育政策研究中心主任

广州大学教育学院（师范学院）教授

刘　晖

2015 年 12 月 31 日识于广州

目　录

第一章 绪论

大学整并（university consolidation）是教育决策当局为因应环境需要，透过相关政策规划与执行，将两校或两校以上进行调整与裁并，以重新组合建构成一所新学校。早于 20 世纪中期，由于高等教育大众化效应带来量的急速扩张，促使大学整并成为各国高等教育发展的重要政策，而在全球化浪潮下，90 年代再逐步影响两岸。本书旨在探讨两岸大学整并概况，并以我国台湾东华大学及大陆广州大学为例进行实证研究探索，由于大陆在大学整并工作进程上早于台湾地区，有诸多案例可供参考，故可从比较中了解两岸在大学整并方面之异同，以提供台湾在大学整并上之参考意见。

第一节 研究背景

一 大学教育是国家竞争力的重要指标

教育为国家百年大计，是国家建设基础，主导社会进步之动力，又教育理念和实践受到国家政体形式或作为之影响甚巨，尤以在教育自主性和发展上，唯则透过教育洗礼与教化，自然也会促进国家领导管理人才之内涵，以及提升人民素质和能力，对整个社会与政治稳定或发展有其重大之作用。[1] 显见，发展教育事业的重要性，不容忽视。而大学教育除了是知识生产者外，更具有通识、研究、服务等多元功能，且其目的已从过去精英教育，迈入大众化、平民化教育，知识的传播与扩散也从校园延伸至社

---

[1] 许智香：《政权更迭后的教育方针——台湾光复至九年国教》，台北经典出版社 2006 年版。

会中，使得它与政治、经济、社会关系愈来愈紧密结合在一起。① 因此，从事大学教育研究是衡量国家竞争力的重要指标，已然成为重要课题。

二　大学教育受环境影响甚深

近半世纪以降，在市场化、全球化和国际化等浪潮激荡下，促使国际政治、经济、社会、科技与文化等系统产生急遽变化，大学教育在此氛围带动下，成为一项跨越疆域的国际性事业，加上大学教育转为大众化后，各国大学教育机构普遍快速扩张，导致教育资源相对紧缩和分散，亦使大学教育面临前所未有之危机及严峻挑战，亟待各方想方设法地寻求解决之道，着眼于此趋势，各国为提升国家整体竞争力、改善经营效益、追求学术卓越目标，并将教育资源作最有效分配，采行大学整并被认为是一项有效手段。② 然而，是否将大学予以整并，即能如预期解决上述相关问题及提升大学教育效益，实有很大探究空间，尤以整并后对组织之影响，牵涉到组织实际运作情形，更是本书关心的重点之一。

三　整并成为各国高等教育发展的重要政策

不论从政治角度、经济思维，或其他相关问题着眼，建构一个适合现况之优质大学教育环境，是刻不容缓且当务之急。事实上，国家间高等教育发展的演变，早在第二次世界大战之后，多国已开始有对大学及专科以上学府进行整并的初步概念；但一直到 60 年代以降，高等教育的大众化带来高等教育在量方面的急速扩张及在质方面的多元需求之后，才开始成为各国高等教育发展重要政策。澳大利亚、荷兰、英国、法国、瑞典及西德等欧美国家，相继经由政府再造运动，积极介入高等教育的整并运动；而这股整并风潮，在 90 年代也开始影响亚洲国家，如中国大陆、日本及中国台湾地区。③ 然则，对于整并工作所带来之相关问题，若未进行检视，以获致妥适之处理解决，对整并工作而言将是空有其表，而无法探知其内涵。

---

① 王瑞琦：《百年来中国现代高等教育：国家、学术、市场之三角演变》，台北政治大学 2007 年版。

② 陈伯璋：《大学整并的省思与前瞻》，台北心理出版社 2004 年版。

③ 《大学整并的条件与策略》［EB/OL］。

四　两岸大学的发展同时遇到大学数量过度膨胀问题

台湾地区在 1994 年"大学法"修正公布后，开始广设公立高中与大学，并放宽专科学校、技术学院升格改制限制，促使大学校数明显增加，至 2014 学年度止已有 159 所（不含军事院校 6 所、警大 1 所、空大 2 所；另专科不含警专 1 所及陆军专校 1 所）、学生数达 134 万人，其中除台大、成大、政大、东海、辅仁等近 50 所公私立大学学生规模超过 1 万人之外，其余均属中小型学校，① 但都遇到发展瓶颈，尽管台湾地区"教育部"为推动大学整并，提出许多经费补助及整并成功后增设系所等诱因，不过成效并不如预期。而大陆从 1978 年在中国共产党第十一届三中全会中，确立改革开放政策后，高等教育治理上也随之改革，高校在多方面享有更大办学自主权，且规模日益膨胀，然这对大陆财政资源而言产生严峻考验，90 年代后不得不进行一系列改革，主要是针对 50 年代高校重复设置、单科性学校过多，办学规模小的局面，使整并后的大学能迈向更综合性学科发展。由上，两岸自 1949 年后，在大学教育发展上同时面临大学数量过度膨胀问题，唯大陆在政治力积极作为下，比起台湾地区有更多整并成果，然而是否完成整并后即代表着大学教育有限资源能够集中，并同时可以提高办学效益？并未有肯定的答案。

第二节　研究动机

在《世界是平的》一书中，开宗明义即指出："世界的变化又快速又巨大，墨守成规的企业或个人，都将被潮流所淘汰。"② 进入 21 世纪信息化、网络化时代，高等教育量扩张，整体经济不景气，教育资源相对紧缩之情况依然存在，大学也都感受到生存危机和竞争压力，因此进行行政的改组与调整，改变传统科层体制，从深层假定、价值上进行根本的转变，重新塑造成员角色，以促使学校产生组织变革，提升学校适应力，增进学

---

① 《台湾教育统计》［EB/OL］。
② 托马斯：《世界是平的》，台北雅言文化出版社 2005 年版。

校组织发展与生存,① 成为不容忽视之环节。

一　少子化现象已冲击到台湾地区高等教育生存,适有相关法令支持,才得以进一步推进大学整并

　　根据台湾"教育部"统计处资料显示,② 台湾地区近十年的出生率及出生人数,由 2003 年的 10.06‰,下降为 2013 年的 8.53‰,出生人数由 22 万 7 千人,下降为 19 万 9 千人,除显示台湾地区的出生人口数正明显地呈下降趋势外,也直接冲击到各级学校的入学人数;再从公私立大学同时增设的情况下,导致大学招生名额不断攀升,以 2013 学年度为例,招生人数在 32 万 4 千人左右,然注册人数却仅有 25 万 8 千人左右,相形之下出现了供需失衡情况,从高怡宣的调查中显示,③ 台湾地区自 2016 年开始,大专校院将面临长达 12 年的"少子化悬崖",显见少子化现象已严重冲击到高等教育的生存。为此,台湾"教育部"于 2001 年与 2002 年分别提出《"国立"大学院校区域资源整合发展计划》及《推动研究型大学整合计划》,进行各种形式的大学教育资源整合,④⑤ 但在无相关法源依据下,各校态度并非十分积极,致使整并成功校数有限。直至 2011 年 1 月 10 日台湾"立法院"通过"大学法"第 7 条修正案,明定未来"教育部"可主导"国立"大学整并工作,才使台湾大学整并政策有了真正法源依据,⑥ 2012 年 6 月 22 日"教育部"依此公布《"国立"大学合并推动办法》,进一步推进大学整并,使得停滞已久的大学教育改革再度露出曙光,亦激发本书深入探究之动机。当然,作为一项重要教育政策,也和其他教育政策一样,不仅在解决"实然面"问题,亦在关心"应然面"问题,实然面所考量的是事实问题,在于解决因大学过度扩张而产生的招生不足现况;应然面则考虑价值问题,即希望透过大学整并可朝最适经营规模发展。

---

① 范炽文:《学校经营与管理——概念、理论与实务》,高雄丽文出版社 2006 年版。
② 《各级学校基本资料》[EB/OL]。
③ 高怡宣:《学校现倒闭潮我们准备好了吗》[EB/OL]。
④ 《"国立"大学院校区域资源整合发展计划》[Z]。
⑤ 《推动研究型大学整合计划》[Z]。
⑥ "大学法"[EB/OL]。

二 整并过程中的每一项步骤都关系着整并的成败，从整全概念切入，更能看清全貌

从历史发展角度证明，高等教育的发展与改革，一定要不断地适应社会、经济、科技、文化等的发展需要，无论是高等学校数量、规模、布局，还是人才培养的质量、规格、层次，都必须协调发展，才是科学的发展观。[①] 因此，基本上一个大学整并案例至少含有三个阶段，包括前置计划的拟订、实际的进行步骤与过程及整并完成之后的评估作业。[②] 而每一项步骤都关系着整并的成败，故本书即从大学整并前的政策，整并后的磨合期与发展，进行理性思考和科学分析，针对行政主管、教师、行政人员及学生等为研究对象，透过大学整并政策问题、整并后人员角色知觉、资源配置、组织文化、组织运作效益及困境与省思等方面进行实地访谈调查，以了解大学整并的现况与成效，并将所得结果加以分析和讨论，提出具体的研究发现及建议，期望日后能提供其他欲整并之大学及后续研究者作为参考之用。

三 采用比较研究法，有助于教育问题之研究，更利于了解两岸大学整并的异同

比较教育是透过不同国家间或地区间的教育现象或问题之比较，从中发现其异同，以作为对教育改革及人类社会有贡献之学问。换言之，借鉴他国教育经验之长处，来改善本国教育之短处，是比较教育之目的。尤以今日的教育问题已如同政治、经济等问题一样，形成一全球性且彼此相互影响的问题，若要解决教育重大问题，已非在一国之内，而必须从全球角度共同观照，才能寻得解答。[③] 近年来，以台湾与大陆作为比较对象之研究，掀起了一股热潮，原因在于研究结果有其实用价值。而何以本书亦要研究两岸？有鉴于，过去比较研究对象都以欧美为例，在时空因素及语言

---

① 张安富：《合并型多校区大学融合过程中的管理研究——以武汉理工大学为典型案例》，武汉市华中科技大学硕博论文 2004 年版。

② 张建邦：《"狐狸世纪"大学的整并与发展》，大学整并理念与策略研讨会论文 2002 - 12。

③ 杨思伟：《比较教育》，台北心理出版社 2007 年版。

限制下，无法得到第一手资料，以致研究内容趋于空洞，故选择大陆为比较对象，即可减少此现象之发生。再从主观上而言，两岸因政治因素分隔近65年，所有人、事、物均产生极大变化，所以一切与两岸有关之资讯都必须加以研究，除政治、经济外，高等教育是大陆人才培养的主要来源，更是提供了解大陆状况的一扇门；另从客观上而言，官方与民间的交流越趋频繁，对台湾学术界帮助更大，尤以大陆高校整并成果更可作为台湾整并的借鉴与参考。

四　以广州大学与东华大学为研究对象具有比较性

由于目前大陆整并的高校数量很多，各校间的整并情形亦不相同，若对所有高校作全面性的研究势必相当困难，而大陆广州大学位于广东省，是2000年由中共教育部审批成立的学校，由原广州大学、广州师范学院等体制较弱、办学层次多属专科层次的4所市属高校组建而成，组建时间超过十年，是大陆高校整并过程中，整并学校数量最多的学校，[①] 组建后学术表现相当丽眼，目前大陆高校排名206名。[②] 台湾东华大学则是2008年整并成立的学校，整并时间亦有五年以上，是台湾大学与师范学校整并首例，目前台湾大学排名27名。选择两校的共同特点为，均曾是具有共同历史、语言及文化的族群，均有师范学院参与整并，整并后虽拥有多个校区，但都是属于集行政、学术及资源于一体的完整单一校区，亦均受到政府相当大的关注与支持，且查阅相关文献对两校整并议题之探讨相当有限。基于上述理由，本书乃以"比较研究"为主要方法，进行两岸大学整并探究，除可了解大陆高校整并之做法与经验，相信对台湾未来在大学整并的发展、修正与改革上能有更多启发，并可作为后续研究及政策之参考。

五　本书在过去的研究基础上，重新诠释大学整并

翻阅台湾地区博硕士论文知识加值系统，在台湾地区对于大学整并之

---

① 王发明、蔡宁：《中国与美国大学合并的比较分析》，《高等农业教育》2006（3）。
② 《中国大学排行榜2013》［EB/OL］。

研究大略都以台湾地区的整并研究为主题，如池婉宜①、马发辉②、张国光③、曾清璋④、陈玉叶⑤、郑世忠⑥等，少数以大陆地区整并研究为对象者如关友钧⑦，而以两岸大学整并为比较对象者则仅有刘惟中⑧一篇。刘惟中在文中系以台湾最早完成整并的嘉义大学及大陆最常被提及、最受重视的浙江大学为比较对象，论述内容包含两校整并的缘起与背景、动力、过程、方式与类型等，提出了不少见解与贡献，由于刘惟中研究的时间点距整并完成时间不久，有许多整并内涵可能尚未建立或尚在"磨合期"当中，故本书以东华大学与广州大学为例，即希望能更进一步深入探索其相关内涵。

第三节　研究重要性与价值性

台湾地区在90年代因应环境所趋，开始提出诸多大学整并的论述与主张，并企图透过政策及经费补助方式，达成区域公立大学整并效果，但整并效率及成果却不彰，仅完成了嘉义大学等4校，使得台湾高等教育面临空前未有的重大压力。直至2011年1月10日台湾"立法院"三读通过"大学法"第7条修正案，据此台湾"教育部"于2012年7月4日召开部务会议，会中审查通过《"国立"大学合并推动办法》，作为台湾"教育部"主导"国立"大学整并之依据，过去碍于法令，对于整并只能扮

---

① 池婉宜：《"国立"大学整并政策之成效评估：以嘉义大学为例》，台北市立教育大学硕博论文2007年版。

② 马发辉：《高等技职教育整并策略之研究——以台中技术学院为例》，台湾南华大学硕博论文2003年版。

③ 张国光：《三军军官学校整并决策模式之研究》，台湾师范大学硕博论文2009年版。

④ 曾清璋：《台湾高等体育教育机构整并因素之探讨——以"国立"台湾体育大学（桃园）为例》，台湾政治大学硕博论文2008年版。

⑤ 陈玉叶：《"国立"东华大学学生对学校整并现况之调查研究》，台湾东华大学硕博论文2010年版。

⑥ 郑世忠：《军事院校整并策略遴选方案之研究》，台湾国防大学硕博论文2010年版。

⑦ 关友钧：《中国大陆高等院校合并之研究：以浙江大学为例》，台湾政治大学硕博论文2001年版。

⑧ 刘惟中：《台海两岸大学合并之比较研究——以嘉义大学与浙江大学为例》，台湾暨南国际大学硕博论文2004年版。

演协助角色，未来将不必再透过各校校务会议通过，而是由专家学者组成
的"合并推动审议委员会"拥有最后决定权。① 换言之，台湾"教育部"
将居于"国立"大学整并的规划与主导角色。对于这项政策的通过，显
见大学整并仍是台湾在高等教育改革上的重点工作，然而能否落实执行及
其成效如何？将牵动台湾大学整并的脉动。

　　大陆自 1992 年以来的高校整并，系根基于过去在计划经济体制下发
展出的高等教育体制，已渐渐无法适应社会需求，许多弊端横生。因此，
教育部按照高等教育管理体制改革"共建、调整、合作、合并"八字方
针，积极推动高校整并，几乎遍及全国各省、自治区、直辖市，影响极为
广泛，而这场历时十余年，自 1992 年 5 月扬州大学整并开始至 2006 年 5
月，大陆共有 1084 所高校（含成人高校）整并调整为 431 所，净减 653
所高校，② 整并成效可说相当卓著。故针对大陆高校整并成果进行分析研
究，对于台湾在大学整并推动上可提供一些省思做法。

　　本书以大学整并为探讨主轴，研究内容包括大学整并前的政策分析，
整并后的磨合与发展过程，采用比较研究、文件分析及访谈等方法，进行
深度的分析，并同时与大陆的相关问题比较，以提供台湾地区制度规划与
推动之参考，所以研究的重要性与价值性，不言可喻。

---

① 《"国立"大学整并，"教育部"制定推动准则》[EB/OL]。
② 王军：《合并大学文化构建的路径分析》，《江苏高教》2007（3）。

第二章　理论文献篇

第一节　大学整并政策分析

面对全球化趋势，世界各国无不着眼于高等教育议题上，培育更优秀人才，以增进国家整体竞争力。因此，政府须以更积极、正向态度看待大学教育本体，才能跟得上时代潮流。而大学整并政策除了是政府因应环境变迁所进行的一项变革外，亦是为回应社会各界对高等教育公共议题的期待，故本节即在针对大学整并政策相关文献进行论述。

一　教育政策制定过程

政策（policy）一词来自于希腊文、梵文及拉丁文，Ball 指出政策不只是事务，也是过程和结果，它可以是文本，也可以是论述。[①] 而教育政策（educational policy）是公共政策的一环，卢延根认为，教育政策意指教育行政机关考量国家未来教育发展、时代趋势演变或社会大众认知需求，依据国家相关教育法规，研拟可行方案或实施要点等，经完成法定程序后公布施行，以作为教育行政或相关学校、机构施行的准则。[②] 因此，从教育社会学观点而言，教育政策应视社会脉动的走向，积极与社会环境和教育制度联结对话，以维系社会结构或增进社会演变的目标而努力。

在教育政策研究中，教育政策制定是一项重要问题，也是一个繁杂的过程，从理论上而言，教育政策制定对于人民受教育的权利与品质，以及国家社会的长期发展关系至巨。尤以正确稳定的教育政策，可使教育系统

---

① Ball, S. J. *Educational policy and social class*. New York, London: Routledge. 2006.

② 卢延根：《教育政策行销功能及策略之探究》，《台湾教育》2003（620）。

运作顺畅，能凝聚教育行政人员、老师和学生、家长和社会人士的共识，坚定人民对政府施政的信心，使教育行政单位得以运用最少的社会资源，发挥最大的教育效果。[①] 张芳全也指出，教育政策形成过程不仅复杂，且受到政治面、社会面、技术面、行政面、环境因素及时间限制等因素之影响，同时其形成更有决策者的价值判断及艺术在其中。[②] 易言之，教育政策的形成受到各方主、客观环境因素之影响甚大，尤其在民主国家中，政策必须在各政党代表争执、折中与妥协的过程下产生，因而民意机关往往也成为政策角力的舞台，故而教育政策要获得不同政党及多数民众的支持与肯定，其制定过程实属不易。

Dunn 认为政策制定过程包括政策议题的设定、政策规划、政策采行、政策执行与政策评估，而每个阶段并非直线式，有可能是一种非直线式的。[③] 张芳全则以政策形成循环或历程论点来看，将教育政策制定分成政策问题界定、政策规划、政策分析、政策合法化、政策执行及政策评估等6 个阶段[④]，各阶段重点说明如下。

（一）教育政策问题界定

政策问题界定是政策形成的第一步骤，宜对过去外在环境与内部环境进行分析，了解过去在此政策执行上的情形与问题，以作为政策问题的参考与借鉴。由于政策问题具有互依性（一项问题可能是另一项问题的产生原因）、主观性（政策会因不同专业背景及社会阶层有不同感受与诠释）、人为性（政策问题由人产生）与动态性（政策问题随时空而变化），所以政策分析者要建构政策问题并不容易。因此，除了从理论、经验、专业人员及研究中获得问题外，最重要的是直接从民众、学生、老师意见反映中掌握问题；其次透过民意调查、现场访谈及民意投诉与公听会意见交换，更能掌握公共问题。

（二）教育政策规划

首先，应掌握理性与超出理性的创造方案过程，在理性上如哪些是人

---

① 俞懿娴：《教育政策的哲学思维》，《教育资料集刊》2006（31）。

② 张芳全：《教育政策过程与方法分析》，《教育资料集刊》2006（31）。

③ Dunn, W. A. *Public policy analysis: An introduction.* Englewood Cliff, New Jersey: Prentice - Hall. 1994.

④ 张芳全：《教育政策过程与方法分析》，《教育资料集刊》2006（31）。

为所造成的教育问题？哪些是课程或教学技巧问题？在超出理性上则需掌握受政策影响的个人感受。政策规划不宜局限在某一观点，应采用多元观点对不同意见进行整理搜集，也应掌握几个方向：1. 要规划的政策议题相关资料是否已搜集完整；2. 对已掌握之政策问题进行厘清、分类，对不明确者予以删除；3. 具体问题完成后，让政策问题排入行政机阅讨论；4. 掌握政策目标来回应政策问题，作为未来评估政策达成的参考。其次，在规划项目上，应包括政策目标、期程、经费、执行机关、执行人员、执行机关权责、预期效果及非预期效果等。最后，规划政策系在设计各种不同方案及未来可能发展蓝图，以提供政策形成后续分析依据。

（三）教育政策分析

政策分析是一种科学研究与价值判断的过程，系在教育情境中采用科学方法、技术从政策备选方案中分析其优劣，并推介政策，最终达到政策目标的过程。这包含了政策测试及政策方案选择，前者依 Downey 的看法有几项测试标准：1. 政策真实性或可靠性测试，可从政策法制程度或影响力评估；2. 经济弹性及效益测试，即政策执行后有哪些效益；3. 政策的政治可预见性，因为政策受多种政治因素影响，如政党、选举、团体压力等；4. 道德可接受性测试，如个人对政策有哪些可接受标准或无法接受标准。[1] 后者则指政策测试后，会有不同政策方案产生，因此政策形成过程最好能提出不同备选方案。

（四）教育政策合法化

政策合议化系指教育政策法案经民意机关严格审查，所取得合法地位，已不是一项政策理念、意见或行政首长个人言论。而教育政策合法化应注意其立法时机为何时，为何要立此法案？立法后应如何分析，让该法案更具体可行？另外，教育法案不仅限于中央，地方教育行政机关的立法也很重要。

（五）教育政策执行

政策执行代表政策已获经费、人力及相关单位配合才可执行。政策执行应掌握几项原则：1. 让行政机关人员愈投入或参与，愈能得到政策认同；2. 若愈有参与动机，愈能达到政策执行力度及目标；3. 行政当局愈

---

[1]　Downey, L. W. *Policy Analysis in Education.* Calgary, Canada：Detseling Enterprises. 1988.

能下放权力，愈能让成员合作；4. 应让平行机关有沟通平台；5. 政策执行机关对所属机关应本于开放及合理监督的合作关系，更能获得下属的配合；6. 在未执行前，应先释放政策气球，以掌握民意动向。政策执行后亦宜掌握执行进度，可参考几种技术，包括计划评核术（PERT）、目标管理、计划方案预算及零基预算（ZBB）。而政策执行的有效策略则包含：1. 政策执行方式有由上而下（top – down model）及由下而上（down – top model），前者由中央主导，政策需有齐一标准、统一规格者，后者则尊重地方政府意见，属性较为弹性；2. 应时时掌握民意动向，适时调整；3. 掌握教育政策执行机关属性，如人员编制不足、经费有限等就无法顺利执行；4. 掌握影响政策执行因素，如政策特性、法规完备性等。总之，教育政策执行并非易事，因影响政策执行的因素过于复杂。

（六）教育政策评估

政策评论是在政策执行完成后所进行的，也就是对已有成果方案进行评估，以了解政策执行成效。需掌握几个原则：目标是否已达成？是否已解决民众公共问题？对下一个政策形成是否有延续性及系统整性思考？经费运用是否充足？执行单位对政策执行态度如何？等等。而政策执行完成后，必须进行政策评鉴，检讨所投入资源是否达到预期效果，另一方面作为未来相关政策规划的借鉴。

具体言之，上述政策制定过程讨论中，从教育政策问题界定开始，到政策评估与反馈止，基本上都是一具备循环的回馈系统。而一个良好的教育政策应以反映社会各阶层与团体的利益要求，权衡利弊得失，以期作出正确政策选择，唯要精确掌握教育政策制定过程的每一个阶段实属不易，由于每个阶段都有应注意的重点及相关原则，且每个阶段间也都有重叠之处，并受到政策环境因素，包括政治、经济、教育环境、组织文化、组织结构、制定者感情或能力等之制约和影响，其中以政治因素尤甚，因为政策之制定是一种政治行为与过程，任何国家都会尽最大努力，运用权力，根据既有政治目标来塑造教育体系，将教育政策置于政治之下。[①] 大学整并作为高等教育改革的一项政策，也必须依循着这样的步骤与历程，当大学内外在环境出现不协调状态，影响教育系统的正常运转，形成需要消除

_____

① 袁振国：《教育政策学》，台北高等教育出版社 2010 年版。

的教育问题时，执政当局为此提出一系列可接受的方案或计划，且经过行政立法程序及多数人讨论与认同，取得政策的合法地位，再赋予执行以解决教育现场问题，最后也是最重要的步骤则是进行政策评估，来了解大学整并政策执行的成效与预期目标间的差距为何？并作为下次整并计划的参考依据。

二　教育政策分析取向

政策分析（policy analysis）是对制定一项或一个方面政策过程中的具体步骤，各步骤的因素关系，系对具体内容、策略、手段、保障措施等的应用研究，也是一种知识性与实务性的活动；而教育政策分析则是指提供相关教育政策讯息，以利政策决策过程的形成，[①] 它包括从政策前的决策活动、决策过程本身到决策后的活动。[②] 换言之，教育政策分析主要是针对现行教育现场问题，提出系统化的研究，凝聚共识以有效解决，并提出建言。

从教育政策内容分析上看，俞懿娴认为教育政策除涉及教育行政专业，且牵涉政治、社会、行政学或者其他跨领域社会科学等各方面的知识，但其背后所预设的仍是哲学，即事物的本质原理，包括三项特质：首先，教育是一种文化力量，教育政策是为达成教育目的所制定的；其次，教育政策触及公权力，是由行政权所主持制定的，虽不能免于受特定政治目的影响，然仍不能与教育目的相违背；最后，教育政策与教育以外社会文化各方面是整体相关的。[③] 而从研究方法角度来看，政策分析可以是一种"事实"的描述性活动，关心"实然面"（what it is）问题，如政策如何形成？何种政治或社会经济因素会影响政策过程？又称为实证性政策分析（positive policy analysis）；也可以是一种"价值"的规划性活动，关心"应然面"（what ought to be）的问题，如什么是成功的政策？如何制定良好的政策？又称为规范性政策分析（normative policy analysis）。[④] 实然问

① Downey, L. W. *Policy Analysis in Education*. Calgary, Canada: Detseling Enterprises. 1988.

② Haddad, W. D. *The Dynamics of Educational Policymaking*: *Case Studies of Burkina Faso*, *Jordan*, *Peru*, *and Thailand*. Washington, DC: The World Bank. 1994.

③ 俞懿娴：《教育政策的哲学思维》，《教育资料集刊》2006（31）。

④ 丘昌泰、余致力、罗清俊、张四明、李允杰：《政策分析》，台北空中大学2001年版。

题系因循应然问题而生，涉及经验现象与事实结果，如大学教育环境受到全球化、少子化、教育资源减少等因素影响，致使大学生源短缺、竞争力下降，这是"应然面"问题，故政府采行大学整并政策方案，以解决内、外在环境变迁所产生的阻碍，即是"实然面"问题。

Dye 指出教育政策分析之目的，在于了解政府在做什么？政府为何要那样做？那样做又会带来怎样的改变？[①] 但从事实结果的分析上，的确往往与预期目标有所出入，例如政府为有效整合高等教育资源、提升大学教研绩效，提出大学整并政策，然却未对整并目标、期程、方式研拟相关策略，来促进政策目标的完成，所以有些学校虽已完成整并，但仍仅是形式上的整并，尚未达到实质之融合。因此，从后实证论的观点而言，教育政策分析在强调科学理论与实际上，若无法提供分析政策所涉及的规范性架构，则政策分析将不够充分，甚至造成严重误导；亦即事实与价值原即密不可分，因为这些元素都含括在政策分析者的理念意识中。在教育政策分析取向上，吴政达认为教育政策分析目前主要有三个典范或思考模式，包括政策制定过程取向（policy making process approach）、政策因果取向（policy cause and consequence approach），及政策处方取向（policy pre-scription approach），[②] 兹分述如下。

（一）政策制定过程取向

此取向视教育政策为政治过程，而非政府行动产物，它通常会将焦点放在进出政府的利益团体，毕竟了解这些利益团体之价值观、立场、资源等，对于领略政策制定过程而言是相当重要的事。由于此取向之分析，试图指出并描述特定政策之所有政治行动者间重要的互动，因此常利用深度个案研究作为其研究方法。

（二）政策因果取向

此种分析取向试着判断什么原因导致政府进行特定政策，了解离现在不远的过去到底发生了什么事；而结果通常考虑教育政策输出，对人或问题所产生的影响，企图找出决策结果，以拟订特定行动方案。研究者通常以一些基本检验假设为开始，搜集相关变项资料，然后将所得资料进行系

---

① Dye, T. R. *Understanding Public Policy* (*10th ed.*). Englewood Cliffs, NJ: Prentice - Hall. 2001.

② 吴政达：《教育政策分析：概念、方法与应用》，台北高等教育出版社 2002 年版。

统化的统计分析。

（三）政策处方取向

此取向试图应用不同学科（如经济、数学），使用如电脑模拟、线性规划、估计未来成本效益等方式，以指出政府未来所应做的事，使政策成为更理性的过程。而其与其他两种取向最主要不同点，认为政治有碍理性与有效率的决策，并试着将政治因素排除在政策制定之外。

综合言之，上述三种政策分析取向从不同角度诠释教育政策，试图展示教育政策不同风貌，政策制定过程取向强调政治是政策决定的主要因素；政策因果取向则怀疑政策制定过程取向的假设，因为政治并非唯一的影响因素；政策处方取向并未否定政治所扮演的角色，乃认为政治是非理性的，必须寻求改善或找出克服政治的方法。而无论采行何种取向，其主要用意在于了解政策为何被提出，如何被制定，及如何去执行等。一位专业的政策分析人员，应兼顾政策的"应然面"与"实然面"，不可偏废，更应强化科际整合能力，否则将无法了解政策制定过程的真正内涵，也正如吴政达所言，政策分析实不可摆脱价值问题的影响，因任何政策问题的探讨，终究以政策分析者本身所持信念为基础，故而政策分析者显然不是价值中立的执行者，而是价值抉择者与平衡者。[①]

三　教育政策分析模式

政策分析是针对政策问题，设计解决方案所进行的科学智识活动，当进行此类活动时，必须有一参考架构，以作为分析、规划和评估政策问题的准则，[②] 这参考架构依刘仲成见解，认为是用来解释政策形成过程，亦即透过某一理论基础，回溯政策形成脉络，帮助分析者预测方案产生的效益，在某种程度上实现政策目标，及以此提高教育政策品质。[③] 鉴于教育政策制定与执行过程的影响因素颇多，若仅以单一量化或质性的分析模式欲涵盖所有政策层面，无疑地系"以管窥天，以蠡测海"，过于狭隘，容易形成类比现象。因此，从整体系统的思维方式考量，选择不同决策模式

---

① 吴政达《教育政策分析：概念、方法与应用》，台北高等教育出版社 2002 年版。

② 丘昌泰、余致力、罗清俊、张四明、李允杰：《政策分析》，台北空中大学 2001 年版。

③ 刘仲成：《教育政策与管理》，高雄复文出版社 2005 年版。

进行分析，才能实现预期目标，选出最优决策方案，以下即列举两种较为常见之模式说明之。

（一）理性分析模式

此分析模式的主要结构包括资讯搜集、问题分析、解决分析与沟通分析等四个部分，如图 2—1 所示。①

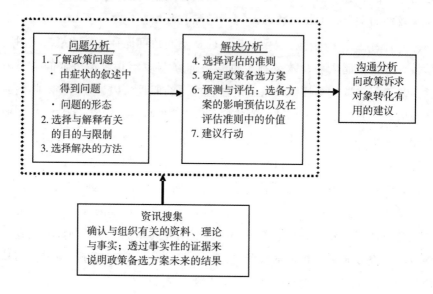

图 2—1　理性分析模式主要结构

1. 资讯搜集：确认与组织有关的资料、理论与事实，并透过事实性的证据来说明政策备选方案未来的结果。

2. 问题分析："了解政策问题"主要在了解发生了什么事？是市场失灵还是政策干预的结果；"选择与解释有关的目的与限制"，政策分析一般考量的目的不外乎是公平、效率及社会正义，其作为输出通常具有含糊特性，而目的间的限制及如何权衡将影响解决的方法；"选择解决的方法"，说明各种方法的特性，如成本利益分析、质化成本利益分析、成本效能分析或多元目的分析。

3. 解决分析："选择评估的准则"，确立信仰的目的、目标及限制之后，从一般目的到更精确的量化评鉴标准，但并非每一目的均可合理量化

---

①　张钿富：《教育政策分析——理论与实务》，台北五南出版社 2004 年版。

成单一目标，当量化不能达成目的时，可采用等第性术语或将政策订定等级，以便利对所形成的资讯作进一步分析；"确定政策备选方案"，政策选择来源可以从现存的政策建议案，进行一般性的政策解决以及客观的解决，而选择时应确认执行所需资源，如何从控制资源者手中，取得并建立说明书；"预测与评估"，在符合原目的前提下，寻求有关规则标准具有可比较的基础，以进一步评估备选方案；"建议行动"，提供的建议应清楚地回答下列三个问题：你相信决策者应做什么选择？为何决策者应做此选择？决策者应如何执行这个选择？

4. 沟通分析：把政策的内容经过、沟通的渠道和技巧，让社会大众了解并且实施。

（二）问题中心分析模式

批判政策分析学者 Dale 指出，问题中心政策分析模式系奠基于"问题解决"理论之中，其目的是要让机构的运作更为顺畅、更有效率。[1] 而此模式是由 Dunn 在其 *Public Policy Analysis Introduction* 一书中提出问题中心分析模式（如图 2—2 所示），[2] 其认为政策分析程序是由五项政策相关资讯，包括政策问题（policy problems）、政策行动（policy actions）、政策结果（policy outcomes）、政策表现（policy performances）与政策未来（policy alternatives），和五种政策分析方法包括问题建构（problem structuring）、推介（recommendation）、监控（monitoring）、评估（evaluation）、预测（forecasting）等所组成。它强调政策分析程序，乃是以问题建构法掌握政策问题的性质，以预测法推估政策未来的发展方向，以推介法建议正确的政策行动，以监控法观察政策结果的方向，再来以评估法评断政策表现的良窳。

黄伟扬进一步将政策相关资讯及分析方法的内容叙述如下。[3]

① Dale, R., Applied education politics or political sociology of education? Contrasting approaches to the study of recent education reform in England and Wales; in Halpin, D and Troyna, B (eds.). *Researching Education Policy: Ethical and Methodological Issues.* London and Washington, D. C.: Falmer Press. 1994.

② Dunn, W. N. *Public Policy Analysis: An Introduction (4th ed.).* Englewood Cliffs, New Jersey: Prentice – Hall, Inc. 2008.

③ 黄伟扬：《两岸地区全民运动政策发展之研究》，台湾台北教育大学硕博论文 2009 年版。

1. 问题建构：是指对既有问题以多元角度进行不同的解读或判断，从众多建议中，挑选出最适当的作为解读问题面向。

2. 政策问题：是指目前社会环境中，有待解决的状态或有待满足的价值等。

3. 预测：指提出各种可用来解决既有问题的方案，并预测这些方案在未来将造成何种结果。

4. 政策未来：指预测政策的结果，分析各种实施后的方案可能达成之未来状态或限制。

5. 推介：依据预测的结果，选择出自认为最佳之方案，向政策制定者推介或介绍。

6. 政策行动：指执行合法化之后的公共政策，也是政策执行的过程。

7. 监控：指分析人员对政策执行过程进行监督或检测，借使执行过程不会偏离既定之目标，符合既有目标之规范。

8. 政策结果：指政策执行后可观察到的结果或达成的情形。

9. 评估：指对政策结果从事价值判断，评价政策是否达到预期的目标或期望。

10. 政策表现：指政策目标执行是否达成或满足预期的期望与价值。

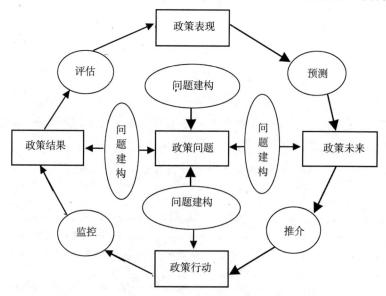

图 2—2   问题中心分析模式

综上所述，教育政策分析模式提供分析者一套多面向的检核机制，让分析者在面对教育政策时能有所依据，以进行衡量其优劣及品质的高低，而教育政策分析模式的好处，在于它是由与既定政策无关的一组专业人员所制作，故有助于避免既得利益或情感倾向的不利影响，及个人的好恶、偏见的干扰。① 从上述两种分析模式中，提供本书在分析面向及内容上，特别注意到理性分析的步骤，问题建构时需从多元角度进行探究，和利用整体系统概念进行思维。

四　大学整并政策分析取向及模式

大学整并政策无疑是为解决大学教育因全球化效应所带来的问题，因此政府在一定时间后应对政策进行分析，以了解政策执行成效，包括资源改善与否？整合效益为何？竞争力是否提升？而事实上从问题界定、政策规划、合法化、执行到评估等几个制定过程阶段，都与政策分析有密不可分的关系，也有人说政策分析其实又称之为后设分析（meta analysis），也就是分析中的分析，它提供了一项验证性的评估、技术性评估概念，及解决性的策略，② 以累积政策相关知识有效解决政策问题。就大学整并政策而言，基于各国大学整并政策通常是透过政治行为而达成，故而政治可能是政策决定的关键因素，但也并非绝对，因为在多元开放社会中，影响大学整并政策的决定因素，还包含如外在环境改变及大学本身需求，Portney 也认为政策因果取向是一项结果取向，着重于政府行动或不行动的结果，试着判断什么原因（输入）导致政府进行特定政策（输出），③ 因此本书之大学整并政策分析取向，将朝政策因果取向进行分析，而结果通常考虑教育政策的输出，对人或问题所产生的影响，故从这个角度而言，大学整并政策关心的重点在于大学为何要进行整并？且整并后会带来怎样的结果或改变？

从前述探讨中可了解，大学整并政策分析模式亦可视为一项参考架构，用以协助预测大学整并政策方案所产生的社会效益及价值。而大学整

---

① 袁振国：《教育政策学》，台北高等教育出版社 2010 年版。

② 张钿富：《教育政策分析——理论与实务》，台北五南出版社 2004 年版。

③ Portney, K. E. *Approach Public Policy Analysis: An Introduction on Policy and Program Research*. Englewood Cliffs, NJ: Prentice - Hall. 1986.

并会作为一项政策的提出，即是因社会实际状态与社会期望之间产生了差异，也和其他教育政策一样，它不仅在解决"实然面"问题，亦在关心"应然面"问题。综合前述政策分析模式，因各学者从不同的研究角度着手，所以建立了不同的研究途径，Dunn 的问题中心分析模式，认为问题的建构有其步骤性，从政策问题、政策未来、政策行动、政策结果、政策表现等相关资讯的搜集与调查，获致政策制定完成，并能落实实施产生效益，对未来具备延续性，[①] 本书认为大学整并政策问题是由许多因素所衍生，因此在分析程序上应以多元观点进行分析，才能归结出政策的重点，笔者认为 Dunn 的问题中心分析模式，所强调的研究焦点明确且步骤具体，可作为本书分析大学整并政策时的参考架构，就其重点叙述如下（如图 2—3 所示）。

（一）大学整并政策问题分析

问题是令人产生需要或不满足寻求救济或调整的一种状况或情境，[②]它是政策分析的第一步骤，主要焦点是希望了解影响教育政策发展的背景、现存问题的症结、欲达到什么目标、法律因素、相关人员态度等。本书在大学整并政策问题分析上，希望透过访谈资料的描述、诠释及分析，获得来自学校内部、社会层面及外来问题等相关背景因素，与法律因素、人员态度等政策目标因素。

（二）大学整并政策结果及未来分析

政策结果是指政策执行后所可衡量的具体结果或达成的情形，它包含了政策的输出和政策的影响；而政策的未来则指预测的结果，分析各种方案可能达成之未来状态，借以寻找这种替代方案。本书在大学整并政策结果及未来分析上，希望透过访谈资料的描述、诠释及分析，了解政策制定参与者和执行者对整并政策推行后，所面临问题和解决之道的看法，及其对未来整并学校所提出的建议和启示。

（三）大学整并政策表现分析

政策表现或称政策成效（policy effect），Cheng 和 Cheung 指出教育政

---

① Dunn, W. N. *Public policy analysis: An introduction* (4*th ed.*). Englewood Cliffs, New Jersey: Prentice – Hall, Inc. 2008.

② Anderson, J. E. *Public policy – making*. New York: Praeger. 1994.

策的成效系指教育政策实施与结果关系，亦即政策目标达成或满足期望的程度。① 而政策表现是否与预期结果有所差别，或已达成预期效果，是政策规划所关注的重点，且政策表现的评估，不能只集中在政策制定及个别单位效果来评析，应从整理政策目标及对社会文化影响等不同角度加以讨论。② 本书在大学整并政策表现分析上，运用后设分析方式，希望透过访谈资料的描述、诠释及分析，包括受访者的感受与整并相关资料，获得大学整并政策实行后是否达成经济效益与竞争力的提升，及对全校师生和环境的改变。

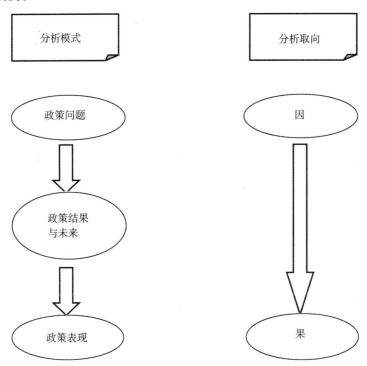

图 2—3　大学整并政策分析模式暨取向

① Cheng, Y. C., & Cheung, W. M. A framework for the analysis of educational policies. *International Journal of Educational Management.* 1995（9），10 – 21.

② 翟本瑞、施俊良：《教育政策的规划、执行与考核：以资讯种子学校为例》，《教育与社会研究》2007（14）。

第二节 大学组织变革概念

当面对全球市场环境改变剧烈，新竞争者群雄并起，许多组织已面临"不改革，就淘汰"之关键时刻，因此再成功的企业，都需要变革，[①] 所谓"穷则变，变则通"，组织变革已然成为组织一股不可抗拒的力量。故大学组织变革即在因应全球化与自由化思潮带来之竞争压力与危机下，所从事学校间合作、整并或策略联盟的一种活动。

一 大学组织变革的理念

变革（change）具变动、变更、变化和改革等意涵，组织变革（organizational change）则是组织从目前状态、情境或层次转化为另一种状态、情境或层次的一种历程，转化的过程又可为计划性或非计划性。[②] 变革虽不一定会带来进步，但组织要进步则须有某种程度的变革。任何组织都属宏观社会体系中的一个次级系统，外在环境的变动，都将触动组织的变革，是故组织宜在结构、人员及技术等方面快速因应，以维持组织的活力。学校是一个开放型组织，亦为社会体系中的一环，组织变革的作用，即是学校为适应环境变化，所进行的内部调适历程，且其成败将直接影响学校效能的良窳。故本书所称大学组织变革，即是将组织变革概念运用在学校组织经营管理之上。

Robbins 对组织变革过程有两种观点，分别为静水说（calm waters）和激流说（white-water rapids），并认为激流说系由静水说慢慢演变形成。[③] 陈庆瑞更进一步指出，若组织内部成员认为组织是倾向永恒，那只有在组织平衡受到严重干扰时，才会出现变革之需求，"静水说"即是；反之，若从变易观点而论，则组织变革必定会时常发生，"激流说"即代

① Malopinsky, L. V. *Facilitating organizational change: The use of activity theory as a framework for social construction of strategic knowledge.* Unpublished doctoral dissertation, Indiana University. 2008.

② Bruce, H. K. ,& Scott, D. Forces driving organizational change: A business school perspective. *Journal of Education for Business.* 2000 (75), 133–137.

③ Robbins, S. P. *Organizational behavior.* New Jersey: Prentice Hall Inc. 1992.

表此一理念，兹将其区别叙述如下。[1]

（一）静水说

又称计划型变革，组织像一艘大船，航行在宁静的大海，当遇暴风雨时，船长会做适当的调整策略，即执行变革，船员也必须配合策略，以避开暴风雨，使大船重回平静的海面。因此，此变革应被视为对中断现况的一种反应，且只须在偶发状况中才进行。

（二）激流说

又称回应型变革，组织比较像一艘在湍急激流中划行的橡皮艇，更糟的是艇上的人过去皆未曾共事过，穿越的又是一条未曾航行过的溪流，且部分航程须在摸索中进行，目的地也不明确，溪流中充满着无法预知的险阻，而橡皮艇须不定期地靠岸，以汰换一些船上伙伴。因此，变动成为一种极自然的现象，换言之管理者无法从溪流中逃脱，必须持续不断地进行变革管理。

上述两种观点虽对组织变革看法不尽相同，但都指出变革是组织中的常态；而现代的组织较像激流中划行的橡皮艇，由于环境与变数不可预知也无法掌握，随时都会遇到阻碍。准此以观，就长远愿景而言，应采用静水说让组织在有计划的策略下进行变革，大学组织较为适用；而激流说则让领导者了解本身角色的重要性，时时做好变革准备，善尽本分，才能突破现状，引领组织向上，企业组织宜参考此理念。

二　大学组织变革模式

（一）组织变革模式分析

在谈论组织变革模式上，由于各学者分析之角度不同，故建构之概念模式亦有所殊异，而无论采用何种变革模式，其目的均在创造组织的永续发展。

Patterson 认为组织变革可分为系统变革（systemic change）：指改变整个组织之架构、规范及权力结构；计划变革（program change）：指改变组织的计划或方案；事件变革（event change）：在成员的日常生活事件中做

---

① 陈庆瑞：《领导——在山林野趣之间》（未初版之原始资料）。

改变。而其中最有效的组织变革乃在于系统变革。①

　　杨振升综观相关文献，将组织变革模式归纳为：1. 典范转移模式（a paradigm shift model）：该模式强调变革重心的转移及实证研究取向的变迁；2. 以关注为本位的变革模式（concerns-based adoption model, CBAM model）：该模式特别强调在变革过程中，变革推动者扮演重要的角色，也应注意利害关系人对变革议题"关注的阶段"及"使用革新的层次"，使能有助于落实变革；3. 力场模式（force-field model）：当组织原处于均衡状态，因变革的推动力大于保持现状的抗拒力时，即产生组织变革现象；4. 解冻模式（unfreezing model）：指组织遇阻碍因素，必须以"解冻"方式，突破现状，使组织成为可从事变革之状态，再来即构思如何突破困境、开创新局，最后应使变革后的组织恢复再冻结的状态，以维持组织稳定；5. 系统模式（system model）：系以组织变革为核心，采取系统思考整全观点进行组织变革。②

　　循上所述，由于组织采行变革方式的强弱，将直接造成组织内部人员的心理状态与组织结构改变。故而组织欲推动变革，除应针对组织本身的特性与目标，循序渐进变革外，并应以整全概念思考，来减少人员抗拒现象的产生。

　　（二）大学整并变革模式分析

　　根据组织发展理论来说，上述组织变革模式亦适用在学校组织发展当中。林天佑认为学校组织变革是一个从稳定到不稳定状态，再从不稳定恢复到稳定状态的过程，前者是因为受到内、外在环境因素改变的冲击，后者则是因为组织经过调整之后可以满足内、外部环境的要求，由于社会变迁永不停止，所以学校组织变革也需不断地进行。③ 变革可以是局部的、全部的、渐进的，更可以是激进的，而相对于企业组织，学校组织变革不必受到激烈且突发的改变，显得较为稳定，为了维持学校组织的正常运

---

① Patterson, J. Coming clean about organizational change: Leadership in the real world. Arlington, VA: American Association of School Administrators. *ERIC Document Reproduction Service*, No. ED424662, 1997.

② 杨振升：《由组织变革观点析论县市合并后之教育发展议题》，2010 年教育行政创新与组织再造学术研讨会论文 2010 – 12。

③ 林天佑：《学校特色发展的概念与理论》，《教师天地》2009（158）。

作，一般以局部、渐进的调整是比较适切可行的变革方式。各学者对学校组织变革提出相当多的变革模式，本书不再赘述，仅提出整合型模式，予以讨论。

廖春文在《学校组织变革发展整合模式之探讨》一文中，依结构历程汇整归纳学校组织变革模式，大致将其分成四种取向："过程取向"、"策略取向"、"系统取向"及"创新取向"。① 由于廖春文所整理的学校组织变革模式，将相关学者所提的模式再深入地加以分类，甚为详尽，故本书即以此为基础胪列探讨。

1. 过程取向变革模式：主要系从组织变革的程序或过程角度，来探讨组织改革问题，包括以下三种类型。

（1）K. Lewin 的变革程序模式（model of procedure change）：他认为成功的组织变革，必须遵循解冻—变革—复冻三步骤。当组织受内、外在环境冲击与挑战，应先针对问题，以解冻方式突破现状，使组织成为可从事变革之状态；再者，打破组织发展困境或僵局后，应朝预期目标进行变革或改造；最后，为使改革后的新状态持续运作，必须再冻结，以确保变革成效。

（2）R. Lippitt，J. Wastson 与 B. Wesley 的计划性变革模式（model of planned change）：他们将 K. Lewin 的模式，进一步修正、扩大为七个阶段：①发展变革需要；②建立变革关系；③澄清或诊断被服务对象问题；④检视解决问题的变通方案与目标；⑤转变行动计划为变革措施；⑥类化与稳定变革；⑦终止协助关系。

（3）W. L. French 的行动研究模式（model of action research）：主要系将行动研究视为一种连续性历程，透过系统搜集与组织目标有关之资料，从中分析以获得结果，再选择应有的变革策略。可分为五个步骤：①问题诊断；②资料分析；③资料回馈；④采取行动；⑤评估成效。

综合归纳以上三种变革模式内涵，虽然各家说法不一，唯可发现 R. Lippitt 等人的计划性变革模式与 W. L. French 的行动研究模式，均乃从 K. Lewin 的变革程序模式所延伸。

---

① 廖春文：《学校组织变革发展整合模式之探讨》，《教育政策论坛》2004（7）。

2. 策略取向变革模式：包括以下三种模式。

（1）经验—理性策略模式（empirical-rational strategies）：意指诉诸经验检证，以客观理性途径，推动组织变革与发展。该策略建立在以下两个基本假设之上：①新知识或措施将被潜在使用者视为合乎需要的；②使用者为达组织变革与发展之目标，将会以理性态度，有计划、有步骤地进行革新。

（2）权力—强制策略模式（power-coercive strategies）：意指运用权威力量，进行强制顺从的变革。而权力基础，会伴随时代变迁不断扩大，包括强制、联结、酬赏、法职、参照、资讯和专家权等，其中前四种属于职位权力（position power），后三者则属个人权力（personal power），它是透过职位与个人权力的运用，以进行组织变革。

（3）规范—再教育策略模式（normative-reeducative）：它是上述两项模式的整合，不仅在变革内容上涵盖思想观念、组织制度及器物技术的更新改变，更在变革范围上涉及个人、群体及组织全面的成长与发展。未来组织型态将渐次迈向以资讯及知识为基础的结构，同时竞争速度亦会加快，为掌握竞争优势，个人与组织须不断学习，自我精进，迎接快速循环时代来临。

综合以观，经验—理性策略模式注重客观事实经验基础，并以科学、理性之态度从事变革；权力—强制策略模式强调以强制手段，运用个人权威或职位权力进行变革；规范—再教育策略模式则主张透过教育与训练途径，改变个人或组织认知、态度及技能，以适应变动社会挑战。

3. 系统取向变革模式：此模式认为组织活动及任务的完成，主要系组织人员在组织结构下，应用其技术能力所完成的结果。换言之，组织效能与结构、技术及人员之间，形成一个相互依赖、彼此互动的连带关系。因此，探讨此模式可从以下三方面着手。

（1）结构中心（structure-centered）的变革模式：主要系改变组织职位权力关系、合作协调机制、工作内涵设计或其他的结构变数等，以因应外在环境变动。可从组织特质与设计两层面来改变，前者指针对外在环境变异，适度调整组织集中化、正式化与复杂化程度，如缩短决策层级、减少官僚色彩等；后者则指针对工作内容重新设计，以利组织发展，如引进弹性工时、工作分派与澄清角色期望等。

（2）技术中心（technology-center）的变革模式：强调现代化科技应用于组织变革的程度。其基本假设是：增进技术或工作方法，可提升组织运作效率，而当科技改变时，工作环境亦将改变。

（3）人员中心（people-centered）的变革模式：系一种针对个体而改变的模式，目的在促进组织成员技能、态度或动机，以发挥组织效能。此模式可强化个人、群体或组织在决策、问题解决、人际沟通及工作关系等方面之能力，要达成此目标，可透过调查回馈、团队建立、程序咨商及工作生活品质计划等途径加以完成。

基上所述，系从社会系统角度，扼要说明以结构、技术及人员为中心的三种变革模式，此三种模式虽然在程序方法各有所偏，但在个人需求与组织目标追求上并无二致，形成一种环环相扣的依赖关系。

4. 创新取向变革模式：学校组织变革若依创新频率与程度来分析，基本上可分为渐进式创新变革、重复性创新变革、不连续创新变革与持续不断大量创新变革四种模式。此外，如果进一步加以分析，相互交叉可获得以下四种不同几何图形。

（1）三角锥变革模式：系指当组织的创新频率与创新程度均低的渐进式创新变革。从策略层面观之，领导者须不断地强化系统优势，以达成目标；从流程层面观之，组织内各项计划具体详细，并透过财务管理控制，以撙节成本；从资源层面观之，人员甄选系依过去工作纪录与经验，以持续达成任务来界定成功与否，仅激励员工持续达成所设定之目标，而不激励其冒险行为；从组织层面观之，采取有限度授权，工作职能及角色扮演具体明确，并依各自工作职掌、组织价值与规范来运作。

（2）圆柱体变革模式：系指当组织创新频率高而创新程度低的重复性创新变革。从策略层面观之，在于周期性兴革，俾达成最佳绩效表现；从流程层面观之，周期与周期间须缜密规划，当变革进度落后时须受控制，财务管理目标在确保各周期间能持续改善行动；从资源层面观之，人员甄选系依过去周期内之工作表现，并依激励奖酬制度，激励员工杰出表现；从组织层面观之，工作职位与角色功能皆明确界定，组织授权程度较低，组织价值和规范订定，在于员工的专业发展。

（3）立方体变革模式：系指当组织创新频率低而创新程度高时的

不连续创新变革。从策略层面观之，希望变革一次完成，领导者亦须因应变革随时调整角色及风格；从流程层面观之，在变动期系依重大事件来规划，财务管理目标在为未知状态进行准备，在重整期则与三角锥变革模式雷同，财务管理以产能极大化为目标；从资源层面观之，人员甄选视其是否符合变动期与重整期所需之技能而定，奖酬系统视员工对整体长期目标而定；从组织层面观之，变动期具高度授权，角色功能界定以预期完成目标多寡而定，组织价值与规范订定，凝聚员工共识，共同为目标努力。

（4）球体变革模式：系指当组织创新频率高而创新程度高时的持续不断的大量创新变革。从策略层面观之，在于反应共享愿景，以形成凝聚力，领导者角色则在于沟通愿景；从流程层面观之，规划过程在于结果而非中间过程，财务管理采投资组合管理，以创造组织财务；从资源层面观之，人员甄选重态度与价值观，而非技术而已，奖酬制度依组织成员创新频率与程度而定；从组织层面观之，对领导者采取充分授权，角色功能与定位随时会变动，教育训练目的在激励创新、创造绩效。

综合上述，究竟何种创新变革模式适合何种组织，依组织特质而定。笔者将此取向变革模式之各层面内涵汇整如表 2—1 所示。

表 2—1　　　　　　　　　　创新取向变革模式之各层面内涵

内涵模式	策略层面	流程层面	资源层面	组织层面
三角锥变革模式（低创新频率与程度）	领导者须不断地强化系统优势。	各项计划内容详实；透过财务管理控制，以撙节成本。	人员甄选依过去工作纪录与经验；奖酬以达成既定之目标，不激励成员冒险。	有限度地授权，能依各自工作职掌、组织价值与规范顺利运作。
圆柱体变革模式（高创新频率与低创新程度）	周期性的兴革，俾达成最佳绩效。	周期与周期间均经缜密规划，当变革进度落后时须受控制；财务管理在确保持续改善行动。	人员甄选系依过去周期内之工作表现；透过奖酬激励员工杰出表现。	组织授权程度较低；组织规范订定，主要为员工的专业发展。

内涵模式	策略层面	流程层面	资源层面	组织层面
立方体变革模式（低创新频率与高创新程度）	希望变革一次完成；领导者须因应变革随时调整角色及风格。	在变动期系依重大事件来规划，财务管理目标在为未知状态准备；在重整期与三角锥模式雷同，财务管理以产能极大化为目标。	人员甄选视其是否符合变动与重整两期所需之技能而定；奖酬视员工对整体长期目标的贡献而定。	变动期具高度授权，角色功能界定依预期完成之目标而定；组织规范之订定，在凝聚员工共识，鼓励为共同目标努力。
球体变革模式（高创新频率与程度）	反应共享的愿景，以形成凝聚力；领导者角色在于沟通愿景。	组织规划重在结果非过程；财务管理采投资组合管理，以创造组织财务。	人员甄选重态度与价值观，非技术而已；奖酬依成员创新频率与程度而定。	对领导者采充分授权，角色功能与定位随时会变动；教育训练目的在激励创新。

　　廖春文搜集相关文献，建构出学校组织变革发展整合性模式初步架构（如图2—4所示）。在该整合性架构之内涵上，基本上包括变革核心能力、变革主要阶段及变革行动策略三大部分，其中变革核心能力乃此架构之主轴，涵盖专业知能（IQ）、情绪管理（EQ）、创新智慧（CQ）、生理保健（PQ）、心理平衡（MQ）及敏锐觉察（SQ）等不变的能力，以及思想观念、组织制度及器物技术等必须因应时代变动而改变的部分。学校组织领导者在具备变革核心能力之后，可依据变革八个主要阶段，推动学校组织变革。而在推动学校组织变革过程中，难免会遭遇若干顿挫，若能引领组织成员在以共享价值为核心的基础之上，有效调整和运用策略、系统、结构、技能、人员及风格等七项行动方略，定然可领导学校组织变革，迎接新世纪全球化知识经济时代之挑战。

　　综合上述各组织变革模式分类，主要在强调组织变革之计划、步骤、阶段及过程，而不同的变革模式，亦会产生不同的变革效果。从廖春文的整合性架构当中，提示吾等在学校进行组织变革时，必须了解领导者是否有带领学校进行变革的能力？能否循着变革步骤进行变革？能否在遇到阻力时运用行动策略解决困难？因为这些关键因素将会影响组织变革后的状

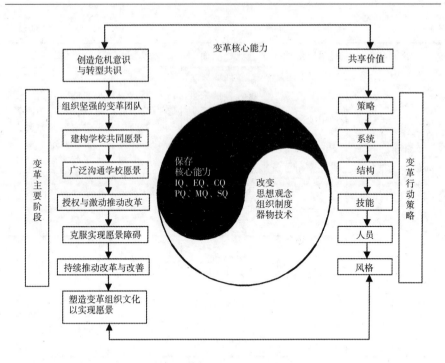

图 2—4　学校组织变革发展整合性模式初步架构

况。由于本书所欲探究的是大学整并变革模式，因此笔者参考前述相关整并变革模式，归纳出大学整并变革模式有以下几种取向，包括"系统性变革模式"、"策略性变革模式"、"计划性变革模式"、"激进式变革模式"等，从这些变革模式中，可推衍出整并变革后的概况，兹将其分述如下。

1. 系统性变革模式

若将整个组织视为一个系统，组织的活动即在包含结构、技术与人员三种系统下运作，且彼此间具有高度互动关系，任何一个变数都将影响另一个变数。以结构为中心的变革，主要在改变组织职位权力关系、工作内涵的设计等；以技术为中心的变革，主要强调以现代化科技解决问题，提升组织运作效率；以人员为中心的变革，在于促进组织成员技能、态度或动机，以发挥组织效能。[①]　由此模式了解，大学整并变革是将两个或两个以上原不相隶属学校予以结合成一个新的组织体，整并后领导阶层、行政

―――――――――

① 廖春文：《学校组织变革发展整合模式之探讨》，《教育政策论坛》2004（7）。

部门职位，与工作分派都将重新组合，学校成员在个人工作态度、士气与心理调适上，也会受到影响，而为提升学校工作效率，亦必须借用新型资讯科技来促进变革，三者间形成一个环环相扣的连锁变动。

2. 策略性变革模式

大学是个具科层化与专业化的组织，在进行大学整并变革过程中，因牵涉范围较广，故宜由教育政策决策者来引导发动，并透过三种策略，包括以科学与理性态度从事变革、运用权威力量进行强制顺从变革、以教育与训练途径改变组织内的认知、态度和技能等，经由上而下变革方式，引导大学进行变革，以达成革新要求。此外，杨振升亦提及，变革领导者的责任包括协助诊断应改革的问题与困难、协助澄清及沟通从事变革可望获得的结果、指出组织成员难以说出口的问题、协助规划变革计划、确保与追踪变革的成效、借由顺利变革改善组织成员的福利及生活品质、营造和谐组织气氛、促进互信公开坦诚的人际关系等。[①] 由于大学整并变革是项复杂且持续的工作，领导者虽透过策略性变革达成初步整并，但科层体制底下的教职员工才是整并变革的成败关键，故而在整并变革后对人员及单位配置、行政及教学融合、各项软硬体及经费运用等工作上须妥适规划，才能减少变革后组织在实际运作上受到阻碍。

3. 计划性变革模式

大学整并变革与一般企业不同，需要有计划性的变革，且是具目标性与前瞻性的变革，Robbins 亦指出计划性变革强调企图性与目标导向，随机或缺乏目标之变革常因高度不确定性，致使组织发展受到阻碍。[②] 此模式内涵包括：探索、计划、行动及整合四阶段，并不断地循环。在探索阶段，从发展整并变革问题开始，了解整并变革终极目的，以建立整并的变革共识；在计划阶段，视学校变革所需，设计大学整并变革运作流程与步骤；在行动阶段，执行大学整并变革行动并评估效果与修正；在整合阶段，维持变革后的状态，并形成一个新的循环过程。由于目前大学整并变革多半系由政府主控，较少顾及基层人员包括教师、学生、行政人员的需求和看法，常会形成阻力，故

---

① 杨振升：《由组织变革观点析论县市合并后之教育发展议题》，2010 年教育行政创新与组织再造学术研讨会论文 2010 - 12。

② Robbins, S. P. *Organizational behavior*: *Concepts*, *controversies*, *applications*. Englewood Glifts, NJ: Prentice Hall. 1998.

在整并变革前透过缜密的计划及程序，说服学校内部成员，让成员也能共同参与讨论，以产生共识与信心，更能于变革后达成预期目标。

4. 激进式变革模式

系一种采用短时间、全盘性、剧烈性手段所进行的变革，其对组织的结构、工作与人员产生极大影响与冲击。郑伟修、黄鸿程也指出，此变革模式的优点是可以快速达到变革目标，早日取得变革效益，成为组织竞争优势。① 而学校组织变革原本应是局部且渐进调整方式较为适切，但检视此大学整并变革模式，事实上必须迅速且全面地改变，一次到位，以减轻学校在整并变革过程中所产生的阵痛，否则即使耗费许多时间却仍不见整并变革后的成效，将会使整个整并变革徒劳无功。

三　抗拒大学组织变革的因素

美国哈佛大学教授 Kotter 在《领导人的变革法则》一书中谈到组织变革之困难点，在于必须克服来自人们抗拒改变和组织惯性两方面阻力。② 诚然，学校组织在突破现状变革过程中，多少会遭遇学校组织内外团体或个人的反对，尤其当其既得利益受影响或必须改变之际，难免会产生恐惧、焦虑、害怕及不安现象，进而形成一股巨大力量，抵挡变革方案推动，甚至学校领导者本身有时因为过于瞻前顾后，亦会成为变革的阻力，而学校组织偏好于顺着原有路径继续运作的属性如自满与假性急迫感（false urgency），也将使学校组织无法保持弹性与创新能力。为让大学组织能顺利进行变革，了解成员抗拒的原因，澄清疑虑及化解抗拒的力量，将是大学组织变革成败之关键。

Robbins 认为抗拒组织变革的原因有个体与组织两种。（一）个体的抗拒：如个人习惯、对未知的恐惧、资讯选择性处理、安全因素、经济因素等；（二）组织的抗拒：如结构的惯性、资源分配的威胁、权力与专业的威胁、范围限制等。③

谢文全指出，抗拒学校组织变革的主因包括：（一）惯性的反弹：这

---

① 郑伟修、黄鸿程：《预测变革——21 世纪企业变革之道》，台北水星出版社 2003 年版。

② 科特：《领导人的变革法则——组织转型成功八步骤》，台北天下出版社 2002 年版。

③ Robbins, S. P. *Organizational behavior*: *Concepts*, *controversies*, *applications*. Englewood Glifts, NJ: Prentice Hall. 1998.

是对原已习惯的制度或措施，因改变所做出的反应倾向；（二）怕造成利益损失：如地位、专业形象、既有权力、既得利益等的损失；（三）改革不合理：成员因怕没有能力做到改革的要求而抗拒；（四）因误解而反对：人是经由选择性知觉来形塑外在世界，当不清楚变革背景或内容时，容易因误解而产生反对。①

汇整上述所论述抗拒变革因素，主要还是从个体与组织两部分着眼。在个体抗拒上：有对未知的恐惧、资讯的选择性处理、安全因素、经济因素、对改革方案的不了解、个人已安于现状不希望有任何新改变、维护个人暨其所属团体既得利益、改革不合理等。在组织抗拒上：有结构的惯性、资源分配的威胁、权力与专业的威胁、范围限制、过去组织变革的失败或负面影响等。而这些抗拒组织变革的因素，亦是大学整并变革过程中所须面临的问题，因此一位成功领导者会先观察整并变革的实际状况，然后提出一套解决措施，来引领学校成员进行有效变革。

事实上，抗拒组织变革的因素不仅在个人、群体或组织因素上，还包括外在环境因素，诚如廖春文、林淑贞所加以细分的，可更清楚了解其各层面内涵（如表2—2所示）。② 然而，由于环境因素诸如政治、经济、教育改革等项目并非学校所能掌控，因此为有效解决大学整并变革所带来的阻力，重新取得大学组织变革的核心价值与竞争力，大学组织领导者势必须考虑从学校成员与学校本身两方面同时进行适度调整，唯有将这两个层面所产生的阻力减至最低，学校在面临大学整并变革问题时，才能有所依循，进而达成大学组织改造目的。

表2—2   抗拒组织变革的因素

人	事	物	环境
认同度	工作程序	科技资讯发展	时代改变趋势
价值观	教育改革方案	学校目标改变	政治影响

① 谢文全：《教育行政学》，台北高等出版社2004年版。

② 廖春文、林淑贞：《组织变革浪潮中国民小学校长变革领导行为之研究——以中部四县市为例》，《国民教育研究集刊》2005（13）。

续表

人	事	物	环境
行为	新兴理论与技术	学校资源运用	经济影响
态度	组织安排		教育改革
沟通	策略执行		权力转移
个人认知			社会因子
成员背景			自然背景
			组织互动

四　抗拒大学组织变革的因应之道

组织变革的目的，主要在突破现状、推动改革及回归稳定平衡状态，让组织具有弹性应变能力，以因应外在环境的挑战。[①] 故而，大学组织变革的动机亦是在此情形之下产生。因此，除了上述引起组织抗拒的因素之外，仍需思考如何减少组织抗拒的因应之道。以下提出对抗拒组织变革因应之道的看法。

Kotter 指出成功变革的八个步骤包括：（一）建立变革急迫感：帮助大家意识到变革的必要，以及马上采取行动的重要性；（二）建立变革领导团队：确保成立一个具有公信力、沟通技巧、权威、分析技能和危机感的领导团队；（三）确立愿景：让大家确实认知变革前后差异，清楚预见愿景实现的步骤；（四）充分沟通愿景：尽可能让全体成员理解并接受变革愿景和策略；（五）争取各方支持：尽可能为那些愿意投身变革的人扫除障碍；（六）创造短期战果订定目标、论功行赏；（七）巩固战果并再接再厉取得初步成功后要更加努力，直到愿景实现；（八）将变革深植企业文化建立新文化、找到对的接班人。[②]

日本一桥大学国际企业战略研究所教授一条和生在其新书《企业变革管理》中也指出，企业推动变革时，要掌握下列几个推动变革的关键，才比较可能成功。[③]

---

① 张庆勋：《学校组织行为》，台北五南出版社 2006 年版。
② 科特：《领导人的变革法则——组织转型成功八步骤》，台北天下出版社 2002 年版。
③ 《掌握企业变革的 5 大关键》［EB/OL］。

（一）关键一，小领域革新威力：贸然全面实施变革，会引发过度震荡、员工不安疑虑，有些变革并非一体适用，而必须根据不同部门情况调整。

（二）关键二，建立变革桩脚：懂得掌握公司内各部门的"意见领袖"，将更能事半功倍。而重点在"沟通"，不是讨好他们或进行利益交换。

（三）关键三，员工潜藏创意金矿：以往常忽视，其实员工才是企业变革能否成功的重要因素，有许多员工也认同企业必须改革，并能提出令人惊喜的好点子。

（四）关键四，在体质不错时进行：变革的时间点并非是等到业绩下滑、危机显现的时候才想到要改革，那就太迟了，而必须在组织体质最好时着手，才有变革的本钱。

（五）关键五，珍惜说真话的员工：让许多头脑灵活、广泛汲取新知的员工，提出改革建言，才能使组织有开创新局的灵感与动力。

综上所述，了解抗拒大学组织变革的因应之道，将有助于大学整并变革的成功，在上述所提方法当中，虽无法预知是否能百分之百促进学校成功变革，但它却能提供学校领导者一个参照指标，以减少因变革所带来的风险。另外，这些方法也都不约而同地指出一个观点，即是人在组织变革中的重要性，正如孙志麟、陈建铭在《学校组织变革中的教师关注：发展阶段与类型分析》一文中所指出：[①] 过去有关学校组织变革的研究，偏重在组织层次的分析，以学校组织变革的内容、重点及策略为探讨重点，而忽略个人层次观点，以致难以理解教师对于组织变革的感受、知觉及关注，更无法凸显教师在教育变革中的角色。换言之，人的因素在学校组织整并变革与发展成败上，产生关键性的影响，亦是最需用心突破的障碍，所以大学要整并成功并不仅是领导者的责任，更是新学校所有成员的职责，故学校领导者除了重视组织层面的变革之外，在与学校师生员工的沟通、共同合作，甚至共享利润上，必须发挥高度的协调智慧，才能化阻力为助力。

---

① 孙志麟、陈建铭：《学校组织变革中的教师关注：发展阶段与类型分析》，《师范大学学报》2007（52）。

五 组织变革对大学组织之影响

人类是一种群居的动物，个人或群体的需求必须透过某种社会形态以获得实现，学校即为某种特定目的，经过一定程序，讲求并衡量绩效的一种组织。从组织结构演化过程而言，任何一组织从创新、成长、成熟以至衰微现象出现，都是组织的自然演进，且是个不断循环的螺旋进程，但到了成熟稳定时期时，组织即应开始思考适应或变迁问题，以维持组织的持续成长；倘若无法作适度与及时调整或变迁，组织就会迅速面临衰退问题。因此，组织不可能一成不变，它必须配合时代环境、任务和科技条件而改变，在本质上它代表一种动态程序，且未来的组织趋势更须朝向学习性与网路化发展，① 才能延续组织的生命周期。诚然，组织亟须变革时机，而变革任务的发动，则端赖组织衰败征兆何时出现，故变革是组织成长必要的动力，组织的活动也必然受其影响。

Hanson 表示学校组织变革应有几种内涵：（一）工作的变革：如组织目标的修订、行动方案或策略计划的研拟等。（二）结构的变革：如组织分工负责、学校课程结构、教学活动安排等，使学校成员可在自己工作位置上进行改变，共同致力于目标的达成。（三）技术的变革：如组织运作流程的改变、教学运用资讯科技、教学方法与方式改变、课程编撰能力等。（四）人员的变革：学校成员的心智思考模式改变，才会进入深层的信念价值与态度，促进成员专业的知能发展，达到组织的预期目标与创新发展。②

吴清山则认为，学校组织变革涉及几个范畴：（一）行政与组织变革：学校通常涉及管理方式的改变、组织结构的调整，也涉及权力的转移，其变革乃为了提升行政效率。（二）课程与教学变革：课程必须随着社会发展而不断更新，教学亦是如此，课程与教学都是学校教育重心，为提供学生有效学习，变革是必要的。（三）规章与制度变革：法治社会依法行政成为施政的重要准则，学校组织变革都会涉及管理方式

---

① 许士军：《企业组织变革新趋势》，《研考双月刊》2009（33）。

② Hanson, E, M. *Educational administration and organizational behavior.* Boston: Allyn and Bacon. 2003.

的改变，而这些变革是为符应社会发展、教育潮流和民众需求。
（四）观念与文化变革：学校组织变革除了有形变革外，无形的观念与
文化变革亦相当重要。[①]

就大学组织而言，欲了解组织变革的内涵，必须采取整全的系统观，
同时考量个体、整体学校结构、教与学的工作流程、政治与行政脉络、广
泛的学校气氛与文化，以及这些层面的彼此互动。[②] 换言之，大学整并变
革即在针对这些内涵进行一系列的改变与整合，让组织焕然一新，成为具
有竞争力的组合体。杨振升也特别提及教育组织变革在教育上之应用，需
有几项认知：（一）应体认教育组织变革与学校发展间，教育组织变革仅
是手段与过程，须以促进学校发展为目的与结果；（二）应体认教育组织
变革并不必然代表教育的进步，变革结果有可能优于过去，也有可能日趋
沉沦；（三）应有效掌握影响教育组织变革的因素，化阻力为助力，以促
进学校革新与进步；（四）充分发挥变革领导者之角色功能，提升教育组
织变革成效；（五）研拟周延可行的教育组织变革方案，规范执行方向与
时程；（六）订定适切的愿景、目标及教育组织变革策略，降低相关利害
关系人的抗拒；（七）建立教育组织变革成效评鉴机制，进行形成性与总
结性评鉴。[③]

综观言之，组织变革对大学组织之影响，主要涉及组织目标、组
织结构、组织文化、规章制度、课程与教学、行政权力运作、人员变
革等层面（如表2—3所示），而大学组织为保有组织原有的功能与绩
效，需透过组织变革的力量，来调整其内部结构、技术和行为，且学
校内的教职员生身为学校组织的一部分，也必须面对及因应变革的影
响，唯若学校领导阶层能熟悉组织变革的相关概念，更能使组织变革
后达到事半功倍的效果。本书除从巨观的政策分析角度切入外，另从
微观角度了解大学整并变革后对组织的影响情形，关注的焦点则着重
在大学整并变革后"人与组织"的运作及其互动状况，兹将此分析架
构叙述如下。

---

①　吴清山：《当前学校组织变革的理念与策略》，《教师天地》2003（123）。

②　林明地：《校长学——工作分析与角色研究取向》，台北五南出版社2002年版。

③　杨振升：《教育组织变革与学校发展研究》，台北五南出版社2005年版。

（一）在人员角色知觉方面

人力资源是组织发展过程中相当重要的要素，而在大学整并变革上，人员整并变革包括教职员及学生，其既是利害关系人也是被整并对象，因此其角色知觉情形关乎组织变革后成败之关键，至为重要。故本书透过访谈及相关文件资料，获得来自学校内部人员对大学整并变革的想法与看法，其探讨重点：1. 在人力资源编配上：包括人力资源配置、领导干部产生方式等；2. 在人员管理流程上：包括人员配置原则、人员心理感受、人员权益保障做法、人员权益保障上之感受等。

（二）在资源配置方面

学校整并变革项目除了人员外，就是组织、设备及校园等资源的整合，因此如何将有限资源做一合理配置，以平衡彼此间之差异，是大学整并变革后另一项亟待解决的问题。故本书透过访谈及相关文件资料来进行分析，其探讨重点：1. 在组织结构重组上：包括校区配置、行政组织配置、学科配置、馆舍配置、经费配置等；2. 在资源管理流程上：包括资源配置感受、行政管理流程。

（三）在组织文化方面

人与环境接触后往往会产生文化交融情形，影响着整个组织发展，而大学整并变革后，各学校原有其各自根深蒂固的文化，因此应尽速加以调和，才能完成真正实质性整并。故本书透过访谈及相关文件资料来进行分析，其探讨重点：1. 在物质制度层面上：包括校名、校址、校庆、校徽、学校建筑风貌等；2. 在精神文化层面上：包括校训、校歌、办学理念、发展目标等；3. 文化融合上包括在组织气氛上、在文化差异上等。

（四）在组织运作效益方面

大学整并变革后，仍需再从组织运作效益上了解整并变革后，学校是否已具有竞争力。虽然组织运作效益是个抽象、模糊的概念，但为了了解其整并后的概况，本书透过访谈及相关文件资料来进行分析，其探讨重点：1. 在学校各项效益评估上：包括在学术研究、在教学表现、在学生学习成效、在学校整体成效等；2. 在学校对外关系上：包括与地方社区互动关系上、回应政府社会需求上等。

表 2—3	组织变革对大学组织之影响层面	
	人	组织
影响层面	心智思考模式、信念价值与态度、专业知能发展	组织目标、行动方案与计划、学校课程结构、教学活动安排、组织分工、组织结构、行政规章、管理方式、组织文化、权力运作

第三节　大学整并内涵探析

在资讯科技快速成长的现今，全球化概念已使大学教育变革成为势不可当的趋势，大学整并更成为反映高等教育发展的一种趋向。由于大学整并所涉及的范畴相当广泛，包括学校教师、学生、行政职员等的诸多权益与变动，因而引起各方的关注。而大学整并并非指单一学校之运作，系指超过两所以上学校之结合，透过不同组合方式，给予学生最佳学习环境与资源，以获取最大经济效益及利基。另外，大学整并并不是新大学的创建，而是在原有大学教育资源重组、结构优化和发展基础上所做的调整。然则，是否大学教育必须透过整并方式，方能达成上述目标，当然未必，但李齐放、沉红却认为它是高校管理体制改革中，影响最深远、效果最明显的一种措施。[①]

一　大学整并的理论基础

整并的英文名称有 amalgamation、consolidation、integration、merger 等词，中文译法亦有整并、整合、合并等词。[②] 大学整并则指由两所或两所以上具有法人资格（或地位）的办学实体，经过政府认可再组织形成一个综合性办学实体。[③] 换言之，大学整并至少指涉三个内涵：（一）两个或两个以上均具有法人资格（或地位）的办学实体；（二）放弃其原本各自独立的法律地位、自主和文化认同；（三）经由政治力量或其他外力予

---

① 李齐放、沉红：《中国高校合并的政策学思考》，《科学学与科学技术管理》2004（2）。

② 王丽云：《高等教育整并——经验与反思》，《教育研究资讯》2003（11）。

③ 颜光华：《试论高校合并》，《江西广播电视大学学报》2006（2）。

以结合。而谈论大学整并之目的，不外是想从中了解大学整并所希望达成之目标为何，这个目标对于提升整体大学教育素质及竞争力有何帮助等等。笔者认为主要还是从经济面的角度进行思维，即考量成本、效益与效能间之关系，如在经费上希望节省开支以解决多校经费支出的负担，达到适切规模经济；在办学上希望整合各校共同资源，充分利用；在发展上则希望结合各校长处，提升整体水平和综合实力等。

尽管各国政府透过大学整并来达成各种目的，但事实上从各国的整并案例中不难发现，大学整并并非自发或自动产生的，而是有意识、有准备、审慎选择的结果。[①] 因此，涉及如此重大的变革、极端的选择，决策者必然有其理论的根基存在，陈伯璋试着从 21 世纪各种大学教育发展理论方面着手，认为大学整并的理论基础可自下列四方面来探讨。[②]

（一）市场化与国际化

市场化的特色包括自负盈亏原则、市场的兴起、国家作为教育提供者的角色减弱、市场主导过程的流行、校院创收、加强内部竞争、强调效益等，这是大学校院改革的热门途径，试图透过"内部竞争"（internal competition）及加强大学评鉴，以提升大学的整体竞争实力。而英国伦敦大学的帝国学院（Imperial College）及大学学院（UCL）的整并，更是在情投意合、互补所长原则下进行，但究竟大学整并是否真能提升大学科研及教学水平，值得探究！唯无疑地，市场化与国际化趋势已然是各国大学迈向整并的重要立论基础。

（二）大学卓越与竞争

在全球化趋势下，大学与大学之间的竞争将更为激烈，尤其教育容易被商品化，对大学理念及各国对大学教育的掌控会有很大的威胁，最后大学教育将被拥有优势跨国资讯、生物科技及出版公司的工业国家的大学所主导。大学教育整并与卓越之间是相关的，但是否需透过整并手段，才能达成学术卓越，这是需经长期观察的。不过，以追求学术卓越为愿景进行整并，并透过各种措施（如奖励制度）落实追求学术卓越愿景，整并和学术卓越才可能有更强关联。

---

① 纽芳怡、曾满超：《发达国家高校合并研究》，《教育发展研究》2007（11）。

② 陈伯璋：《大学整并的省思与前瞻》，台北心理出版社 2004 年版。

（三）大学的统整功能与知识网路

美国学者 E. Boyer 提出大学的四大功能——发现、教学、应用和统整，其中 Boyer 特别强调统整功能，是大学面对新经济、新科技所发展出的新角色，大学必须跨越狭隘学科本位，强调不同学科间的整合。在今日大学中，有愈来愈多不同院校教授组成研究团队；在课程上，通识课程的发展，在教学上采协同教学精神，也必须着重知识之间、知识与生活、教师同侪及师生关系的统整，才能祛除知识过度分化的危机。再者，21 世纪的西方大学正处于"知识网路"中心，这网路包括研究机构、杂志和出版社等传媒，且多数文献都是用英文发表的。故"大学统整"、"跨越学科疆界的知识统整"、"知识网路"等观念，已成为 21 世纪新大学发展的立论基础。

（四）后现代大学组织结构的变迁——解构与重构

从后现代主义看来，唯有摧毁现有的大学科系结构，才能真正地消解权威，并体现求知过程的个人化与多样化，因为科系结构在本质上是一种权力结构。另从后现代大学组织解构与重构的观点来看，大学系、所间的重组与大学整并的推动，是要促进不同学科间的合作、交流，以及知识的交汇和渗透。

综言之，大学整并的理论基础试图从巨观与微观角度提出解释，巨观角度从制度环境改变、组织结构重构和解构，陈述组织必须随环境变迁而自我调适，以适应环境；微观角度则从大学本身需求着手，基于资源的有限性、追求卓越与竞争力和知识的统整性。承上，陈伯璋从经济、教研、社会结构等层面提出看法，认为大学在全球与国际化氛围下，受到市场机制所主导，彼此间因而产生竞争性，并企图从学科整合、组织研究团队，以追求卓越愿景；另一方面，从后现代主义的解构视角上，指出大学必须打破过去结构式的框架，方能促进学科的整合与交流。

二　大学整并的因素

依据系统论观点，系统是个有机体，为维持长期生存，必须与环境发生交互作用，互换资源与讯息，相辅相成，并产生一回馈作用，如此循环不已，使系统与环境关系密不可分。学校是个开放性系统，大学整并即是大学教育随环境变迁，所衍生的一种产物。因此，大学整并的因素亦和环境因素脱离不了关系，主要有下列几点：其一，为迈向综合大学，整并乃快速途径，不必经由系所调整予以实现；其二，为提升成本效益，整并可以让大学更具备适切规模，并借此提升教育资源的成本效益；其三，为扩充大学的竞争力，整并后院校能互补所长，强化竞争力；其四，着眼于提升教育品质，有助于创新大学经营策略，并借整并过程检讨院校办学利弊得失，进行实质教育改革；其五，运用整并来争取更多教育资源，促进大学发展；其六，在于达成整体国家和社会教育资源运用；其七，为促进教育伙伴关系的强化，加强院校间合作交流。①②

林雍智亦指出，日本在进行学校整并的考量（或理由）时，大致可归纳为"教育专业"及"行政因素"两种考量（如图2—5所示）。③ 教育专业考量系指为让教育功能在每一个学生身上能发挥最佳效果，并考量学生接受义务教育所需最低限制原则下，必须拥有的（一）通学区域，与（二）学校的合适规模（指如每生应有之学习空间、教师人数、班级人数、学校人数等），若一所学校的设置低于相关法规的规范，且在学生来源人数上无任何起色的话，就可能受到整并的检讨；而行政因素考量则从（一）教育经费负担观点，（二）教育基础设备的有效利用观点，及（三）一般行政考量观点来看。在第（一）项教育经费负担观点上，对于人数过少无法完成教育功能，或国家推动行政区域重划政策时，合并两个至三个地区而形成的新自治体，会面临既有学校相距过近之问题，为财政与教育经费上的考量，而进行整并之检讨。第（二）项从校舍与教育设备观点出发，学校建筑费用受中央政府补助款所左右，加以少子化之影响，当学校校舍老旧已达改建需求时，亦会牵动学校设置是否合理，有无进行整并之必要等议论。第（三）项一般行政考量，则将学校作为地方公共设施，如公民馆、活动与灾难避难中心等。

林雍智以日本中小学校整并为例，其所指出的整并因素与大学整并大

① Harman, K., & Meek, V. L. Introduction to special issue: Merger revisited: international perspectives on mergers in higher education. *Higher education*. 2002 (44), 1 - 4.

② 莫家豪：《全球化与大学整并：国际的经验》，大学整并理念与策略研讨会论文2002 - 12。

③ 林雍智：《日本实施中小学校整并的情形对我国之启示》，《教育行政与评鉴学刊》2006 (1)。

致相符。在教育专业考量上，学区如同地理位置相近的大学，整并成功率较高；学校人数或班级数若未达基本门槛如同大学生源过少将被进行整并。在行政因素考量上，财政和教育经费负担与大学资源有限情形相关；校舍和教育基础设备的有效利用则与大学整并后资源共享有关。

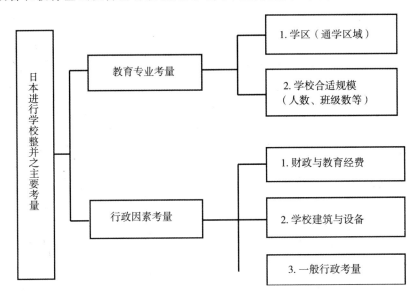

图2—5　日本进行学校整并之主要考量

总而言之，诚如戴晓霞在《高等教育整并之国际比较》一文中所提及的，大学整并的动力系受到外部与内部压力所致，[①] 由此推论，大学整并的因素亦是为满足内外在环境变迁所引发。在外部因素方面，主要是当时所处的社会和经济环境需求，如20世纪70年代欧美国家，由于福利国家政策和民主思潮的影响，迫使大学教育需求增加，在降低成本及避免大幅调整传统大学体系前提下，纷纷采取升级或整并方式因应，又如80年代后，由于新自由主义和新公共管理对经济（economy）、效率（efficiency）和效能（effectiveness）3E的强调，及知识经济和后福特生产模式对员工整合性能力的需求，为达此要求，整并成为主要的大学教育政策；在内部因素方面，可大致分为自然选择观点和资源依赖观点，前者认为大学和其他社会组织一样，必须在生态系统中求生存，当社会给予的资源越来

① 戴晓霞：《高等教育整并之国际比较》，《教育研究集刊》2003（49）。

越少，但要求提供的服务却越来越多时，大学便会以整并作为手段来回应，后者则认为维持生存不可或缺的核心要素是资源，只有以整并方式来强化市场占有率，才能避免资源流失。由于大学整并的因素是为回应社会、经济环境的转变，所做出的一种调适，因此懂得思变和随时准备迎接挑战的组织，将立于不败之地！

三　大学整并的程序和类型态

（一）大学整并的程序

《大学的功用》一书作者克尔（Clark Kerr）将 21 世纪譬喻为充满着不确定性与不可预测的"狐狸世纪"，为了将无数挑战转为胜利的机会，并为其找到最佳解决之道，各大学必须努力思索着如何可以成为一只"开路先锋的狐狸"，不仅可以稳固自我的生存利基，又可开创尽情挥洒的新舞台。[①] 而由于大学整并对学生、教师及行政人员影响极大，面临的阻力亦多，为使学校成员能接受这项事实，所以在推动整并时，宜考虑以渐进、按部就班方式进行，并设定阶段性目标逐步达成。又整并的程序或策略攸关大学整并成功与否，就此提出分析探讨如下。

Misite 之研究指出大学整并之程序可分为规划期、后规划期、整并期及后整并期四个阶段。[②] Martins 和 Samels 将整并过程规划为四个步骤，依序为：1. 双方依内、外在环境进行自我评估（institution self-assessment）；2. 整并前策略规划（premerger strategic planning），即为在可能整并名单中选取对象；3. 整并前协议谈判（premerger negotiation），即成立整并工作小组协议整并目标、课程、教职员等事宜；4. 整并施行（merger implementation），即宣布整并并送主管单位同意，整并后制度沟通与建立；5. 整并后制度的整合和建立（postmerger consolidation and community building）：此时期是真正的整并过程和新的沟通士气的建立。[③]陈

---

① 张建邦：《"狐狸世纪"大学的整并与发展》，大学整并理念与策略研讨会论文 2002 – 12。

② Misite, P. A. *A retrospective examination of the pros and cons of a successful college merger* (higher education partnerships), Boston College. 1994.

③ Martin, J. , & Samels, J. The new kind of college mergers. *Planning Higher Education*. 1994 (22), 31 – 34.

伯璋则认为，大学整并的策略可采纳几个方式。[①]

1. 先采取策略联盟（非整并）再求整并：整并不能急于一时，而是先寻求可能整并的学校先行"合作"，如此在不失"主体性"及"互惠"的原则下，再逐步形成"邦联"式的合作，最后才是"整并"。

2. 先从学校内单位的整合，再到校际间的整并：整并若是要发挥较大的效果，从内部治理机制中先做调整是必要的，而且也向对方显示诚意，这是重要的一步，因为打破校内单位的本位主义，是奠定和他校整并的基础。

3. 先鼓励经营不符经济效益之学校整并：由于小型规模学校或经营不佳者，面对"生存"问题时，会慎重考虑"发展"的希望。整并若能提升教育资源的成本效益，进而增进其竞争力，则此整并较易成功。

综合言之，大学整并的程序可简单地区分成整并前、整并中及整并后三阶段，包括整并前的评估及准备阶段，实际施行整并，整并后的评鉴与回馈阶段。大学整并运作过程包含领导决策、人事组织、财务融合、院系调整、组织文化及教学与科研等六个层面，在实施前必须经过缜密地规划、宣导及评估，顾及每一环节与程序必须环环相扣，缺一不可，且在整并过程中不断地进行沟通和修正，使整并能够顺利进行，以达整并的目标。

（二）大学整并的类型态

在谈论大学整并类型时，诸多概念大多从企业合并而来，然企业合并以追求经营利益为首要考量，与大学整并的策略或目的有所不同，更深入地关注其最大不同点，在于企业的所有权归属十分清楚，股东可为利润目的裁汰不适任员工，而大学非由某个股东所拥有，就连学校在重大校务决策上，究应采取谁的角度去思考，往往都出现争议，[②] 故在参考企业合并类型时，应予注意这个问题。又由于整并成败的主要关键，往往取决于各大学有各自的历史传统、文化背景、发展方向、系所相容性、校际互动状况、行政主管及教师观点、政府的主导与介入情形，及政府能提供的诱因

---

① 陈伯璋：《大学整并的省思与前瞻》，台北心理出版社 2004 年版。

② 司徒达贤：《大学整并与经营管理》，大学整并理念与策略研讨会论文 2002-12。

等因素,① 故不同的大学行政体制、社会环境背景及学校本身特性等，即会组成不同的整并类型，而不同的整并类型亦会呈现出不同的问题，更直接影响不同的组织结构及经营管理方式。

戴晓霞参考相关学者专家之研究，以机构自主程度（包括机构名称、招生、教师之聘用及升职等、公共经费及学校颁授）为核心，将大学整并分为下列五种基本类型（如表2—4所示)②。

1. 联盟（consortia）：其主要特色，包括联盟之组织和其会员组织是分开的，各为独立的法人组织；联盟本身拥有独立的资产与负债、董事会、内部章程；联盟董事会通常由会员机构的校长组成，并另由董事会聘用联盟之行政主管；联盟有自己的职员和预算、收入；联盟会员之间的整合只限于某些活动或服务，其关系较为松散，会员各有独立的资源、角色、目标等；联盟会员可以脱离联盟，特别是大型联盟，会员的进出并不影响联盟运作；联盟之会员可以是同质的（如全为大学院校），亦可为异质的（如包括大学院校、中小学、博物馆和公司等）。

2. 附属（affiliation）：其整合方式通常发生在大学和没有颁发学位权力机构之间，如医院和大学所建立的整合关系。附属的主要特征，包括附属模式基本上是一种双边协定，只包含两个机构；大学可同时和不同机构组成附属整合关系；附属模式不影响参与机构的自主，也不包含资源重新分配；在附属模式中，通常只有一方有颁授学位权利；在形成附属关系的院校和机构在学术领域上各有专擅，课程提供上通常不会重叠。

3. 邦联（confederation/federation）：其主要特色，包括参与机构的资产与负债独立；参与机构虽有颁发学位的法定权利，但由主大学（principal university）来负责学术水准、并颁发学位。学生则可在任何参与的机构中修习课程；邦联可促进机构间合作，也在不增加成本情况下，增加课程多样性；在公立体系中，主大学是和政府接触的唯一窗口，也是公共经费拨付的对象；参与机构保有聘用教师的权利，但其学术水准必须要符合主大学要求；由于参与机构财务状况不一，为维持学术水准，有些主大学也会将会员机构收入重新分配，以协助经费不足之机构；由于参与机构保

---

① 颜朱吟：《大学整并政策之组织理论应用及问题探讨》，《学校行政双月刊》2004（32）。

② 戴晓霞：《高等教育整并之国际比较》，《教育研究集刊》2003（49）。

有自订及收取学费权力，不同收费标准可能造成学生困扰，因此主大学必须协调并设定统一标准。

4. 整并（consolidation/amalgamation）和兼并/购并（merger/acquisition）：其意指两个或两个以上原本独立的机构放弃其原本独立的法律地位、自主和文化认同，整合成一个新机构，原机构所有的资产、负债、责任，包括人员都转移到新组成机构中。兼并则是一个较大组织将一个较小组织吸纳进去，其资产、负债、责任、人员完全由较大组织承受。

表2—4　　　　　　　　大学整并类型和机构自主的六个向度

	联盟	附属	邦联	整并	兼并
机构名称	不变	不变	不变	新名称	保留主大学名称
招生	独立	独立	半独立（入学标准须符合主大学规定）	由新大学负责	由主并大学负责
教师之聘用及升职等	独立	独立	半独立（须符合主大学规范的学术水准）	由新大学负责	由主并大学负责
公共经费	独立	独立	由主大学统筹	由新大学统筹	由主并大学统筹
课程开设	独立	独立	半独立（由主大学监督）	由新大学负责	须主并大学同意
学位颁授	独立	由大学颁授	由主大学颁授	由新大学颁授	由主并大学颁授

日本学者羽田贵史以整并性质（包含吸收、并入、统合和联合等4种形式）、参加整并的大学构成学科性质（包括同质型整并和异质型整并2种形式）及大学所处地理位置（包括同地型整并和异地型整并2种形式）等三个角度，来分析日本大学的整并模式，基本上应有16种，但实际上21世纪初期日本整并模式并没这么多，仅存在以下6种模式（如表2—5所示）。其中，所谓吸收指参加整并的一个大学把其他大学完全融化，其他大学的组织结构在整并后的新机构中完全看不见其踪迹；并入指一个大学并入另一个大学，成为另一个大学的组成部分，虽然被并入的大

学其名称和独立性消失，但作为另一个大学的下位组织，其原有结构仍然存在；统合指几个大学整并创造出一个新大学，原有大学不仅名称消失，组织结构也进行重组；联合则指几个大学在保证各原有大学独立性前提下，创造出一个新的大学联合机构，该联合机构并不干涉大学内部事务，而仅是负责个别大学不能完成的大学间协调事务。[①]

1. 同地异质并入型：主要是国立单科医科大学并入当地国立综合性大学中，成为综合大学中的医学部，如日本佐贺医科大学并入佐贺大学。

2. 同地异质统合型：典型例子由东京都政府管理的东京都立大学、都立科学技术大学、都立保健科学大学和都立短期大学，于 2005 年 4 月整并成为新的大学，名为"首都大学东京"。在这整并中，参加整并的各个大学几乎实力相当，整并后原有的各大学即成为新大学的一个校区，且新大学中的机构、人员和学科构成也有所调整。

3. 同地异质联合型：代表例子由京都府政府和京都市内 49 所大学和短期大学于 1999 年联合成立的财团法人"京都大学联合"，主要从事 4 项事业：（1）建立各大学间学分互相承认和互换制度，实现优质教育资源互享；（2）加强学生实习制度，促进大学教育和社会需要间的联系；（3）促进大学、社会、企业和政府间研究上的互相合作；（4）面向成人开放大学教育，实行公开教学，提高大学社会服务水平。

4. 同地同质统合型：这类合并是将学科性质和所在地区相同大学统合成为新大学，典型例子为国立东京水产大学和国立东京商船大学合并成为东京海洋大学。

5. 异地同质并入型：主要是将一些教员养成大学并入其他综合大学中，但因这种整并涉及问题较多，故目前仅停留在政策可行性议论层次。

6. 异地同质统合型：主要是将一些教员养成、畜牧农产大学整并成新的大规模教员养成和畜牧农产大学，透过大学规模效益，以提高政府财政拨款使用效率。和异地同质并入型一样，由于难度较大，故目前亦仅止于议论阶段。

① 徐国兴：《21 世纪初日本大学合并的模式与动力》，《高等教育研究》2007（28）。

表 2—5　　　　　　　　　　日本大学整并的基本模式

	异质型		同质型	
	同地型	异地型	同地型	异地型
吸收				
并入	同地异质并入型			异地同质并入型
统合	同地异质统合型		同地同质统合型	异地同质统合型
联合	同地异质联合型			

　　综上所述，从机构运行角度而言，不同整并类型机构有着不同的营运方式；从社会群体角度来说，不同整并类型机构又存在着不同的既得利益，因此整并前整并类型之选择，将深深影响整并后的整并成效。在上述整并类型中，戴晓霞透过大学教育机构自主性强弱为区分基础，以了解大学整并类型，更进一步由机构名称、招生、教师之聘用及升等、公共经费及学校颁授等六个向度，深入刻画整并模式的强弱，如在整并类型上，机构名称为新名称；在联盟类型上，机构名称则不变，让读者可以一目了然，清晰可辨。羽田贵史的分类类型则较贴近现实的整并情形，它将日本目前已完成整并的学校加以分类，这些分类标准对整并议题之探讨有其参考价值，若再仔细推究，可得到一些省思：1. 整并以同地型整并成功几率较大；2. 参与整并的对象都以国立或公立大学为主，显见多数整并动力源于政府；3. 异地型整并无论何种形式，由于整并难度较大，故尚在研究当中；4. 同质型学科的整并较少，显示整并的方向仍以整并成综合型大学为要。而整并通常含有竞争与合作的意涵，若整并关系是对称的，对新学校而言将有加分效果；唯若整并关系是不对称的，即有一较大的学校和一个或多个较小的学校，则须再视学校是否出于自愿或非自愿，而多数整并系属于不对称的，也因此在整并后产生诸多足以探讨的问题。又诚如周祝瑛于《高等教育整合模式之初探》一文结论中所提，大学的整合方式虽然可归纳为"合作"及"合并"两个主要类型，唯仍有相当部分的整合模式是"介于合作与合并之间"。① 基此，整并仅是组织间多种合作形式之一，而本书所讨论的"整并"则比较趋向于"两个或多个机构

---

① 周祝瑛：《高等教育整合模式之初探》，大学整并理念与策略研讨会论文 2002－12。

放弃其原有法律上的独立地位，整合成一个新联合体"。

四　大学整并后效益分析

从组织发展的视角来看，大学被视为是一相当保守的组织，其内部往往缺乏自我革新的动力，所以促使大学组织结构变革的动力，大多来自于组织外部。而大学整并后由于受到内、外在政治、经济、社会等多重因素之影响，故导衍出复杂的结果，有可能成功，亦有可能失败，例如澳大利亚一些高校整并的失败，即是由于内部文化的分裂。[①] 在新自由主义所兴起的市场化机制之下，多数国家对大学教育的做法已由过去的放任态度，转为监督与管控，除了重视大学运作的效率、效能、效益与卓越外，亦在使公共部门经费对大学的投资能获得最大效益。另外，在社会发展脉络中，多元化已成为现代社会中的一个普遍现象，它强调不同种族、宗教或社群间，须相互尊重和包容，了解彼此文化差异性，同中求异、异中求同，才能建设祥和与共荣的社会。同样地，大学整并后不同学校间必然存在着文化认同适应问题，而如何消除歧见保存各校原有文化主体性，以寻得良好办学效益及卓越发展，相信是各国从事大学整并的最主要目的。故观察大学整并后所带来的效益，往往也是评估一所大学整并优劣的关键所在。

徐小洲认为，大学整并后可见的成效，概括地体现在三个方面。[②]

（一）办学总体实力增加，规模优势凸现

1. 学科覆盖面拓宽，层次提升：如浙江大学整并后，学科覆盖面包括文、史、理、工、医、农等 11 个学科门类，学科层次也进一步提高，至 2000 年，博士点已达 138 个，一级学科博士点达 28 个，博士后流动站达 29 个，硕士学位点 225 个，均名列中国高校前茅。

2. 研究实力加强，成果聚合：一些大学整并后，科研经费数、重大科研项目、科研成果数等成倍数增长，如浙江大学整并得到大陆教育部和浙江省投入专项建设经费各 4 亿元，共建经费各 3 亿元。

3. 师生队伍庞大，影响加强：大学整并后，庞大办学规模为人才培

---

① 张艳敏、赵宏格：《发达国家合并的发展经验及效果分析》，《教育科学》2007（23）。
② 徐小洲：《论我国高层次大学合并的利弊与发展策略》，《教育研究》2002（8）。

养营造了新的多层次、综合性教育环境，如至 2001 年 9 月，北京大学拥有教职员工 15639 人，其中专任教师 4537 人；在校生 39533 人，其中在站博士后 386 人；研究生 10718 人（硕士生 7269 人，博士生 3449 人），本专科生 13812 人，成人教育学生 15003 人。

（二）学科交叉与渗透（扬长避短）

为发挥多学科综合优势，2001 年浙江大学在人文学科推出"曙光"计划，在大陆教育部和浙江省重点共建高水平大学专项经费"学科建设"项目中列出专项资金，跨学科交叉（含文理交叉）研究项目成为资助重点。

（三）办学环境的改善

1. 外部环境（巨人的形象）：大而全当然不是大学教育改革唯一的指向。但大而全提出两个特点却是被公认的：整并推出了若干所"巨无霸"和充满竞争力的高层次大学，有的已获得良好的社会声誉，这种声誉为这些大学营造了良性的外部环境。

2. 内部环境（教学资源的跨校区、学科组合）：大学整并后，跨校区、多学科组合，充分利用教学资源，提高了办学质量和效益，并为培养学生综合素质孕育新基础。

综言之，大学整并后在效益上，无论是软硬体建设、学科数、经费数、生员数、科研成果数、办学规模、教学资源、促进课程整合优化、强化管理效能等方面都有长足的进步。然而，张艳敏、赵宏格的研究却指出，很多国外学者都认为，截至目前，很难断定进行大学整并，即能取得预期效益[①]，亦即大学整并与管理效率提升、学术质量及竞争力提高，没有明显关系存在。例如，在行政人员规模上，因为发展到一定规模，就会滋生出更多工作，来对这个机构不同面向进行协调和控制，故整体来说并没有因整并而导致行政人员减少，反而增加；在短期内由于需要很多资源进行计划、协调和建造基础设施，所以无法看出效益；更有研究表明，大学整并并没有明显带来教学和研究的竞争力提高。因此，在大学整并后的效益分析上，仍有待持续探讨之必要。

---

① 张艳敏、赵宏格：《发达国家合并的发展经验及效果分析》，《教育科学》2007（23）。

五 大学整并后组织运作的困境与难题

在大学整并过程中，由于要对参与整并各方原有之机构设置、隶属关系、人员配备及地位待遇等方面进行调整，加以牵涉到各方整体利益，及全体教职员工个人权益，必然会遇到困难与难题。张艳敏、赵宏格亦提及，大学整并中人事安排、学科调整、资源重组固然不容易，然校园文化整合与重构更难，学术文化冲突成了大多数学校整并后的正常形态。由此可知，大学整并后学校必须面对诸多挑战，种种相关问题，有赖新领导阶层采取有效措施，加以整合，方能有所突破。①

卢丽君、文世平从整并的空间条件上指出，整并后各高校地址相距甚远，如何通过有效集中管理，使这些分布较散的学校变成名副其实的一个整体，成为管理上的难题。纵使其他条件都具备，在平常联络交往上也很不方便，易造成日常支出经费猛增；再从管理效益来讲，由地域条件带来的管理层次增加，管理人员不但没有减少，反而带来领导体制的多元化，造成管理松散，推诿增加，缺乏集中，导致大学整并后管理成本提高，管理效率反而下降之问题。②

瞿华的研究观点则认为，大陆高校在整并后存在的主要问题有以下几项。③

（一）有些高校整并未经认真调查研究和充分论证，片面追求"大"和"全"，把规模与效益等同起来

部分教育行政部门对高校整并后整体效益的评估，能否大于各组成学校整并前独立运行的效益之和，论证不够，只把几所单科性或多科性院校组合起来，使得高校从规模过小极端走上盲目扩大规模的另一极端。

（二）有些高校尚未进行实质性整并，高校"联合体"现象仍然存在

由两方面可看出：1. 由于文化层次较高的高校较关注自身传统、特色等无形资产，在缺乏内在认同和协调的有效途径与方法下，不易形成凝聚力，致整并后貌合神离现象短期难以消除；2. 高校缺乏明确内部管理

---

① 张艳敏、赵宏格：《发达国家合并的发展经验及效果分析》，《教育科学》2007（23）。

② 卢丽君、文世平：《新中国成立后两次高校合并的比较研究》，《湖南教育学院学报》2001（19）。

③ 瞿华：《我国高校合并若干问题研究》，湖南省湖南师范大学硕博论文2002年版。

框架构建和利益调整的依据与机制，尤以受到现有干部制度和劳动人事制度限制，及资金未到位、总体投入不足、地理位置分散支出负担加重及财务不统一等原因，致新学校内部"磨"而"不合"，为实现规模效益的预期目标，仍有一段距离。

（三）整并重组的新校未及时根据新情况制定整体发展规划和合理定位

有些新校在整并重组后，动员广大教职员工根据该校实际情况制定出一套长远、可行、具体的改革规划，唯力度不够；发展规划制定方面停滞，影响广大教职员工的工作积极性；在学校定位问题上，对"真正意义的综合大学"有误解。

（四）缺乏必要中介组织联系政府与高校，协调整并过程

大陆高校整并很大程度是政府行为，使得高校整并难以择优自由组合，也不能提升学校自身积极性，难以按办学规律优化资源配置，使许多学校内部问题又反弹给政府部门；而这其中许多工作其实是可以通过在高校布局调整领导机构指导下的中介组织（各种专门委员会）来完成。

（五）政府对高校整并的配套政策和机制还不健全

主要体现在如对优势的高校兼并效益、质量较差的高校在资产评估与转让，追加投入、招生、人员使用、科技服务、财务改革等方面给予的优惠和扶持政策还不够；整并后运转状况不良，经多方努力，矛盾仍难解决的高校，应及时调整或撤销；对规模效益水平低，投入渠道和办学市场萎缩的高校是否有存在的必要，或提出撤并方案，或限期整改使其好转的评估机制，以及为整并过程中存在的合理利益流失，而导致的整并阻抗，缩短磨合期的利益补偿机制，都需进一步健全和完善。

综上，瞿华以巨观角度进行探索，他认为从政府观点而言，由于未能预先评估整并后的实际成效，亦未订定相关整并配套及机制，致整并后阻力不断；另从学校观点而言，在整并后因缺乏内在认同和有效方式致难以形成实质性整并，且未根据最新现况制订整体发展计划致影响员工工作效能，更重要者缺乏一中介组织来联系协调整并过程，致衍生许多问题。又大学整并后因牵涉范围甚广，故对于人和组织均产生一定程度影响，如在人员上除职位、原有既得利益变动外，最重要者包括个人士气、工作满足（动机）、组织承诺等元素会受到压抑而转变，另则是管理层级、教师与

学生都必须面对一系列新量化数据和指标，以推动其前进；而在组织上则包含因组织规模扩大、教育资源重组、行政结构调整等要素所引发的连锁改变，如组织文化重构、因校区分散所带来的管理难题、资源配置与共享问题、相关配套政策与机制不健全；更有一些因整并理念不同所产生的摩擦与冲突。这些潜在问题，势必须一一去处理和解决，否则无疑地对大学教育改革的终极目标，将成为一大制约因素。

第三章　实证研究篇

近几年来，台湾地区大学院校机构快速增加，加上少子化现象，在录取率过高、供过于求的教育现象及市场机制下，大学面临着前所未有之挑战！为有效整合资源，改善经营效益，大学整并成为一项可行的策略思维。而本书之主要目的，即希望透过两岸大学整并探究，来了解两岸大学整并政策的异同？及整并后组织之效益？并以台湾东华大学与大陆广州大学为实例，从事实地的访谈研究，以为后续整并工作之参考。本书主要采用 Bereday 之比较研究法，利用描述、解释、并列及比较等方式进行。

第一节　研究架构

研究架构基本上是完成一项研究的步骤，可指引研究进行的方向，亦可清楚地表达许多资讯。本书之研究架构图系依据研究动机及文献探讨等资料而设计，详如图 3—1 所示。

图 3—1 是两岸大学整并之比较研究架构图，比较点包括两岸大学整并政策，整并后的人员角色知觉、资源配置、组织文化、组织运作效益及困境与省思等部分。

由于大学整并政策系教育决策机关为顺应世界潮流、国家未来发展、审视教育现况及社会需要，对有关大学教育发展、法令规章、制度规划、推动实施所提出的具体目标与方案策略，并透过行政、立法的合法化程序后，成为国家推动大学整并的具体政策、计划与行动。因此，本书在进行大学整并政策之比较分析时，将从大学整并政策问题开始探讨，包括缘起、法制面、动力及推动过程等部分；而在大学整并政策结果及未来分析上，系希望了解政策制定参与者和执行者对整并政策推行后，所面临问题

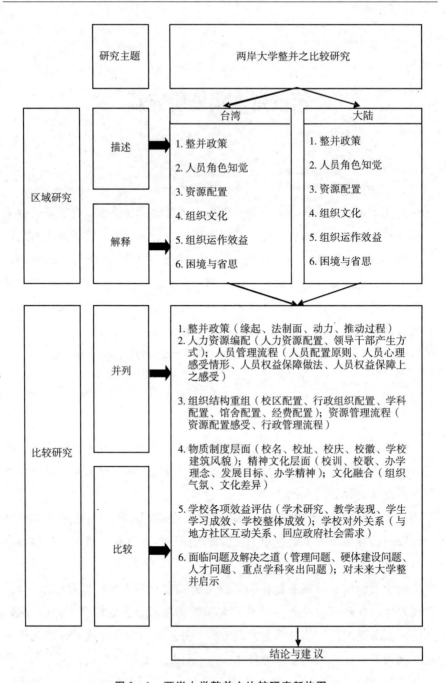

图 3—1 两岸大学整并之比较研究架构图

和解决之道的看法，及其对未来整并学校所提出的建议和启示，故本书将其置于大学整并后困境与省思一节中讨论；在大学整并政策表现分析上，则希望明白大学整并政策实行后，是否达成经济效益与竞争力的提升，及对全校师生和环境的改变，所以将其置于大学整并后组织运作效益一节中探讨。

其次，大学整并后牵涉人与组织两部分，所以在探讨两岸大学整并后对组织影响之比较时，应先就学校内部人员的角色知觉加以探讨，了解学校整并后人力资源的编配情形，以掌握学校人力资源的运用情形及领导干部产生方式；再进一步分析学校在整并后对人员管理流程为何？以明白学校如何安排与保障人力资源，包括人员配置原则、人员对整并的心理感受，和人员权益保障做法及感受情形。

再者，针对学校整并后资源配置进行分析，由于资源整合问题关系到整并前各大学原有潜在利益，故必须予以重视。此部分本书先从组织结构重组情形加以探讨，以了解整并后各项资源的编配情况，包括校区配置、行政组织配置、学科配置、馆舍配置和经费配置等；接着，从资源管理流程上来分析，以明了学校在资源管理上的做法及运作为何？包括资源配置原则及行政管理流程等。

再来，人与组织互动后必然产生组织文化，尤以在整并后，这新文化将成为引领组织向上的重要元素，亦对组织未来的发展影响甚巨。是故，本书从物质制度、精神文化与文化融合三层面进行了解。第一，在物质制度层面上，包括校名、校址、校庆、校徽与学校建筑风貌等方面；第二，在精神文化层面上，包括校训、校歌、办学理念、发展目标与办学精神等方面；第三，在文化融合上，包括组织气氛与文化差异方面。

此外，在掌握了人员角色知觉、资源配置和组织文化等面向后，最重要的即是了解组织运作的效益。本书从学校各项效益评估，及对外关系上进行观察，包括学术研究、教学表现、学生学习成效及学校整体成效上有无提升？与地方社区互动关系、回应政府社会需求上有无加强？

最后，在清楚大学整并前的政策问题及整并后的人员、资源配置、组织文化和运作效益等相关内涵后，即须了解大学整并后所面临问题及解决之道，与对未来大学整并之启示为何，再依据比较结果提出研究结论及对大学整并发展的建议。

第二节　研究方法与对象

　　为研究两岸大学整并，本书所采取之研究方法，主要为比较研究法（comparative research），再辅以文件分析法（documentary analysis）及调查研究法之访谈法（interview），另在研究对象上则以台湾与大陆各举一所大学为个案进行探讨，亦即希望以正式访谈的第一手资料，提供一基础性之研究，以充实本书之不足，这些部分都将呈现于本书研究结果当中。最后，比较其异同，进而归纳出大学整并之法则或类型，以作为将来改进大学整并之参考。

一　研究方法

（一）比较研究法

　　比较研究法是把客观事物与社会现象，选用相同项目，设定相同标准，加以比较，以达到认识事物与社会现象本质和规律，并作出正确价值判断。又分为纵向比较与横向比较，纵向比较是一个国家（或地区）发展，在不同历史时期表现之比较，亦可以是两个或两个以上国家（或地区）发展，在不同历史时期表现之交叉比较；而横向比较则是对同时共存现象与事物比较，分析其异同。[①] 本书采用 Bereday 提出之比较研究法，配合研究主题，根据台湾与大陆大学整并内容，进行区域研究与比较研究。

　　而为便于比较分析，Bereday 将比较研究分为两阶段四步骤，四步骤分别是描述（description）、解释（interpretation）、并列（juxtaposition）、比较（comparison），分述如下。[②]

　　1. 描述

　　指描述所要比较研究国家（或地区）之教育现状，即对教育资料搜集与编目，然在搜集资料之前，须先进行分类，列出资料搜寻面向，避免遗漏，以利资料系统收录与分析。在此阶段，主要从两方面进行研究，一

---

　　① 张芳全：《迈向科学化的国际比较教育》，台北心理出版社 2012 年版。
　　② 杨思伟：《比较教育》，台北心理出版社 2007 年版。

为资料追踪研究：Bereday 认为研究比较教育须从广博阅读资料着手，因为这是比较教育研究之根基，资料来源有三，包括未经全面精细学术分析的原始资料，称为第一手资料；凡非属第一手资料，而与教育直接相关之资料，均属第二手资料；及与教育没有直接或明显关系，但有某程度相关性之资料，则为辅助资料。另一为学校访视：Bereday 建议需遵循几个规则，（1）应注意方法与有效性；（2）系统化搜集资料有助于可比较性建立；（3）在时间安排上需注意如访视表需避开学校不上课日，对被研究国气候应有所了解等细节；（4）学校调查研究不仅在访视学校，亦可组成专家团体进行研究；（5）以地图方式组织资料。

本书从描述大学整并政策、大学组织变革概念、大学整并内涵等方面着手，作为比较研究之基础，且资料来源来自所阅读及实地访谈之资料，包括第一手资料、第二手资料及辅助资料等，以避免因直接进行比较研究，而落入以我族为中心之错误。

2. 解释

指分析各国（或地区）教育制度形成因素，以了解其教育制度成因，因一国（或一地区）教育制度是其社会生活之反映，而社会生活又受历史、政治、经济、社会、地理、哲学，及其他因素之影响。

本书旨在探讨两岸大学整并内涵，是故在探析此问题时须将上述相关性因素予以考虑，才能对台湾与大陆大学整并政策、整并后的人员角色知觉、资源配置、组织文化、运作效益、困境与省思等情形，加以解释、分析，并架构出制度之样貌。

3. 并列

指将各国（或地区）教育资料依相同或可资比较类别加以系统化排列，便于找出研究之假设，供正式比较之用，因搜集到之资料在未经整理前必定相当混乱，很难从中窥知头绪，必须将这些资料加以分类，然后再将同类资料排列在一起，才好做比较。

本书从台湾与大陆所搜集而来之大学整并资料，依性质相同和相近之顺序予以排列，以方便进行比较，遂得到大学整并政策、整并后的人员角色知觉、资源配置、组织文化、运作效益、困境与省思部分，加以并列。

4. 比较

是对于上述暂时性结论或假设，透过实际比较，做进一步验证，以期达成客观而一致之结果，是故比较不在呈现教育资料，而在使教育事实更加凸显。又分为均衡比较及阐述比较，前者系对各国（或地区）资料作对称反复比较，当提及某一国家（或地区）某类资料时，也必须提到其他国家（或地区）同类资料；后者则指当搜集到各国相关资料不对称时，只能在比较时随时将各国有关资料引入，以说明其比较要点。而事实上在进行两岸大学整并之比较时，很难达到完全对称境界，故在实施比较研究过程上，系偏向采取阐述比较形式，以补方法上之不足。

在本书中系指根据并列阶段所得到之结果，将宏观整并政策问题、微观整并政策问题、整并后人力资源编配、人员管理流程、组织结构重组、资源管理流程、物质制度层面、精神文化层面、文化融合情形、学校各项效益评估、学校对外关系、面临问题及解决之道、对未来大学整并启示等，加以详细比对，以获得客观结论与建议。

（二）文件分析法

文件分析是了解教育现象重要取向，资料来源包括教育法令、教育章程、教育规划报告书、教育统计、教学大纲、教科书、会议记录、研究报告书、官方统计资料、国际组织统计资料等。文件资料可区分为第一手资料：官方与组织所发布原始统计或文件资料，如学者所撰教育专著、某教育思想家文稿、札记与相关文件，国际组织发布之统计资料、期刊论文对当事人之介绍等；第二手资料：国内外有关各国教育专业论著，或经他人诠释与组织整理之资料。而为求研究结果准确性，研究仍应以第一手资料为主。①

由于本书有些资料搜集不易，故需透过文件分析来补佐研究之不足，以加强文献之可信度及丰富性。因此，笔者遂于 2012 年 12 月 30 日、31 日两日前往台湾花莲县东华大学，及 2013 年 1 月 5 日至 9 日五日前往大陆广州市广州大学进行实地访谈，取得有关大学整并之相关文件，这些都属于第一手资料，对于研究结果之呈现具有非常重要之意义。

（三）访谈法

访谈法（interview）是质性研究重要方法之一，笔者为达研究目的，透过与受访者面对面互动和对话，以搜集资料之历程；亦可针对受访者所

---

① 杨思伟：《比较教育》，台北心理出版社 2007 年版。

引申之事件或意义，再加深加广，更深入地问答。① 而访谈法具有以下优点：1. 容易取得较完整资料；2. 较易深入了解问题核心；3. 可揭示明确目标；4. 可评鉴答案之真实性；5. 可适用于特殊对象；6. 可控制环境；7. 可掌握问题次序，等等。②

本书访谈对象主要针对学校曾参与整并之行政主管、教师、行政人员及学生，采取半结构性访谈（semistructured interview）方式，由笔者亲自向受访者发出一系列问题，而这些问题系经由文献探讨及相关研究，所归纳成本书"两岸大学整并之比较研究"访谈提纲（如附录），以作为台湾、大陆两地实地访谈搜集资料之工具，再循受访者回答之问题中，进一步做深入探究，以获致更完整资料。

由于大陆广州大学与笔者所就读屏东教育大学（现整并为屏东大学）过去在学术上即有交流，且往来甚深，透过这层关系，故在资料取得及访谈对象挑选上得到相当大协助，甚至于 2012 年 12 月 22 日广州大学学术访问团来台期间，笔者即取得部分访谈资料；至于东华大学因位处台湾东部，先前显少有学术交流机会，但透过不少关系联系后，也得到东华大学的大力帮忙，在他们协助下完成了访谈记录，亦取得不少宝贵意见。

（四）信效度分析

信度与效度系指测量工具减除可能影响测量结果因素后的准确程度。信度有外在信度（external reliability）及内在信度（internal reliability）之分，外在信度指的是同样的情形，在其他情境可复制的程度，而内在信度则是研究结果反映问题的程度；效度亦有外在效度（external validity）及内在效度（internal validity）之分。又因质性研究不同于量化研究，有客观的数据来表示研究结果，是以质性研究常被质疑有过于主观、代表性不足之缺陷。③ 对此，笔者在资料搜集过程中，会尽可能地考虑到信效度建立之问题，并考虑研究的严谨度，及确保研究结果之品质。另笔者为建立本书之信效度，提出一些具体做法，阐述如下。

---

① 张庆勳：《论文写作软实力：悠游在研究写作天地中》，台北五南出版社 2011 年版。

② 王文科、王智弘：《教育研究法》，台北五南出版社 2006 年版。

③ 王文科：《质的研究的问题与趋势》，高雄丽文出版社 2000 年版。

1. 信度部分

（1）在内在信度上：①尽量使用收集到的第一手资料，避免做过度推论，例如，由整并学校所提供之原始资料、会议记录、访谈逐字稿或该校网站所下载之资料；②在进行访谈前，事先征求受访者之同意，才进行录音记录，并整理成逐字稿，期能真实反映研究情境；③在研究过程中，不断地省思，并写成省思札记，避免出现主观、先入为主的观念。

（2）在外在信度上：①详细说明整并学校背景资料，但为保护受访者身份，对其身份说明采取匿名方式呈现；②明确描述整并资料来源，及搜集的时间、方法与选取理由；③详细说明整并资料分析观点与诠释方法。

2. 效度部分

（1）在内在效度上：①进行访谈过程中，尽量降低访谈空间的干扰因素，并不时地向受访者请教与讨论，以求确实掌握研究资料的准确性；②善加运用录音设备、访谈记录及随身笔记等辅助工具，如实记录访谈内容，以求资料的真实性；③反复聆听录音档案后，将制成之逐字稿，E-mail给受访者过目，请受访者确认内容有无不妥或需修正之处，确保资料能真实地贴近受访者所欲表达的意涵，避免出现资料上的偏误。

（2）在外在效度上：①对整并学校和受访者基本资料，以及收集到的各种文件，作深入描述；②详细说明本书研究之目的、问题、研究设计与过程，让受访者了解研究内涵；③经由自我省思进行反省和检核，不因自我主观偏见或框架，而曲解研究情境中之讯息，导引出不当的结果与发现。

二　研究对象

（一）研究对象

本书系以地理位置分处于台湾海峡两岸之台湾东华大学与大陆广州大学两个教育实体为对象，进行两个区域在有关大学整并内涵的整体比较。在选取两所大学作为研究对象之共同理由上，包括两校均以大学与师范院校进行整并，两校虽拥有多个校区然均有一集行政、教学与学术于一体的主校区，两校整并均受到政府相当大的关注与支持；在个别理由上叙述如下。

1. 选取东华大学的理由

（1）台湾地区在1994年"410教改行动联盟"大游行后，为回应社会的期待与需求，松绑教育政策，广设公、私立大学，致大学教育体系蓬勃发展。东华大学为近几年整并而成之大学，整并时间超过 5 年，是研究其整并成效最佳时机，故以此为研究对象最具代表性。

（2）东华大学于 2008 年 8 月 1 日，由原东华大学与花莲教育大学整并而成，原东华大学系一所综合性大学，花莲教育大学则是一所由师资培育机构升格而成的学校，因此东华大学是台湾第一所大学与师范校院整并的首例，以此为个案实属恰当。

（3）整并在先进国家于 19 世纪已蔚为风潮，在台湾之发展则属起步与摸索阶段，更是尝试性之过程，由于整并成功案例少，且东华大学整并个案少有人研究，因此以此为探讨对象有助于厘清与深入整并之经验，提供其他同类型大学整并之参考。

2. 选取广州大学的理由

（1）大陆地区自 1990 年起，即开始有高校参与整并，广州大学系在大陆高校整并高峰期 2000 年 7 月 11 日整并而成，由于该校由几所体质较弱的市属高校组成，整并后整体办学实力大增，值得作为台湾整并借镜，深入研究与分析。

（2）广州大学与笔者所就读屏东教育大学在学术上素有往来，且交流时间长达 20 年以上，因此在整并资料取得上较为充实与便利，加上参与整并学校中亦有从事师资培训工作者，与东华大学在整并上极为相似，具有比较价值。

（3）基于大陆高校整并成功案例高达 442 起，以现有人力、物力实难以对各整并高校进行研究；而广州大学作为一所省市共建的地方高校，办学规模从原先整并初期的 1.4 万多人至现今逾 3 万多人，并非如高校航母浙江大学动辄四五万人之多，故较符合台湾之大学整并参考。

另外，本书强调两岸在此议题的代表性，而不在于研究对象数量的多寡。因此，主要透过实地访谈方式，针对两校曾参与整并政策制定、执行或目前为学校之行政主管、教师、行政人员及学生进行访谈，访问对象各约为 11 人（如表 3—1 所示），访谈对象之选择则采用立意抽样方式作为访谈对象样本的选择方法，兹将其背景分述如下。

1. 在东华大学方面

（1）行政主管选取上：选取 2 位，包括台湾观光学院校长、东华大学艺术学院院长，前一位是原东华大学副校长，后一位则是花莲教育大学行政主管，二位均曾参与过整并政策制定。

（2）教师选取上：选取 3 位，包括幼儿教育学系副教授、艺术与设计学系教授及经济学系助理教授，前两位是花莲教育大学教师，后一位则是原东华大学教师，三位教师均曾经历过整并过程，目前亦为该校教师。

（3）行政人员选取上：选取 2 位，包括国际企业学系助理、教育行政与管理学系助理，前一位是原东华大学助理，后一位则是花莲教育大学助理，而何以选取助理，未选择职员为对象，主要系因这些助理均是第一线人员，整并后均随系所移转，了解整个整并过程，方便取样；在职员方面则因整并后调动频繁或离职，或未经历过整并，故才未予考虑。

（4）学生选取上：选取 4 位，均为应用数学系研究生，系请该校数学系教师代为选取，而何以均选取研究生，而未选择现有大学生为对象，主要系因这些对象在大学时期即曾经历过整并，后再考入该校研究所，可以体会整并后的感觉，故才予以选取。

2. 在广州大学方面

（1）行政主管选取上：选取 2 位，包括广州大学副校长、高等教育研究所教授，前一位是广州师范学院行政主管，后一位则是华南建设学院（西院）行政主管，二位均曾参与过整并政策制定。

（2）教师选取上：选取 3 位，包括教育学院教授、土木工程学院教授、外国语学院副教授，前后两位是广州师范学院教师，中间一位则是华南建设学院（西院）教师，三位教师均曾经历过整并，目前亦为该校教师。

（3）行政人员选取上：选取 2 位，包括教务处处长、档案馆馆长，前一位是华南建设学院（西院）行政人员，后一位则是广州师范学院行政人员，系请该校教育学院教师代为选取，二位均曾参与过整并，目前亦担任该校行政主管。

（4）学生选取上：选取 4 位，三位为教育学院研究生、一位为生命科学学院研究生，系请该校教育学院教师代为选取，四位虽未经历正式整并，但在大学时期该校尚未整并为单一校区时，均曾在分散校区上课，考入该校研究所后，学校已整并成单一校区，故可算是经历过第二次整并。

表 3—1　　　　　　　　　　　　受访人员资料

受访代号	学校别	单位	职称	访谈时间	备考
T1	台湾观光学院	校长室	校长	2013/12/31	原东华副校长
T2	东华大学	艺术学院	院长	2013/12/30	花教大行政主管
T3	东华大学	幼儿教育学系	副教授	2013/12/30	花教大教师
T4	东华大学	艺术与设计学系	教授	2013/12/30	花教大教师
T5	东华大学	经济学系	助理教授	2013/12/31	原东华教师
T6	东华大学	国际企业学系	助理	2013/12/31	原东华助理
T7	东华大学	教育行政与管理学系	助理	2013/12/31	花教大助理
T8	东华大学	应用数学系	研究生	2013/12/30	
T9	东华大学	应用数学系	研究生	2013/12/30	
T10	东华大学	应用数学系	研究生	2013/12/30	
T11	东华大学	应用数学系	研究生	2013/12/30	
K1	广州大学	副校长室	副校长	2014/01/06	广师行政主管
K2	广州大学	高等教育研究所	教授	2014/01/06	华建西行政主管
K3	广州大学	教育学院	教授	2013/12/22	广师教师
K4	广州大学	土木工程学院	教授	2014/01/06	华建西教师
K5	广州大学	外国语学院	副教授	2013/12/22	广师教师
K6	广州大学	教务处	处长	2014/01/07	华建西行政人员
K7	广州大学	档案馆	馆长	2014/01/06	广师行政人员

续表

受访代号	学校别	单位	职称	访谈时间	备考
K8	广州大学	教育学院	研究生	2014/01/06	
K9	广州大学	教育学院	研究生	2014/01/06	
K10	广州大学	生命科学学院	研究生	2014/01/06	
K11	广州大学	教育学院	研究生	2014/01/06	

（二）研究场域

本书以台湾东华大学与大陆广州大学为研究对象，因此其研究场域自然系指两校曾参与整并政策制定、执行或目前为学校之行政主管、教师、行政人员及学生等。就选择研究场域而言，主要是透过两校教职同仁介绍，并进行有曾参与整并工作的人员，依照本书的设定来寻找愿意接受访谈的对象。而研究场域观察面向包含大学整并政策问题，如分析大学整并政策问题缘起、法制面、动力、推动过程等；整并后的人、环境、人与环境交互作用下之组织文化现况及其效益：在人的部分，如整并后干部如何聘任？人员在竞聘过程当中产生何种心境？在环境部分，如整并后各项资源有无制定相关法令章程？经费、人事、其他福利制度等资源分配上运作情形如何？在组织文化部分，如学校采取何种方式营造组织气氛及促进组织目标达成？有无因文化差异导致学校内部意见不和与冲突发生？在组织运作效益部分，如学术成就、教学品质、学生学习成效上有无提升？对学校组织未来发展有无正向帮助等；在困境与省思部分，如分析整并后面临问题及解决之道，与对未来大学整并之启示等。

（三）资料处理

本书的资料处理，主要为访谈资料之处理分析，访谈资料部分按编号、学校别、单位、职称等顺序键入，笔者再将录音档案以 Word 文书处理软体转誊成逐字稿后，E-mail 给当事人做最后确定，以进行内容分析。而资料编码方式与意义（如表3—2所示）：IN 代表访谈记录，DO 代表取得之文件，RT 代表笔者研究反思；其次，T1—T11

分别代表台湾东华大学行政主管、教师、行政人员及学生受访对象，K1—K11 则分别代表大陆广州大学行政主管、教师、行政人员及学生受访对象；最后，笔者再标上观察当天的日期与对象，如 12 月 31 日对 T1 行政主管的观察记录就标示为"IN20131231T1"，IN 为访谈记录，20131231 就是受访时间，T1 则是受访者的代号，依此类推，访谈后进行资料分析。

表 3—2　　　　　　　　　　资料编码方式与意义

项目	编码代号	代表意义	备考
资料编码日期	IN20131222	2013 年 12 月 22 日访谈记录	
	IN20131230	2013 年 12 月 30 日访谈记录	
	IN20131231	2013 年 12 月 31 日访谈记录	
	IN20140106	2014 年 1 月 6 日访谈记录	
	IN20140107	2014 年 1 月 7 日访谈记录	
	RT20140313	2014 年 3 月 13 日研究反思	
	RT20140415	2014 年 4 月 15 日研究反思	
	DO20131230	2013 年 12 月 30 日取得之文件	
	DO20140107	2014 年 1 月 7 日取得之文件	
资料提供对象	T1	台湾观光学院校长	
	T2	东华大学艺术学院院长	
	T3	东华大学幼儿教育学系副教授	
	T4	东华大学艺术与设计学系教授	
	T5	东华大学经济学系助理教授	
	T6	东华大学国际企业学系助理	
	T7	东华大学教育行政与管理学系助理	
	T8	东华大学应用数学系研究生	
	T9	东华大学应用数学系研究生	
	T10	东华大学应用数学系研究生	
	T11	东华大学应用数学系研究生	

项目	编码代号	代表意义	备考
资料提供对象	K1	广州大学副校长	
	K2	广州大学高等教育研究所教授	
	K3	广州大学教育学院教授	
	K4	广州大学土木工程学院教授	
	K5	广州大学外国语学院副教授	
	K6	广州大学教务处处长	
	K7	广州大学学校档案馆馆长	
	K8	广州大学教育学院研究生	
	K9	广州大学教育学院研究生	
	K10	广州大学生命科学学院研究生	
	K11	广州大学教育学院研究生	
	研	笔者研究反思	

第三节　两岸大学整并政策问题分析

当"现况"与"目标"产生差异时，往往就容易出现问题，两岸大学整并亦起因于此。本节即在分析两岸大学整并政策问题，将从巨观的大学整并政策问题缘起及法制面谈起，接着聚焦在两校整并的动力及推动过程上，以了解两岸大学为何要进行整并。

一　台湾东华大学整并政策问题分析

（一）台湾大学整并政策问题缘起

政策问题的提出，是整个政策制定过程启动的关键，从短期来看也许为解决某种教育问题，也许为配合当时社会需求与发展，更可能为落实某个教育理念或理想；但从长期来说则影响国家整体未来的发展。以行政学角度而言，大学非属以营利为主的机构，系一非营利组织，其存在牵涉历史文化、社会经济等背景，是以大学整并政策问题缘起亦与环境因素有关，本段将从经济面、政治面及社会面三个层面加以探讨。

1. 经济面分析

就经济面观点来看，张润书认为可从市场失灵（market failure）及政府失灵（government failure）两部分来分析，前者是基于竞争市场运作问题，是组织为追求利益极大化所产生的结果，原本在完全竞争的市场下，资源运用可达到最大效率，但受到外部性和市场不完全性之影响，导致市场失灵；换言之，大学教育普及化后伴随着大学数量迅速扩增，致使许多学校无法招收足额学生以支撑学校继续经营，濒临难以经营的窘境。后者则是政府原可采取各种措施弥补市场机能不足，但有可能因为在提供公共服务上不足或无效率之情形下，进而造成政府失灵的现象发生；各国政府为确保公共资源的有效利用，及消除垄断和私有化，提供了各式大学教育，以容纳快速增加的高等教育学生数量，满足求知的需求，但无形中也稀释掉了高等教育资源。[1]

20 世纪年代中期，台湾"教育部"逐渐对私立大学禁设限制松绑后，高等教育开始进入蓬勃发展与扩充阶段，除许多专科学校改制为学院，再改制为大学外，另一方面亦积极鼓励设置技术学院与科技大学，以增加职业学校学生继续进修的机会。根据"教育部"统计资料显示[2]：1985 年大学院校数仅有 28 所（公立 15 所、私立 13 所），至 2004 年已增至 145 所（公立 51 所、私立 94 所），高等教育可说是走向普及化阶段，及至 2012 年大学院校数仍维持在 162 所（公立 53 所、私立 109 所），但已明显趋于缓和；在大学生人数上，也由 1994 学年度之 34.1 万人增长至 2003 学年度之 98.1 万人[3]，十年间增加了近两倍之多。另根据台湾"内政部"统计处资料显示[4]：自 1961 年至 1982 年间，每年出生人口数约在 40 万—42 万人之间，1983 年至 1997 年间出生人口降低至 30 万—38 万人之间，从 1998 年起再下降至 26 万—30 万人之间；其次，从出生率方面来看，1961 年至 1966 年间约在 30‰（每千人）以上，1967 年至 1983 年间降至 20‰—30‰之间，1984 年起再降为 20‰以下，且自 1998 年起更降至 13‰以下，已直接冲击到台湾各级学校入学人数，可见台湾地区出生人口数正

---

① 张润书：《行政学》，台北三民出版社 2009 年版。

② 《台湾教育统计》［EB/OL］。

③ 《东华大学与花莲教育大学合并计划书（修订版）》［EB/OL］。

④ 《重要参考指标》［EB/OL］。

明显地呈下降趋势，表示中小学及大学院校的学生来源，将逐渐减少，中小学师资需求也可能因而减少，大学院校招生势将越加困难。

　　而台湾地区于 2001 年 11 月 11 日经 WTO 部长会议通过，并经台湾"立法院"审议决议，自 2002 年起开始成为 WTO 正式会员国，逐步履行会员国之权利与义务，在入会承诺书中之服务贸易市场开放内容，计有商业、视讯、教育等 11 个项目承诺市场开放，因之外国学校可依此到台湾地区招生，其主要对象之一即为高中毕业具有就读大学资格之学生，此一效应无疑地直接冲击到大学院校招生，造成招生不足及困难。其次，2003 年 10 月 8 日"立法院"三读通过"台湾地区与大陆地区人民关系条例"修正案，修正重点为"开放大陆学校可以来台招收学生"，由于大陆地区对于港、澳、台生有特别的招生方式，与其本地学生不同，加以语言、饮食、文化相同，此案通过将吸引部分台生赴陆就读，造成台湾大学院校招生的竞争压力。最后，台湾在整体经费上，因国防、社会福利预算、法律义务及人事支出等快速成长，使得教育经费面临不足之困境，并稀释掉高等教育之教育资源，每所大学所受补助越来越少，加上台湾财政负债攀高，已无力维持以往高额补助，造成大学院校发展之实质瓶颈[①]，尤以依赖财务补助的"国立"大学为甚，因此为解决教育资源不足现况，台湾除致力于推动校务基金外，另一则鼓励规模过小、资源效益不彰的学校进行整并。承上，从经济面上来看，主要系因台湾每年出生率的下降、大学入学门槛降低、市场竞争的白热化，加上台湾当局财政困难等背景，使得教育规模数量的扩增已危及高等教育的生存权，而让可用资源取得、分配和运用更为稀少。

　　2. 政治面分析

　　就政治面观点来看，任何组织在面对市场竞争压力下，都有可能选择回避竞争与不确定结果风险，因此张润书认为可从组织本身受到保护，缺乏回应性及竞争力来分析。[②] 又自 20 世纪 80 年代之后，由于新自由主义和新公共管理的兴起，对于经济、效率和效能等 3E 的强调，及对员工整合性能力的需求，政府长期作为教育服务供应者的角色，开始对教育机构产出，

---

① 《东华大学与花莲教育大学合并计划书（修订版）》［EB/OL］。

② 张润书：《行政学》，台北三民出版社 2009 年版。

采取监督与控制的态势;① 其次，在市场失灵与政府失灵的状况下，除非大学组织本身能够维持组织的弹性与应变性，随环境的改变而自我调适，否则就大部分组织而言，尤以公立学校，易在制度保护下产生惰性。

　　台湾高等教育在全球化和国际化影响下亦面临相同问题，部分新成立的公立大学不仅历史短、规模亦不大、资源也少，致无法面对市场化的竞争压力，已影响到整体教育成效，这些趋势促使主管机关开始思考如何要求提升公立大学的绩效及竞争力，使投入与产出之间，产生最大运作效益，并可有效解决部分机构运作不良问题，因此对于较为小型且学生人数不足以负担学校支出，或早已陷入财政危机之学校，借由整并达成组织目标与利益，早从 1995 年"教育部"《教育报告书：迈向二十一世纪的教育远景》及 1996 年台湾"行政院"教改会《教育改革总咨议报告书》两份报告书中，鼓励现有公立高等教育学府，规模过小、缺乏经营效率及竞争力之学校予以整并或扩充至适当规模，②③ 即可见端倪，而整并后的院校亦能互补所长，强化竞争力。另外，台湾地区积极推动整并之另一目的，亦为追求大学学术卓越之发展，促进高等教育品质，以提高竞争力，虽然许多学者从不同角度探讨大学教育卓越的意义与内涵，如声望、资源等，④ 然直接地说仍是希望有机会达到一流研究大学之行列，因为整并后的学校，除可创造出具竞争力的学术环境外，更能将行政与学术资源做一整合，产出更多的学术成果，提升更高学术声望。

　　3. 社会面分析

　　就社会面观点来看，由于国家资讯的快速流通，更加速了社会化的过程，而大学存在的价值与意义之一，则是为提供更多公共服务，来满足人民所需，故大学必须先满足本身的基本需要之后，才会有进一步追求自我实现的动机；另外随着公民意识觉醒，大学受环境因素影响，也了解其应为国家、社会尽其应尽之责任，所以就此面向，可朝向机构需求满足和追求自我实现来分析。⑤

---

① 戴晓霞：《高等教育整并之国际比较》，《教育研究集刊》2003（49）。

② 《台湾教育报告书：迈向二十一世纪的教育远景》［Z］。

③ 《教育改革总咨议报告书》［Z］。

④ Astin, W. A. *Achieving educational excellence*. San Francisco：Jossey－Bass. 1985.

⑤ 张润书：《行政学》，台北三民出版社 2009 年版。

现今各国高等教育普遍面临的现象，是社会给予大学的资源越来越少，但对大学要求提供的服务却越来越多，从自然选择观点来看大学和其他社会组织一样，必须在生态系统中求生存[1]，故必须以调整组织机构作为适应环境和创造生存立基的手段；另从资源依赖观点则认为，资源是维持生存不可或缺的核心要素，因此只有扩大规模才能提高市场占有率，避免资源的流失。[2] 是以，大学为求生存必须运用各种不同模式，来创造更有利的竞争空间和优势。台湾地区由于高等教育量的扩充现象，使得公共部门经费挹注减少，大学机构可利用之教育资源逐渐匮乏，为求学校生存与永续发展，及担任区域内教育及服务角色，大学本身必须自我思考其立基方式，因此从整并角度来看，不仅可以扩大学校规模，提供各种多元丰富的课程内容，满足学生不同需求外，更有助于科际整合的多样性学术研究发展，使学术竞争力不断提升，让学校能获得重新定位的机会。另外，学习及生活空间规模问题，亦是影响学校发展的重要因素，尤以空间过小发展不易，更不利于师生的学术研究、教学化育及服务推广等工作，若能透过整并扩大学校规模，将使学校有更充裕空间得以利用，来发挥各项效能。

综合上述，台湾大学整并政策问题缘起，从经济面来看，系因高等教育机构数量逐渐扩大，促使可利用资源逐步减少，故需透过整并以增加资源的使用率；从政治面来看，公立大学因有政府政策保护，较易产生惰性，而私立学校则必须持续保持竞争态势，才能使学校永续经营，但两者若均能透过整并方式，将使学校更具竞争力；从社会面来看，由于高等教育资源匮乏，使得学校必须满足本身需求，才能追求更高层次的自我实现，因此大学必须以整并方式调整自身格局，创造竞争优势，以争取更多资源，才能立于不败之地。

（二）台湾大学整并政策问题法制面分析

1. 整并推动初期文件

在上述缘起背景下，为改善高等教育品质，有效整合资源，以提高大学竞争力，台湾地区自 20 世纪 90 年代中期，即开始注意高等教育整并相关问题，并提出相当多的整并政策与计划：如 1995 年 "教育部" 发表《教育

---

[1]　Birnbaum. *Maintaining diversity in higher education.* San Francisco：Jossey－Bass. 1983.

[2]　戴晓霞：《高等教育整并之国际比较》，《教育研究集刊》2003（49）。

报告书：迈向二十一世纪的教育远景》，内容中提出"将鼓励部分规模过小，缺乏经营效率及竞争力之学校，配合整并发展需求，寻求与其他学校合并之可行性，建立多校区之大学，使资源做有效之运用"。① 1996 年 12 月 2 日台湾"行政院"教育改革委员会提出《教育改革总咨议报告书》，揭示五大教改方向，并于内容中指出，"现有公立高等教育学府，部分规模太小，以致教育资源重复，难获应有之效益，可考虑予以合并或扩充至适当规模，以有效运用资源，提升品质；对于已有相当投资之'国立'大学，应逐步促使其发展至适当规模。"② "教育部"前部长林清江先生在 1998 学年度大学校长会议中曾提示："就区域性整体规划，台湾高等教育学府设置密度颇高，资源过度分散，无益于教育水准提升，未来除加强区域间各校发展定位的互补与资源共享外，对于部分不符合经济规模的学校，适度加以合并或整合，将是必然的趋势。"③ 1999 年"教育部"进一步公布《地区性"国立"大学院校整并试办计划》，内容对于整并目标、对象、重点与方向、申请及审核程序、经费需求、配套措施及预期效益等都有说明，以作为"国立"大学院校整并的依据；④ 2001 年 8 月 6 日"教育部"公布《大学教育政策白皮书》，内容主要提到"为使现有公立大学充分使用资源，提升教学品质，应该积极诱导规模过小的大学院校进行整并，以达到经济规模"。⑤ 在 2001 年"教育部"提出《全面提升大学国际竞争力计划（草案）》中亦明白指出，"鼓励大学整并与重点特色计划"为其重要的计划项目。⑥

　　不过，由于在此时期，台湾地区加入世界贸易组织（WTO），加上各校对于整并并不热衷，为持续推动该项工作，"教育部"另着手推动以"整合"作为提升竞争力的主要策略。⑦ 2001 年 8 月 30 日公布《"国立"大学院校区域资源整合发展计划》，该计划明确提出大学与学院区域整合的三种方式：（1）校际合作：校际之间系所规划、师资聘用、运动设施、

---

① 《台湾教育报告书：迈向二十一世纪的教育远景》[Z]。
② 《教育改革总咨议报告书》[Z]。
③ 林清江：《教育改革的理想与实践》[Z]。
④ 《地区性"国立"大学院校整并试办计划》[Z]。
⑤ 《大学教育政策白皮书》[Z]。
⑥ 《全面提升大学整体竞争能力计划（草案）》[Z]。
⑦ 戴晓霞：《高等教育整并之国际比较》，《教育研究集刊》2003（49）。

校际选课、研究计划等合作事宜；（2）策略联盟：整合数个有潜力的研究中心或具有跨校性之发展方向、特色等进行规划，逐步整合可互补之大学院校成为一个新大学系统；（3）学校合并：鼓励同区域或性质可以互补的"国立"大学院校合并，成为一个规模更大、资源更充裕、更具竞争力的大学，完成"调整'国立'大学院校的经营规模，以提升教育品质与办学绩效"、"合并地区性大学院校为综合型'国立'大学，发展新形态高等教育学府，以增进高等教育竞争力"及"鼓励大学资源整合共享，满足地区需求，促进地区教育发展"等目标；① 2001 年 10 月"行政院"参酌美国加州高等教育三层级制度成功经验，成立"高等教育宏观规划委员会"，来重整高教资源，认为花莲、台东、屏东等地区，至多只能有一所"国立"大学的设立，并于 2003 年 4 月提出《高等教育宏观规划报告书》，建议以"整合"方式，协助研究型大学能在更高的国际水准上与他国竞争，以追求卓越；② 2002 年 1 月 25 日"教育部"依据"规划因应高等教育发展专案小组研议报告"，发布《推动研究型大学整合计划》，倡导校内整合和校际整合，校际整合又以（1）设立跨校研究中心，（2）组成大学系统（university system）及（3）合并为主要策略，该计划主要目标在于"以专案经费支持研究型大学整合，协助整合岛内外优秀人才及资源，在学术领域形成实力坚强的团队，提升教学及研究活动之品质，俾能在国际水准上作竞争，进一步追求卓越"。在相关计划激励下，各校纷纷依地域性、教学性质及学校形态各自发展大学系统或区域联盟，如 2002 年中央大学、交通大学、清华大学和阳明大学 4 校签署"台湾联合大学系统"，设立共同研究中心。③ 承上，从推动的法令中了解，初期台湾地区仅能透过宣导方式请各校重视大环境的转变，改朝整并方向发展，嗣后再采经费挹注方式鼓励整并，最后则以整合作为推动的主轴，然整并推动成效却无法彰显，原因在于未有一强制性的法源依据。

2. 整并推动法令依据

关于推动大学整并法令在台湾"大学法"第 7 条中即有明定，而回顾

---

① 《"国立"大学校院区域资源整合发展计划》［Z］。
② 《规划因应高等教育发展专案小组研议报告》［Z］。
③ 戴晓霞：《高等教育整并之国际比较》，教育研究集刊 2003（49）。

该条法令立法修正历程，于 2005 年时"行政院"考量当时台湾地区加入世界贸易组织之冲击，及为提升大学之竞争力，因此函请"立法院"审议大学法修正草案，增订合并法源，以有效整合资源，这也正式开启台湾高等教育整并政策推动的法源依据，然而修订后却衍生出"国立"大学整并需经校务会议同意方能进行整并等问题，"教育部"却未有强制整并能力，使得各校整并意愿仍旧不高；直至 2010 年 11 月 5 日台湾"立法委员"杨琼璎等 23 人才提案"大学法第七条条文修正草案"，希望参照世界各国教育资源整并经验，赋予"教育部"授予"国立"大学执行整并主动权限，该修正案于 2011 年 1 月 10 日经"立法院"院会三读通过，同年 1 月 26 日公布施行，修正内容指出："教育部"得衡酌高等教育整体发展、教育资源分布、学校地缘位置等条件，并辅以经费补助及行政协助方式，拟订"国立"大学合并计划报"行政院"核定后，由各该"国立"大学执行。因此，该修正案授予"教育部"由上而下主导"国立"大学整并之权力，加速整合高等教育资源，[①] 有关立法修订历程如表 3—3 所示。

表 3—3　　　　　　　　　大学法第 7 条立法修订历程

立法时间	立法记录	修订内容及结果
2005.05.27	一读	1．"行政院"函请审议"大学法修正草案"案。修正要旨：
2005.10.03	教育及文化委员会审查	（1）囿于大学法已逾 10 年未予通盘检讨修正对组织运作及学制之弹性不足，显已无法因应全球化的竞争与冲击。
2005.12.13	二读（广泛讨论与逐条讨论）及三读	（2）在第 6 条、第 7 条修法重点部分："增订大学得跨校组成大学系统或研究中心及合并法源，有效整合资源及鼓励校际合作"。
2005.12.28	公布实施	2．教育及文化委员会审查意见：通过"行政院"草案条文："大学得拟订合并计划，'国立'大学经校务会议同意，直辖市立、县（市）立大学经所属地方政府同意，私立大学经董事会同意，报'教育部'核定后执行。"
		3．二读及三读结果：照审查条文。

---

① 《国会图书馆法律条文》[EB/OL]。

续表

立法时间	立法纪录	修订内容及结果
2010.11.05	一读	1. "立法院"委员杨琼璎等23人拟具"大学法第七条条文修正草案",提请审议。提案旨趣:
2010.12.22	教育及文化委员会审查	(1) 囿于原条文规定致使"教育部"无主导权可进行大学院校整并,无法符合社会期待与世界潮流。
2011.01.10	二读（广泛讨论与逐条讨论）及三读	(2) 参照世界各国教育资源整并经验,赋予"教育部"授予"国立"大学执行整并主动权限。
2011.01.26	公布实施	2. 教育及文化委员会审查意见:
		(1) 明确"教育部"推动整并之辅助工具为经费补助及行政协助,并需报请"行政院"核定后执行,爰修正第二项文字。
		(2) 另增订第三项条文,授权"教育部"制定实施办法。
		3. 二读及三读结果:
		(1) 增列第2项:"教育部"得衡酌高等教育整体发展、教育资源分布、学校地缘位置等条件,并辅以经费补助及行政协助方式,拟订"国立"大学合并计划报"行政院"核定后,由各该"国立"大学执行。
		(2) 增列第3项:前项合并之条件、程序、经费补助与行政协助方式、合并计划内容、合并"国立"大学之权利与义务及其他相关事项之办法,由"教育部"定之。

　　根据上述法源,2012 年 6 月 22 日"教育部"公布"'国立'大学合并推动办法",条文中指出,为推动合并事项,得邀集超然、客观之学者专家组成"合并推动审议会",并邀请学校列席会议,以听取意见,在满足社会期盼及保障学校教职员生权益之前提下,取得最佳平衡点。① 之

---

① 《"国立"大学合并推动办法》［EB/OL］。

后，"教育部"合并推动审议会分别于 2012 年 11 月 2 日及 2013 年 1 月 3 日召开会议，会后决议先以学校地理位置及招生数两项条件，即单一县市超过 2 所"国立"大学且学生数低于 1 万人之学校，为初步可能进行整并之学校，共有 19 所"国立"大学，并请其提出说明及学校之规划状况。① 承上，"教育部"在有力法源依靠下，终能积极进行台湾大学整并工作。

　　3. 整并法令推动后现况

　　回顾台湾大学整并工作脉络，1961 年台湾省立农学院（台北）及省立法商学院（台北）整并为省立中兴大学，是台湾地区第一所大学整并完成案例；时隔多年，由于时空环境改变，2000 年 2 月才有嘉义师范学院与嘉义技术学院在"教育部"鼓励下达成协议，整并成嘉义大学，2000 年 7 月三军大学、国防医学院、国防管理学院及中正理工学院整并成国防大学。接着，"教育部"积极推动以"整合"方式，进一步追求学术卓越，各校在相关计划激励下，配合参与整合，如校际合作、策略联盟等，使得实质整并工作停滞不前，而真正的院校整并则至 2008 年才又有东华大学整并的出现，显然各校对于实质整并门槛仍难以跨越，亦即台湾地区在内、外环境压力，与尊重大学学术自由及大学自主原则下，致整并范围无法扩大。嗣后，在新法源推进下，加快了整并步伐，促成台中科技大学、台北市立大学及屏东大学整并，另高雄海洋科技大学与高雄第一科技大学亦经两校校务会议投票通过合并案，并报"教育部"核准当中。② 但对照目前 2012 学年度大学院校数为 161 所（其中公立有 52 所、私立有 109 所），学生人数为 1244，314 人（其中就读公立的有 424001 人、就读私立的却有 820313 人），③ 大学院校数仍是居高不下，显见台湾大学整并工作仍有一段长远的路要走。兹将台湾地区大学整并情况统计如表 3—4 所示。

---

① 《2012 年 1 月 3 日"国立"大学合并推动审议会会议决议事项函》［EB/OL］。

② 《少子化海！高雄海啸！高雄海洋科大高雄第一科大宣布合并》［EB/OL］。

③ 戴晓霞：《高等教育整并之国际比较》，《教育研究集刊》2003（49）。

表 3--4　　　　　　　　　台湾地区大学整并情况统计表

编号	整并年份	整并后校名	参与整并学校
1	2000 年 2 月 1 日	嘉义大学	嘉义技术学院、嘉义师范学院
2	2000 年 7 月 1 日	国防大学	三军大学、国防医学院、国防管理学院及中正理工学院合并
3	2006 年 3 月 22 日	台湾师范大学	台湾师范大学、侨生大学先修班
4	2008 年 8 月 1 日	东华大学	东华大学、花莲教育大学
5	2011 年 12 月 1 日	台中科技大学	台中技术学院、台中护理专科学校
6	2013 年 8 月 1 日	台北市立大学	台北市立体育学院、台北市立教育大学
7	2014 年 8 月 1 日	屏东大学	屏东教育大学、屏东商业技术学院

综上所述，从相关法制文书中发现，初期台湾在推动整并工作上，系以鼓励方式促进整并；接着提出以经费补助方式引导整并；而后改以"整合"作为提升竞争力的主要计划，但各项方式均无法有效达成整并目标。2005 年 12 月 28 日"大学法"第 7 条修正案公布实施，正式开启整并政策推动法源依据，然条文中却未赋予教育决策机关强制整合力，使得各校整并意愿并不高；直至 2011 年 1 月 26 日新的修正案公布施行，"教育部"才真正拥有由上而下主导整并之权力，整并工作也才得以加速进行，唯对照目前大学院校数仍为数甚多，教育当局还有努力之空间。

（三）台湾东华大学整并前基本概况

东华大学整并前身，系由两所学校所组成，分别是原东华大学及花莲教育大学，前者在理工领域素有口碑，后者则以教育类别见长，故其毕业校友在社会上均占有一席之地。这两所学校办学层次均以大学教育为主，覆盖了专科、大学、硕士及博士等高等教育的所有层次，此两所学校的基本背景介绍如下。[1][2]

---

① 《花莲教育大学》［EB／OL］。
② 《东华大学与花莲教育大学合并计划书（修订版）》［EB／OL］。

1. 原东华大学

位于花东纵谷平原上的花莲县寿丰乡，校区面积达 251 公顷，该校之设立，缘起于 1989 年 8 月 4 日台湾前"行政院长"李焕先生在巡视"教育部"时，指示规划创办东部大学，并于当年 8 月 19 日"立法院"施政报告中肯定指出规划在"花莲设立大学"，针对这项议题，地方当然乐观其成，唯仍有人建议将当地省立花莲师院升格为"国立"大学，而花莲县政府则希望花莲能同时拥有两所大学，并能规划为具国际标准的现代一流大学，以校地面积至少 100 公顷为目标，学生人数在 3 万人左右的学校。经多年努力，该校终于在 1994 年正式成立，成为东部第一所综合大学，校名原为配合花莲、台东两地地名，取其谐音为"华东大学"，后更名为"东华大学"，1998 年 4 月在台湾经济部协助下成立创新育成中心，2001 年 8 月设立原住民民族学院，为全台第一个原住民民族学院，以发展花东地区多元艺术风貌及保存本土文化资产；然而，受到广设大学，鼓励专科及学院升格，加以"国立"大学实施校务基金，与采行总量管制等措施，并有设校满 5 年，学生人数超过 5000 人以上之学校，其经费补助及员额核配，均纳入一般大学方式处理等因素之影响下，使得原东华大学发展受到相当限制，学生员额均维持在 6000 人左右。

在人力配置部分，以整并前为例，教师合计 307 人（包含教授 74 人、副教授 92 人、助理教授 118 人、其他 23 人）；学生合计 6543 人（包括大学生 4235 人、硕士生 2081 人、博士生 227 人）；员工人数为 261 人，总计共有 7111 人。[①] 在行政组织部分，置校长 1 人，综理全校校务，置副校长 1 人，襄助校长处理校务，设教务处、学生事务处、总务处、研究发展处、共同教育委员会、计算机与网络中心、图书馆、秘书室、人事室及会计室等。在院（系）所部分，共有人文社会科学院、理工学院、原住民民族学院、管理学院及海洋科学学院等 5 个学院。

2. 花莲教育大学

坐落于台湾后山花莲县花莲市，前身为台湾省立花莲师范学校，创立于 1947 年 10 月 27 日，最初系以招收两年制及四年制简易师范班，培育国民小学师资为务，初创时以花莲市花岗山前成功中学为校址，除接收省

---

① 《各级学校基本资料》［EB/OL］。

立花莲中学及花莲女中附设简易师范班外，并招收两年制及四年制简易师范班各一班；1951 年 10 月，花莲遭逢大地震，校舍设备损失惨重；1958年增办一年制特别师范科，招训高中毕业生，但该年 7 月 15 日温妮台风侵袭花莲，校舍全毁，修复不易，因做迁校计划；1959 年 6 月奉准迁至美仑七星潭现址，7 月动工兴建新校舍；1960 年 9 月完成迁校；其间因台湾对师资素质提升的重视，师范学校于 1964 年 7 月改制为师范专科学校；1965 年设夜间部，招收普师毕业之现职教师进修；又于 1987 年 7 月 1 日改制为师范学院，设初等、语文教育等学系，并增设两年制幼儿教育师资科；1988 年 7 月成立进修部，提供国小教师进修机会；1991 年 7 月 1 日配合政策改制为国立师范学院；1993 年 11 月为落实校园民主之精神，陈○○先生经遴选程序出任校长，首开师范学院校长遴选风气之先；1996年 3 月设立特殊教育学系，使得该校成为培育小学、特教与幼教三项师资培育的机构；2000 年再成立国民教育研究所博士班；2004 年 8 月 1 日林○○先生接任该校校长，正是师范院校面临转型时代；2005 年升格为花莲教育大学。但师范教育自 1994 年起师资培育法开始施行后，师资培育由计划制改为储备制，公立改为公、私立，一元改为多元，公费改为公、自费并行等因素，使得岛内师资培育数量急速扩增；加以教育主管机关在"行政院"教育改革咨议报告书中"宜与邻近大学整并，以扩大其规模，提升竞争能力"的建议意见下，该校规模发展也受到限制，致使仍属4000 人不到的小型学校。

在人力配置部分，以整并前为例，教师合计 194 人（包含教授 38 人、副教授 75 人、讲师 9 人、其他 10 人）；学生合计 3595 人（包括大学生2374 人、硕士生 1098 人、博士生 80 人、二技生 43 人）；职员工人数 132人，共计 3921 人。在行政组织部分，置校长 1 人，综理校务，置副校长1 人，襄助校长处理校务，下设教务处、学生事务处、总务处、师资培育中心、图书馆、秘书室、人事室、会计室、计算机及网络中心等。在院（系）所部分，共有教育学院、人文社会科学院、理学院及艺术学院等 4个学院。[①]

综合言之，由整并前基本概况中显示，两校在发展过程中确实均遇

---

①　《东华大学与花莲教育大学合并计划书（修订版）》［EB/OL］。

到瓶颈，如原东华大学虽为综合大学，然受限于少子化、广设大学及位居台湾东部等因素；花莲教育大学则因师资培育方式改变，和主管机关建议能与附近大学整并以增加竞争力等原因影响，致无法进展成为一所突出学校，为打破现状，促进学校有更新的发展，2008 年两校正式整并，整并后校名定为"东华大学"，兹将该校历史沿革图绘制如图 3—2所示。

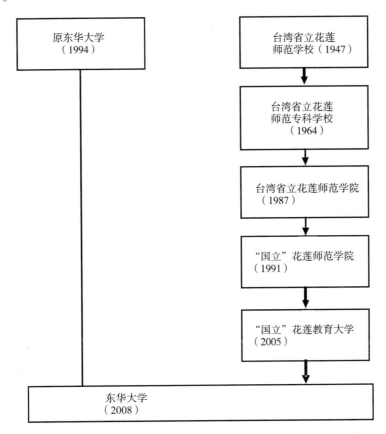

图 3—2　东华大学历史沿革图

（四）东华大学整并政策问题动力

亦如前述，该校整并政策问题动力，除和当时所处环境变迁有很大关联外，亦和推动主体有密切关系，这主体主要包括政府（中央及地方）和大学本身，故本段将从外在环境变迁、政府的推动及大学本身的需求三方面着手进行探讨。

1. 外在环境变迁

从该校整并当时的外在环境上看，主要还是受到台湾广设大学及开放私立学校筹设政策的影响，使得大专院校数在短时间内急速增加，原东华大学即是台湾当时考量平衡城乡差距情形下所增设的，而除了量的扩充之外，如何面对国际化冲击，在资源有限情况下，兼顾素质提升，也是台湾考量的因素之一。其次，自 2004 年起"教育部"持续针对各大学院校进行教学与研究方面评鉴，为达成各项评量指标标准，学校必须调整校内各项资源使用优先次序以因应，若为小型学校则不利于资源之调动。再者，台湾高教政策的改变，从过去全面式经费补助，转变为重点式经费补助，如《发展国际一流大学及顶尖研究中心计划》是为提升台湾研究水准，建设世界级顶尖大学，针对重点大学以五年为一期，每期拨款 500 亿元作为经费补助计划，① 各校若不利用此时机争取研究资源补助，竞争力恐将落后于其他学校。最后，台湾少子化现象严重，生育率逐年减少，造成足龄入学人口数下降，而原东华大学与花莲教育大学又都位处于东部，交通并不便利，因此无法招收到大批学子前来就读，T6 行政人员就提道："因为东部不好招生，所以两校都招生不足，既然又都是'国立'的就合并吧！"（IN20131231T6）换言之，两校在区域位置上相近，且又面临招生困难问题，因此整并为一校，有利于增加招生率。事实上，虽然外在环境已变迁，但正如 T2 行政主管在受访时所提到，学校成员在面对外在环境变迁时的态度："只有黄校长和几个一级主管比较了解这整个社会变迁的状况，其他老师就还是一样，一副知识分子很骄傲啊！我们那边也很骄傲啊！才不要跟你合，就是两个地方没有看到一个聚焦的地方。"（IN20131230T2）显见，学校有些教职员或许挟着"国立"大学优势，内心存在着偏安态度，能不动就不动，而且缺乏危机意识，并不积极争取有利于学校发展的各种机会，这也正是台湾整并工作难以推动的因素之一。

2. 政府的推动

缘于前述外在环境的变迁，政府作为一个高等教育政策主导者角色，从微观角度来看，是要解决大学规模普遍过小问题，就整体而言，在当时 145 所大学院校中，规模在 1001 人至 5000 人以下的学校有 74 所，占全部

---

① 《发展国际一流大学及顶尖研究中心计划》［EB/OL］。

校数的 53%，显见台湾之大学校属院于小规模者仍占多数；① 从宏观角度来讲，要提升国家整体竞争力，培育更多优质人才，国家必须以政策方式为导向来引导高等教育的发展，因之借由扩大教育机构规模，以达到机构运作的效能与效率，② 是政府何以选择整并为策略选项之目的。

在台湾官方文件上，1999 年公布的《地区性"国立"大学院校整并试办计划》，③ 促成了 2000 年嘉义师范学院与嘉义技术学院整并成嘉义大学。2001 年 8 月 30 日"教育部"为配合地方及区域发展需求，再度提出《"国立"大学院校区域资源整合发展计划》，其目标为：（1）调整"国立"大学院校的经营规模；（2）合并地区性大学院校为综合型"国立"综合大学，增进高等教育竞争力；（3）鼓励大学资源整合共享，满足地区需求，促进地区教育发展。而其整并对象为：（1）位置相同或邻近之学校；（2）经营规模过小不符经济效益之学校；（3）校地面积狭小，空间不敷使用之学校；（4）校地面积及校舍建筑未达大学及分部设立标准规定之学校；（5）教学及研究领域具有互补性质之学校；（6）其他专案报经"教育部"核准合并之学校。④ 在这几项条件中，原东华大学符合第（1）、（2）、（5）项，花莲教育大学则符合第（1）、（2）、（3）项。虽然，在上述两项整并文件中都明确地提出整并的做法，但对于促进实际整并效果，仍有一段差距。

就该校而言，由于整并前两校均位处于台湾东部，各项资源的运用与取得均不及西部方便，1996 年教育主管机关即提出两校整并构想，并请两校研商整并可能性，后因台湾对于整并推动并无强力的法源依据，加上两校在校名、组织架构、系所整并、主管机关政策方向及教师归属等问题上，产生许多争议，致使整并作业陷于僵局；但主管机关对此仍抱持乐观态度，不间断地邀集两校代表，针对合校不成原因，寻求整合可能方向，在主管机关积极刻意地整合下，终促使整并的完成，T3 老师就指出："其实东华能够整并，后面也是'教育部'一直在推，就希望我们两边合。"（IN20131230T3）而此种政府由上而下的改革推动，往往也是整并容易成

---

① 《东华大学与花莲教育大学合并计划书（修订版）》［EB/OL］。
② 戴晓霞：《世界一流大学之卓越与创新》，台北高等出版社 2006 年版。
③ 《地区性"国立"大学院校整并试办计划》［Z］。
④ 《"国立"大学院校区域资源整合发展计划》［Z］。

功的主要因素。对此，T5 老师在受访时也认为："那时候的整并动机，就是'教育部'提出来希望整并呀！因为先前已有一个嘉义大学整并成功了。其实在那时候有几个学校都在谈像台大和市北师，但好像都没有意愿嘛！只有我们这一组还有一些机会。"（IN20131231T5）诚言，政府的推动对于整个整并工作推展是有助益的。

3. 大学本身的需求

在大学整并上，即使政府有意将规模过小、资源利用效益不足或是地理位置相近的学校进行整并，但若无学校内部的支持力量亦难成事。当学校面对外在压力，在衡量组织本身生存与发展，及组织内外互动过程中所衍生的问题时，便会产生内在动力，催促学校必须进行有效变革，以维持学校的生机。① 因此，两校的整并是因为面临"学校发展重要瓶颈"，必须依赖整并，方能解决问题。

1994 年台湾通过"师资培育法"修正案，修正重点在于一般大学可透过教育学程方式取得教师资格，教师来源不再受限于师范体系，系朝向多元化发展，传统师范院校竞争优势受到一定程度的波及和影响，致使师资产生过于饱和，因而冲击到以培育师资为主要目的的师范院校生存问题。② 再者，花莲教育大学校地位于花莲市区，面积仅 12.263 公顷，除濒临机场，噪音问题影响课程进行外，又临近地震带，不适宜建设太高楼层，使得校地发展受到限制；加以师范院校学生人数原本就不多，约在2500 人至 5000 人左右，使得花莲教育大学面临转型及发展的危机。"教育部"提出师范院校和邻近大学整并的构想，就是期望师范院校能够脱胎换骨，以综合大学形态重新出发。③ 也因此，在此次整并过程中，花莲教育大学一直持有比较积极的态度，在第一轮校务会议投票中就以多数赞成通过，但也并非均无阻力，部分校友担心学校整并后，校名与历史会因而消失，而提出反对声音，不过从长远角度来看，对花莲教育大学而言，唯有整并才能挽救其免于退场的命运。T3 老师是花莲教育大学教师，她就提道："并校的主要原因，是让我们的校园扩大点，让年轻老师有研究

---

① 翟本瑞、薛淑美：《"教育部"推动"国立"大学整并之政策评估：以嘉义大学为例》，《教育与社会研究》2006（10）。

② 《师资培育法》［EB/OL］。

③ 张芳全：《当前我国师资培育的重要问题》，《国民教育》2003（44）。

发展机会，另外考量到学生他们学习，不要说只在师培，而且现在流浪教师那么多，希望合起来后变成综合大学，这样的话，学生可以跨领域学习，等于增加学生的竞争性。"（IN20131230T3）

相对于花莲教育大学积极的态度，原东华大学就显得无所谓，因为不管合不合，它们原本就是一所综合大学，T2 行政人员原是花莲教育大学行政人员，在受访时即曾指出："他们认为我们花莲教大是教学型学校，他们是研究型学校；文化、整个管理方式不一样，规模也不一样，所以他们会觉得我们历史太久、包袱很大，甚至有老师在一些会议上面，透露出对我们很不敬的一些话，例如，说我们是生病的老母鸡。"（IN20131230T2）然原东华大学虽是综合性大学，但受限于少子化因素，使得学生人数仍维持在六七千人左右，无法达到 9000 人至 12000 人的最适经营规模，① 另因为该校位居花莲县寿丰乡，离市区仍有一段距离，学术推广不易，加上教育经费补助逐年减少，致使软、硬体设备不足，难以朝研究型大学发展，故若能整并邻近学校整合更多学科，达到综合实力提升的目标，亦不失为一个不错的方向。因之，两校在发展过程中，都同时遇到了发展需求问题，促进两校的整并。

综上所述，诚如 T3 老师在受访时所提："其实东华刚成立时，学生人数并不多，但校地很大，是我们的 20 倍大；我们这里学生数大约三四千人，若加上进修部，大约四五千人，就是校地小。两校最主要都是招生困难，学生也少，学校没钱，经费不是那么多，那我们一直是要找第二校区找不到，甚至找到光复乡糖厂的甘蔗园，看那边有没有可以用，却没找到比较适合的，所以第一个是经费，第二个还有学生的考量。"（IN20131230T3）就是这种出于两校本身的内在需求，才会促使学校必须重新思考其定位，以利于未来发展，否则将使学校发展更趋于劣势。

（五）东华大学整并政策推动过程分析

由前段介绍可以理解，外在环境变迁、政府的推动、大学本身的需求是促进东华大学整并政策问题的动力，而从 1996 年开始至 2008 年间，其

---

① 《东华大学与花莲教育大学合并计划书（修订版）》［EB/OL］。

整并过程大致可分成几个阶段来探讨，兹分述如下①②③。

1. 整并初探期（1996—1998 年）

早于 1996 年间，因饶○○教授写了一份"花师与东华合并请愿书"给当时花莲地区选出之"立法委员"陈○○先生，陈委员即在"立法院"提出"花莲师院与东华大学并校发展"的建议，前"教育部长"吴○○先生随后约见了当时花莲师范学院校长陈○○教授，及原东华大学校长牟○○教授，指示研商两校合校的可能性。为此两校校长开始推动校际间的相关交流活动，来促进两校师生的认识与了解，如"初企杯"球赛即是当时推动整并时所订定下来的，唯因当时原东华大学尚属草创阶段，根基未固，所以'教育部'希望两校规模相当时再行整并较为合适。T1 行政主管是前东华大学副校长，但在受访时却提道："其实东华大学一开始成立的时候，'教育部'就有一个想法，因为花教大那时还是师范学院，地方上其实有意见说，你干吗成立新大学？就把师范学院改成就好了，但当时师范学院有它培养师资的责任，而'教育部'要成立的是一个综合大学，就成立了东华大学，但一成立后，马上面临台湾经济开始走下坡，然后少子化问题，所以一成立之后'教育部'就开始讨论合并。"（IN20131231T1）换言之，"花莲县全县人口数仅 33 万多人，实际上并无法容纳两所大学，但因教育主管机关政策致使多成立了一所综合大学，然恰巧成立当时又碰上台湾经济不景气及少子化问题，因而造成刚成立一所新大学，又要评估整并的窘境。"（RT20140503 研）

2. 整并推进期（1998—1999 年）

1998 年间，花莲师范学院与原东华大学两校的学校规模已相当（学生数均约 2 千人左右，但原东华大学是以研究生为主，故教师人数较花莲师范学院为多），因之两校开启合校洽商大门；1999 年 1 月 7 日两校合校小组会议，第一次面对面磋商，与会代表均认为合校是个值得推动的工程，会后两校很快地互相交换教职员名册、学校组织规程、中长程发展计划等资料，期望双方能够在相互充分了解的情境下，共创一所更具竞争力

①　《东华大学与花莲教育大学合并计划书（修订版）》［EB/OL］。
②　陈学贤：《海峡两岸国小师资培育政策之比较研究》，台湾屏东教育大学硕博论文 2011 年版。
③　《东华大学、花莲教育大学合校大事纪》［EB/OL］。

的新大学，"教育部"对此事亦抱持乐观其成态度，故于 1999 年 1 月 18 日，时任部长林〇〇先生率同主任秘书、高教司、中教司、国教司等官员到花莲了解两校合校的意见，并肯定两校合校的方向。

1999 年 3 月 11 日，原东华大学牟〇〇校长向花莲师范学院陈〇〇校长谈及该校对合校较为棘手的三个问题：(1)校名的问题，老师希望合校后仍维持东华大学的校名；(2)组织架构部分校内尚无共识；(3)系所整并困难重重。T1 行政主管也提到当时在整并上存在的问题："在谈的过程中，有一个很大问题是校名的问题，当初一直谈不拢，这是很重要的原因之一；那另外一个原因，整并的话到底整个花莲师范学院整并到东华大学，是要当一个学院而已，还是说它原来的系跟原东华大学都有重叠，类似重叠的系怎么整并，遇到了瓶颈，所以大家就一直谈。"（IN20141231T1）其实，当时东华大学对整并的态度，T5 老师在受访时也认为："东华这边认为说不用并，因为我们本来就有教育所，也有教育学程了嘛！可能那时候大家认为我们不需要一个教育学院，来把我们变成一个比较完整的大学，而且最主要花莲师范学院那边有很多系所是跟我们重复的。"（IN20141231T5）但在 3 月 16 日两校的合校代表会议仍达成三项共识：(1)两校均有合校意愿，也愿再继续沟通；(2)合校相关议题宜两校代表一起讨论；(3)议题整合宜依据两校之五年发展计划主要内容，循渐进及远程做法，以谋求最大利基。5 月 29 日继续召开合校代表会议，会中获得七项共识，主要共识对花莲师范学院的改变较大，如建议将初教系、数理系、社教系、自然系等整合成为课程与教学学系，其余系所与原东华大学系所整合，这项决议后言定各自回学校沟通，召开公听会，并希望能够在 6 月间校务会议决定是否合校。会后，花师即在 6 月 9 日、11 日及 14 日分别召开教师、职员及学生等三场公听会，但两校的部分师生开始对于 5 月 29 日的合校共识有意见且表示疑虑，是以 6 月间的两校校务会议对于合校的议题均以"继续谈合校"的决议收场。

3. 整并停滞期（1999—2005 年）

此后，两校校内开始有非正式场合的正反意见讨论，反对合校的声音中最强有力的是"教育部"并无明确的方向、教师的归属不明、宜为花莲保留两所"国立"大学将更好等，甚至开始认为两校性质不同，不易整合等意见产生。2000 年 1 月 12 日在花莲市美仑大饭店召开的合校会议中，两校均有部分代表一再对"教育部"代表吴○○次长质疑，认为合校并非"教育部"的政策，并还希望"教育部"能说明合校的好处。而后，再由花师于中信大饭店的七星厅召开一次合校代表会议后，因未有后续动作，使这波合校洽商陷于停顿状态；又因，2000 年 3 月间"教育部"公布"师范学院改名大学申核时程"，全台各师院均对此事甚为重视，花师亦积极应对，亦暂时不再关注合校之事，T2 行政主管在受访时就提到这个部分："因为要整并，可能教育主管机关也已经先做了一些规划，可能也看到整并的困难，一定要对等，所以就把花莲师院升格为教育大学，升格过程当中，因为合校还不明确，所以升格时至少要有三个学院，一个学院还要有多少系所，才能成为学院，所以那时系所是有一点点扩大，但有一些也是不符合实际需求。"（IN20131230T2）而各师院在这次的申请案中虽均顺利通过"教育部"审核，唯送"行政院"审查时，却未能如愿改名为教育大学或师范大学。

　　2001 年 9 月间，两校再次选出合校代表，讨论两校合校事宜，并根据前一次经验，以过去讨论结果为基础，分别就校名与行政组织架构、系所与学术架构整合、进修推广单位及附属机构整合、校地及现有设施规划等 4 组进行细部讨论。经多次协商后，2003 年 11 月 18 日两校敲定合校计划书；然 2003 年 12 月 16 日当原东华大学欲召开校务会议前夕，"'国立'东华大学两校合并学生观察联盟"在校内发起"一二一六走出东华未来"游行、演出行动剧，并签署防御性连署书，表达反对草率合校的立场；2003 年 12 月 24 日原东华大学举办两校合并公听会，"教育部"高教司何○○司长列席，会中多数发言对合校案持怀疑态度，财法所所长石○○甚至以"牺牲一只健康的鸡，来拯救一只生病的鸡，最后是两只鸡一起生病"之话语，来比喻合校案；2003 年 12 月 30 日东华大学学生会举行校内公投，九成学生反对并校，两校合并学生观察联盟在行政大楼前草坪举办"守护东华"活动，学生手持蜡烛，在天灯上写下愿望，表达反对合校心声；2003 年 12 月 31 日两校同日召开校务会议表决合校案，当时花莲师范学院校务会议以 81 比 24 票，决议通过与原东华大学并校提案，但原东华大学则正如预期在年终的校务会议中以 58 比 27 票驳回合并提案，反对并校的理由是准备过程仓促、校方考虑并不周全，亦无经过全校师生的公开讨论，以致最后产生之并校企划书流于草率，仍存在有许多严重未达共识的问题，T5 老师在受访时亦提道："合并谈了一段时间但中间断了，原因就是我们校务会议投票不通过，但他们有通过。"（IN20131231T5）T1 行政主管进一步指出："那为何没通过，主要两个原因，第一个那时校名还是没有确定，校名是等两校校务会议通过之后才到'教育部'去讨论；第二个是说合校之后，'教育部'到底要给新的大学多少资源都没有承诺，这聘金没有讲，等于说很多未知数在那边，所以东华大学那时没有通过，之后这整个合校的事就停摆了。"（IN20131231T1）而原东华大学校长黄○○先生在并校案否决之后，也公开表示"合校案"将永不再议，结果以破局收场。

4. 政府支持期（2005—2007 年）

间断近一年多的合校案，于 2005 年 3 月 15 日由"教育部"重新启动，吕○○次长邀集两校代表进行第一次接触，针对花莲师院转型重点及探讨 2003 年间合校不成的原因，寻求整合的可能方向，T5 老师回想起当时的情形："中断后'教育部'又重起嘛！就说要给我们很多诱因，像花教大搬过来你盖这些新校舍，'教育部'就帮我们出钱，但也有一点半强迫啦！就是好像你不并的话，经费就会被削减或什么的。"（IN20131231T5）使得陷于僵局的整并案重新燃起希望；2005 年 3 月 21 日"教育部""大学院校整并推动委员会"第 3 次会议决议，"整并基本原则"经两校确认同意后，尽速筹组整并推动工作小组，规划合校期程及计划；2005 年 5 月 3 日"教育部"召开两校整并事宜座谈会，讨论整并基本原则，筹组两校整并推动工作小组；2005 年 8 月 1 日核定花莲师范学院改制花莲教育大学；同年 8 月 25 日"教育部"召开两校整并事宜座谈会，研定"整并规划基本原则"，研商初步整并后系（所）、院、行政组织架构，由两校各派三位代表，组成整并推动小组，预定于 11 月底前将整并计划提报"教育部"；2005 年 9 月 23 日"教育部"针对原东华大学新设"民族事务与发展学系"申请案，核定同意，其中请增员额得视与花莲教育大学整并进度再优予考量；2005 年 12 月 9 日，原东华大学将"东华大学与花莲教育大学合校计划书（草案）"报"教育部"，这是属于两校整并的第一次正式陈报文；2005 年 12 月 23 日"教育部""大学院校整并推动委员会"召开"东华大学与花莲教育大学合校计划"会议，决议分阶段搬迁校区至寿丰校区，硬体建设经费以 30 亿元为限，并由两校校务会议各提三个校名，由"教育部"裁定新大学名称；2006 年 3 月 9 日原东华大学将"东华大学与花莲教育大学合校计划书（草案）第二版"呈报"教育部"；2006 年 7 月 17 日两校合校计划进行第三次修正，规划将新学校扩充成 12000 名学生及 700 名教职员的中型大学，成为拥有文、理、社会、工、教育、艺术、管理、原住民、环境及海洋等 9 个学院的综合大学，同时也规划共 55 亿元预算提供新大学转型，包括硬体经费 20 亿、软体经费预算 35 亿，远高于 2003 年旧整并案经费，另也明白指出整并后宿舍 BOT 案不可行，要求补助经费建设宿舍以容纳新增学生；2007 年 1 月两校合校计划书修订第四版送"教育部"审查。在这一时期，"教育部"采取较主动积极态度，召集两校进行多次会商，让两校整并案更推进一步。

5. 整并整备期（2008 年至成立）

2008 年 3 月 27 日，"教育部"与"行政院"东部联合服务中心为加速合并案推动，该中心与两校进行座谈，决议请两校于一周内提报合并后新校名及经费需求规划等资料，另为配合推动合校，建议花莲教育大学暂缓办理校长遴选，对于这部分 T1 行政主管回忆起当时的情形："一直到 2008 年时，刚好是民进党执政快要结束的时候，那时候'行政院'东部办公室主任是我们前县长吴○○，他认为在他卸任之前想要做一件事，就是促成这两个学校合并，于是就找两校去谈，把'教育部'的高教司也找来谈，那当时因为花莲教育大学林校长辞职了，校长出缺，'教育部'不让他选新校长，就是你要谈合校干吗要选新校长。在那个氛围底下，很凑巧到'教育部'去谈时，何○○当司长，他也是花莲人，也很乐见合校，很干脆地就找'教育部'相关人员，答应说只要你们愿意合校就会编大约二十几亿的经费给你们，然后另一个重点是那时花莲教育大学其实也同意了，整并后学校也可以叫东华大学。"（IN20131231T1）

同年 4 月 3 日两校召开第八次整并推动小组会议，会中除新大学将以"国立"东华大学为名外，另就学术组织、行政组织、经费需求等事项取得共识，并排入两校校务会议中表决，此为继 2003 年并校案后第二次实际进入校务会议程序中，整并小组会议决议还包括建校硬体经费坚持采单一校区进行资源整合以利规划，软、硬体建设需 30.5 亿经费补助，另因合校案搁置，致系所设置、员额与经费申请等受影响部分，需作出回应；同年 4 月 11 日原东华大学学生理事会、学生议会、学生评议会等自治组织共同发表声明，希望与校长会面，并展开调查学生民意工作，花教大方面，一群研究生亦因校方以"合校在即，经费缩减"的说法将全校研究生奖助金减半，展开多次会议，讨论合校案议题和学生自治制度；同年 4 月 22 日"教育部"召开审查会议，并就软硬体经费补助、现有教职员生权益保障、未来竞争性经费补助审议、增设系所暨招生总量等提出具体承诺，包括硬体经费以 25 亿元准予通过，将兴建学生宿舍 4000 床、教育学院大楼、艺术学院大楼、社会科学院大楼、管理学院大楼，并提出若宿舍 BOT 流标，则开放由校方自行贷款以逐年摊提成本方式兴建宿舍，贷款利息由"教育部"支付；在学生反映和要求下，两校在同年 5 月 6 日、8 日、13 日、19 日、20 日举行教职员、学生合校说明会暨"东华花教大两校学生座谈会"，期望凝聚共识让推动多年的两校合并案能够顺利达成；2008 年 5 月 28 日两校校务会议分别通过两校合校案，对此 T3 老师当时也参与该场校务会议，特别回忆起这一段："大约在 2008 年 5 月那场校务会议是非常关键性的，是林〇〇代理校长主持的，会议中又有年轻老师在讲说学校应该要怎样发展，很快地就说到要不要合校问题，林〇〇说要合校要超过半数，立刻清点人数记录下来，有超过半数的话就不要再选校长了，我记得好像有过 2/3，所以整个就打住了，马上就进行合并的事情了。"（IN20131230T3）在通过整并案当晚 11 点至凌晨 1 点，花教大学生于该校涵翠湖旁发起"陪伴花师的最后一夜"活动，也意味着整个整并案大势底定。这场历经了 8 次整并推动小组会议及 4 次合校计划书报"教育部"审定的整并案，于 2008 年 8 月 1 日两校终于正式整并。

二　大陆广州大学整并政策问题分析

（一）大陆高校整并政策问题缘起

大陆高校体制的改革问题与台湾亦同，都与当时所处社会背景息息相关，为探讨大陆高校整并政策问题的形成，下面亦从经济面、政治面及社会面三方面着手。

1. 经济面分析

从经济面观点来看，20 世纪初期，世界各国由于社会逐渐繁荣开放，经济愈趋发达，加以人力资源开发和教育机会均等之需求，高等教育依循美国加州伯克利大学（University of California, Berkeley）Martin Trow 教授于 OECD 会议上，所提出之"由精英到大众化高等教育的移转问题"（Problems in the transition from elite to mass higher education），他认为高等教育发展模式必然会由精英型走向大众型及普及型。[①] 亦即，高等教育就学人数会随着政治经济形势的改变，逐步普及。

大陆自 1978 年中国共产党十一届三中全会后，正式确立了改革开放基本国策，在"对内改革、对外开放"政策下，社会经济快速发展，促使社会主义市场机制也逐步建立，市场在资源配置中发挥越来越重要的基础性调节作用。换言之，过去政府对教育政策制定系采取中央集权式，承担了绝大部分责任，唯随着政府财政紧绌与公共服务效率欠佳的情况下，地方纷纷要求中央下放权力的声浪一波接着一波，都希望运用"私有领域"或市场的概念、原则和做法，来营运公共事务和公营部门。[②] 再者，高校作为社会重要组成部分，为国家担负高等教育工作，亦受市场经济规律制约，故进入高等教育就读已非专属于特殊族群的权利，或在某种程度上受到宰制，而是有益于人力品质提升与社会阶层间的流动，从大陆地区高等教育毛入学率自 2002 年底达到 15%，2003 年又增至 17%，另外自 1978 年至 1998 年 20 年间，普通高校从 598 所增加到 1022 所，普通高等教育招生规模从 40 万人增加到 108 万人，学校规模亦从 86 万人增加到 341 万人，[③] 显见教育规模在此期间迅速扩大，已正式进入了高等教育"大众化"阶段。

如上所述，在大陆高等教育量过度扩张下，教育资源需求总量亦不断地攀升，造成政府财政上极大负担，同时长久以来政府在教育经费投入上严重不足，财政性教育经费在国民生产总值（GNP）中的比重自 90 年代后一直低于 3%，而民间教育投资也因政府门槛、资本集中等障碍，使得原本长期依赖政府经费支应的高等教育，面临资源紧缩与不足现象，加上社会主义市场经济的竞争机制要求将资源配置到办学效益好的高校中，无

---

① 汤志民：《台湾高等教育扩张与整并之探析》，卓越与效能——21 世纪两岸高等教育发展前景学术研讨会论文 2003 – 10。

② 莫家豪、卢一威：《大学整并与中国高等教育治理变迁》，《教育政策论坛》2004 (7)。

③ 《高等教育体制改革》[EB/OL]。

形中更让体质不佳的高校面临无法经营的窘态，在教育资源短缺情况下，使得当时高校规模普遍偏小，校院及专业设置重复率高，教室、实验室、仪器设备等资源使用率低等情形产生。[①] 因此，唯有重新通过整合高等教育资源，才有助于提高高校规模效益和综合效益，及扩大政府供给能力。

2. 政治面分析

从政治面观点来看，大陆原本在 50 年代计划经济体制下形成的高等教育办学体制，由中央部门和地方政府分别投资办学并直接管理，培养出大批专业的高级专门人才，但随着向社会主义市场经济体制转轨，许多弊端如管理体制条块分割、办学分散、专业偏窄、规模偏小、重复建设等问题纷纷浮现，加以十年"文革"的严重摧残，除更加深高等教育的困境外，也完全无法适应新形势需要，举例来说，在规模上 1978 年前（改革开放前夕），大陆普通高校数 598 所，在校生 86.7 万人，其中 5000 人以上的高校只有 4 所，3000 人至 5000 人的高校也只有 34 所，而 1000 人以下的有 348 所，占总高校数的 60%，不足 300 人的高校竟多达 99 所，这种高等教育发展主要通过外延扩展，即以建设新校或学校升格为特征，而非通过内涵改造来进行，[②][③] 导致当时高校在规模上普遍偏小，严重阻碍了教育的更大发展。

而 90 年代高校整并目的之一，即在针对上述缺点进行改革，首先就布局结构来看，过去由于部门办学和地区办学共存，同一地区部分学科专业设点虽多但规模过小而分散，容易造成管理机构重复设置、行政效率低、人才培养层次低、开支大等种种困难，使得规模、结构、质量与效益都有问题；其次，就内部生师比结构来看，高校在校生规模越小，学生平均成本越高，资源浪费越大，整并前各高校生师比普遍较低，致使办学效益不高，生存发展潜力不足；再次，就内部办学角度来看，容易造成学校专业划分过细以及科系设置不全现象，可供学生选择课程有限，使得学生知识面窄，无法适应当前经济建设；最后，长期以来高校内部附属人员偏

---

① 瞿华：《我国高校合并若干问题研究》，湖南省湖南师范大学硕博论文 2002 年版。

② 沉学伍：《九十年代高校合并的背景及效应分析》，江苏省苏州大学硕博论文 2001 年版。

③ 黄启兵：《我国高校设置变迁的制度分析》，江苏省南京师范大学硕博论文 2006 年版。

多、后勤队伍庞大、教师严重缺编亦是阻碍学校竞争力提升的不利因素。①② 是以,唯有促进高校结合,扩大高等教育办学规模,才能提升规模效益,达成教育质量、学术水平和办学效益等竞争力提升。

3. 社会面分析

从社会面观点来看,大陆改革开放后,经济迅速发展,特别是经济增长方式由粗放型向集约型转变,从 1979 年到 1995 年间国民生产总值以年平均近 10% 的速度增长,及在居民人均收入上 1995 年亦比 1978 年增长了3 倍以上③,可见一斑,故迫切需要高等教育为经济发展培养大批高层次人才,同时也刺激了大众对高等教育需求;另从社会发展实践上也得到证明,社会经济发展决定着教育发展的规模和进度,也决定着教育的内容、学科结构与专业设置。简言之,大陆社会主义市场经济的发展,着实影响着高等教育体制改革和发展趋势。

相形之下,过去高度集中的计划式经济体制,办学的主体是国家及其教育管理部门,普遍制约了高等院校规模的发展,而在高等教育大众化与市场化需求下,科学技术被高度综合和分化,促使许多新兴学科、交叉学科、边缘学科的兴起,人才需求也由专业化向综合化发展,但这种不相适应的状况不仅妨碍了社会经济发展,也影响着高等学校社会职能发挥;再从另一角度来看,高等教育条块分割的管理体制,造成中央及地方政府对高校包得过多、统得过死、管得太细,学校缺乏应有的办学自主权,不能快速地根据经济、社会发展及人力市场变化,对办学形式和内容进行相应调整,致使本身失去了生机与活力。④ 换言之,高校作为学术领头羊若长期受政府制约或本身缺乏生机与活力,势将影响到国家、民族整体利益和长远利益,故必须先达成自我需求的满足,才能更进一步服务社会,带动社会的发展。

综合上述,大陆高校整并政策问题缘起,从经济面来看,系因社会主义市场机制逐渐建立,但随着政府财政紧绌与公共服务效率欠佳情况下,

---

① 沉学伍:《九十年代高校合并的背景及效应分析》,江苏省苏州大学硕博论文 2001 年版。

② 张安富:《合并型多校区大学融合过程中的管理研究——以武汉理工大学为典型案例》,武汉市华中科技大学硕博论文 2004 年版。

③ 沉学伍:《九十年代高校合并的背景及效应分析》,江苏省苏州大学硕博论文 2001 年版。

④ 同上。

地方希望运用市场经营概念来营运公共事务,接着市场在资源配置中发挥了重要的调节作用,促进社会阶层流动,加大了高等教育量的膨胀,也使得有限的教育资源更加稀少;从政治面来看,50年代计划经济体制下形成的高等教育办学体制,使得"条块分割"、规模偏小情形严重,阻碍了办学竞争力的提升;从社会面来看,社会经济发展决定着教育发展的规模和进度,因此高校规模偏小、本身缺乏应有的生机与活力,将影响国家民族整体利益。

(二)大陆高校整并政策问题法制面分析

实际上,大陆高校经历了两次重大整并,第一次是50年代依据当时《全国高等院系调整计划草案》所进行的;第二次则于90年代依据国家教委《关于深化高等教育体制改革若干意见》所展开的[1],而第二次整并主要是在第一次整并后的基础上,目的为改善原有高等教育体制条块分割、重复设置等问题,其影响层面亦和50年代整并一样深远。故下面将以90年代高校整并的法制面作为主要探讨对象,兹叙述如下。

1. 整并推动初期文件

大陆高等教育管理体制随着经济和政治体制变化,也产生了相应的改变,1985年颁布《中共中央关于教育体制改革的决定》,这是体制改革的序幕,也开启了大陆对高校宏观的角度,改变过去对高等学校统得过多的管理方式,给予高校更多办学自主权;1992年11月国家教育委员会在北京市召开第四次全国普通高等教育工作会议,把解决"条块分割"管理体制提上日程,正式部署这项改革;1993年2月中央发布《中国教育改革和发展纲要》,内容上重申教育服务提供的分散化和多样化,支持社会力量办学,改革思路主要体现于如何适应社会主义市场经济体制和社会发展的需求上;1994年起连续4年国家教育委员会先后在上海、南昌、北戴河及扬州召开了高教管理体制改革座谈会,在扬州会议最后由当时国务院副总理李○○总结,提出"共建、调整、合并、合作"八字,确认了高等教育管理体制改革的方针,此次会议揭示改革的目标,系为打破条块分割、重复办学,配合地方经济社会发展及运用有限的教育资源,也因此

---

① 王根顺、陈蕾:《新中国成立后两次高校合并历史经验的理性探析》,《教育探索》2006(6)。

加快了高等教育体制改革的步伐；而民办高等教育也在此时期逐步发展。①②

　　与此同时，1995 年 7 月 19 日国家教育委员会发布《关于深化高等教育体制改革的若干意见》，要着重抓好高等教育管理体制改革，其目标是争取到 2000 年或稍长一点时间，基本形成举办者、管理者和办学者职责分明，以财政拨款为主，多渠道经费投入，中央和省、自治区、直辖市人民政府两级管理、分工负责，以省、自治区、直辖市人民政府统筹为主，条块有机结合的体制框架；1997 年 9 月召开第十五届全国人民代表大会，提出有条件的科研机构和大学院校要以不同形式进入企业或同企业合作，走产学研结合的道路，并解决科技与教育体制上条块分割，力量分散的问题；1998 年精简机构将"国家教育委员会"改制为"教育部"，12 月 24 日教育部提出《面向 21 世纪教育振兴行动计划》，内容指出未来高等教育将朝大众化发展，并力求建立适应 21 世纪经济社会发展的教育新体制和终身学习体系；1999 年 6 月 13 日中央和国务院召开改革开放以来第三次全国教育工作会议，发布了《关于深化教育改革全面推进素质教育的决定》，指出今后 3 年仍将继续按照"共建、调整、合并、合作"方式，形成中央和地方政府两级管理，以地方政府管理为主的新体制，以显示政府振兴教育的决心。③④⑤

　　综上，从相关文件资料中了解，90 年代高校整并系为适应社会主义市场经济体制和科学全球化需求，在政府主导下，对综合性大学进行学科交叉、互补和融合，改变过去"条块分割"办学格局与过于狭窄的人才培养模式，建立中央和地方共同管理，以地方政府为主的办学体制，来增强高校面向社会和市场自主办学的积极性和地方经济社会发展服务的能力。

---

① 　王根顺、陈蕾：《新中国成立后两次高校合并历史经验的理性探析》，《教育探索》2006 (6)。

② 　《高等教育体制改革》[EB/OL]。

③ 　同上。

④ 　岳经纶、陈建强：《终身教育与学习型城市：面向 21 世纪的上海教育改革与发展》，《教育政策论坛》2000 (3)。

⑤ 　张朔：《中国高校合并的反思与前瞻》，《三峡大学学报》2007 (29)。

2. 整并推动法令依据

据 K5 老师在受访时，谈到高校推动整并法令的依据时指出："有两个部分，一个是周○部长 90 年时在教育部的一些政策，另外在大陆高等教育法里面，也有涉及学校的整并，但实际在整并上大陆的法律相对来说是没有那么完善的。"（IN20131222K5）呼应这段访谈内容，从取得的文件中也提到了相关的讯息："大陆法令的立法过程一般都是不公开的，其中的一些博弈和细节也只有直接参与的人才能够了解，更不可能在网络上公布。"（DO20140107）换言之，欲从官方资料中得到本书所希望探究的整并法令立法经过，似乎有其困难度，但本书仍期待从其他相关资料中汇整出整并法令立法的概貌。

为发展高等教育事业，实施科教兴国战略，促进社会主义物质文明和精神文明建设，中央颁布了《中华人民共和国高等教育法》，该法系于1998 年 8 月 29 日第九届全国人民代表大会常务委员会第四次会议通过，并于 1999 年 1 月 1 日起施行。[①] 其立法发展如雷雪亚所指出，是与大陆经济建设和政治变革紧密相连，对推动高等教育改革，适应中国市场经济具有重要而深远的意义，其颁布有利于理顺和规范教育行政部门与高等教育机构之间的关系，保障高等教育真正实现面向社会自主办学、提高办学质量与效益，亦促使高等教育活动逐步走上法制化轨道。[②] 是以，该法的制定和实施是符和社会与时代所需，也是高等教育自身发展的必然过程。K2 行政主管在受访时亦提到，该法主要"要求对高等学校办学体制，进行中央与地方各自职责权限划分，有了一个法律依据，这发展趋势还包括中央权力下放及中央管理体制调整。"（IN20140106K2）

而有关整并法令部分，该法在第一章总则第 7 条中规定："国家按照社会主义现代化建设和发展社会主义市场经济的需要，根据不同类型、不同层次高等学校的实际，推进高等教育体制改革和高等教育教学改革，优化高等教育结构和资源配置，提高高等教育的质量和效益。" 第 11 条中规定："高等学校应当面向社会，依法自主办学，实行民主管理"；在第 12 条中亦规定："国家鼓励高等学校之间、高等学校与科学研究机构以及

---

① 《中华人民共和国高等教育法》［EB/OL］。

② 雷雪亚：《新中国高等教育法发展述要》，《陕西师范大学学报》2000（29）。

企业事业组织之间开展协作，实行优势互补，提高教育资源的使用效益。"从上述法令中可看出，高等教育系要在国家宏观政策指导下，实行国务院与省、自治区、直辖市人民政府两级管理与分工负责的体制，并以地方政府管理为主的新管理体制，目的是要扩大地方政府的管理权，另外透过学校与学校，或学校与企业间之合作，发挥学科优势，使资源得到有效利用。不过，该法条文仅原则性提出高等教育应依国家社会发展需要，来推进改革，以优化其质量与效益，然并未提及高校应采用何种方式进行整并。由此显见，高等教育的整并系出于整体高等教育规划的结果，而实际上从推动整并的动力来看，大陆在计划或方案的实施上比起法令而言，可说更加具有效率。

　　3. 整并法令推动后现况

　　事实上，90 年代高校整并依张安富的看法①，可分为三个阶段：第一阶段从 1985 年至 1992 年是思想酝酿、观念变革、实践探索时期；第二阶段从 1992 年至 1997 年是探索思路、积累经验、制定政策时期；第三阶段从 1998 年至 2000 年则是深化改革、全面推进、加快步伐时期。其中第二阶段重要的探索包括广东省人民政府与国家教委共建的中山大学和华南理工大学等一批部委校院下放地方政府；第三阶段国务院开始针对包括国家经贸委 9 个部委所属 91 所普通高校、72 所成人高校及一批中专、技校，原兵器、航空、航天、船舶、核工业总公司等五大军工总公司所属 25 所普通高校，34 所成人高校，232 所中专、技校，49 个国务院部门（单位），161 所普通高校，97 所成人高校，271 所中等专业学校和 249 所技工学校等进行体制调整，是高等教育改革力度最大，整并学校最多的期间。

　　如表 3—5 所示，这项工作最早于 1990 年 1 月 12 日，由西安师范专科学校和西安大学两校整并成西安联合大学揭开序幕，当年共有 71 所高校参与整并，成功组建成 29 所，1999 年《中华人民共和国高等教育法》推动后，2000 年达到新一轮的高峰，共有 231 所高校参与整并，组建成 91 所高校，这当中教育部直属院校，规模最大的"高校航母"新吉林大

　　① 张安富：《合并型多校区大学融合过程中的管理研究——以武汉理工大学为典型案例》，武汉市华中科技大学硕博论文 2004 年版。

学也在这一年宣告成立，总计从 1990—2013 年 5 月历时十余年的整并，共有 1109 所高校（含成人学校）参与整并调整为 443 所。[①]

表 3—5　　　　　　　1990—2013 年大陆高校整并状况统计表

年别	1990	1991	1992	1993	1994	1995	1996	1997	1998
参与整并高校数	71	72	52	22	29	51	45	41	78
整并组建高校数	29	23	19	9	11	21	17	17	29
年别	1999	2000	2001	2002	2003	2004	2005	2006	2007
参与整并高校数	77	231	92	105	60	31	20	14	8
整并组建高校数	31	91	41	44	22	15	10	5	4
年别	2008	2009	2010	2011	2012	2013	小计		
参与整并高校数	0	0	2	4	2	2	1109		
整并组建高校数	0	0	1	1	1	1	443		

另由上表亦可知，高校整并自 2003 年后已渐趋于缓和，近年来已不多见，仅有零星几所学校参与整并，2008 年、2009 年两年甚至连一所学校都没有，且参与整并者以职业技术学院为主，未再见有所谓研究型综合大学。然而是否会再有高校进行整并呢？尚无法估算，但可以肯定的是，照目前高校发展情势，已不会再有大规模高校整并出现。不过，有一个值得关注的问题，依教育部资料显示，2001 年整并高峰期后，全国高等学校数有 1911 所，学生人数为 719 万人，而 2012 年各类高等教育校数却仍有 2790 所，学生人数达 3325 万人，[②③] 显见近十年间高等教育数仍然增加近一倍，虽然学生人数也增加 4 倍之多，然而在学校数增加情形下是否仍能保持整并后的学术优势，值得进一步理顺，但高等教育决策单位何以在高校尚未达到世界一流大学目标时，仍让高等教育数量持续成长，决策的准则为何有待探究！

（三）大陆广州大学整并前基本概况

根据教育部 2000 年 4 月 24 日颁发的《关于同意组建新的广州大学的

---

① 《公报公告》［EB/OL］。

② 《统计数据》［EB/OL］。

③ 《公报公告》［EB/OL］。

通知》（教发〔2000〕94号）中提及，依《高等教育法》和《普通高等学校设置暂行条例》有关规定及高等教育管理体制改革和布局结构调整有关精神，同意广州师范学院、原广州大学、广州师范专科学校、广州教育学院、广州市城建职工大学、广州建筑总公司职工大学等6所学校，和华南建设学院（西院）、广州市联合职工大学电信学院与纺织学院等三块教育资源，整并组建新的广州大学，亦如K1行政主管在访谈中所提："虽说是9所学校，但我们管理的是5所，另外4所职工大学：纺织学院、市政工程学院、城建学院等，这个我们从法理上都没有对它们进行管理，只是当初市政府形式上把它们归并到广州大学来。"（IN20140106K1）更确切地说，"其中有一所是师专，它是挂两块招牌，所以有时就说5所高校，实际上是4所高校。"（IN20140106K2）换言之，是由广州师范学院、原广州大学、广州高等师范专科学校（广州教育学院）、华南建设学院（西院）等4所学校进行整并，其余学校则挂名于广州大学之下。另在上述函中亦阐述：（1）广州大学系多科性本科院校，由广东省领导和管理，学校发展所需经费由广东省统筹解决；（2）以本科教育为主，同时积极发展专科层次的高等职业教育，也可适当承担研究生培养任务；（3）实行省市（广州市）共建、以市为主的办学体制，全日制在校生规模暂定为20000人；（4）现有专业结构调整和新专业增设，皆按教育部有关规定办理。换言之，新组建广州大学为地方性综合大学，所有经费皆由地方自筹，并由地方按中央法规予以管理与建设。兹将这些学校的基本背景概述如下（DO20140107）。①

1. 广州师范学院

1958年8月成立，隶属广州市委领导，是一所以培养广州地区中等学校师资为主的本科层次高等学校，1961年8月广州市委决定与广东师范学院整并，归由市委、市人民政府领导，1962年7月起停止招生，1964年停办，1978年复办，1986年8月列为厅级单位，1993年4月经市委、市政府批准，扩大办学规模。学校占地面积153.4亩，校舍建筑面积有19万平方米，教学仪器设备总值2359万元，图书70万册，设有13个本科专业、12个专科专业、6个硕士学位授予权点，

---

① 《合并组建广州大学（新）的方案（送审稿）》〔Z〕。

当时在校普通全日制学生 5059 人（其中本科生 4157 人、专科生 869 人、研究生 33 人），专任教师 503 名（其中中科院院士 2 人、博士生导师 6 人、高级职称 277 人）。该校承担了国家"863"项目 2 项，国家攀登计划项目 2 项，国家自然科学基金项目 8 项，国家社会科学国家级项目 3 项。K2 行政主管在受访时也指出："广州师范学院因为本科教育办的时间最长，规模也最大，人才也比较多，当时它已经有两个院士，一个是数学学院，另一个是搞物理的，所以水准是其他合并高校最高。"（IN20140106K2）

2. 原广州大学

创办于 1927 年，民国时期为私立大学，新中国成立后于 1983 年 4 月复办为广州职业大学，属短期、职业性大学专科，1984 年 4 月更名为广州大学，校长为叶○○，1987 年 6 月定为副厅级建制，是一所专科层次的高等学校。学校占地面积 158 亩，仪器设备总值 1700 万元，图书 27 万册，设有 1 个本科专业、30 个专科专业，当时在校普通全日制学生 3558 人（其中本科生 211 人），专任教师 281 名（其中具有高级职称者 106 人）。该校在培养应用型人才，与国外开展联合办学方面积累了许多经验。K4 老师亦指出："老广大是一个大专层次的学校，只有一个酒店管理师是本科专业。"（IN20140106K4）

3. 广州教育学院与广州高等师范专科学校

1953 年 9 月广州市教师业余进修学院创办，1958 年更名为广州市教师进修学院，1983 年 4 月再改名为广州教育学院，是一所以培养在职中学教师和教育行政干部为主的高等学校，设有 10 个本科专业。1985 年 6 月起，广州市政府为因应九年制普及义务教育需要，依托广州教育学院创办广州高等师范专科学校，实行"一套人马，两块牌子"的办学，融合培养与培训于一体，而两者的区别在于招生对象有所不同而已，差别在于广州教育学院招收的是在职的、培训普通教师，广州高等师范专科学校招收的则是专科的高中毕业生，毕业后教小学和初中。学校占地面积 550 亩，校舍建筑面积共 7.8 万平方米，仪器设备总值 1120 万元，图书 37.5 万册，设有 15 个专科专业，当时在校普通全日制学生 3241 人（其中本科生 1483 人、专科生 1758 人），专任教师 209 名（其中具有高级职称者 61 人）。

4. 广州市城建职工大学与华南建设学院（西院）

广州市城建职工大学前身为广州市建设局"七·二一"工人大学，1981 年改名为广州市建设局职工大学，1984 年 3 月经广东省人民政府批准与市规划中专、市园林中专整并，改为广州市城建职工大学，由时任广州市副市长石○○兼任校长，面向全省招生，1986 年 5 月又在此基础上筹建广州城市建设学院，1991 年 7 月广州城市建设学院（筹）与广东省建设工程专科学校联合成立华南建设学院，其中原广州城市建设学院（筹）部分称为华南建设学院（西院），原广东省建设工程专科学校部分则设为华南建设学院（东院），广州市城建职工大学则继续保留建制，在华建西院内部称为成人教育部。

华南建设学院（西院）是一所主要为广州地区培养建设类高级专门人才的本科层次高等学校，1995 年 4 月经广东省学位委员会评审通过，成为学士学位授予单位，挂靠广东工业大学招生。学校占地面积 287 亩，校舍建筑面积 11 万平方米，仪器设备总值 4600 万元，图书 17 万册，设有 6 个本科专业、4 个专科专业，当时在校普通全日制本、专科生 2,587 人（其中本科生 2038 人、专科和新机制高职班学生 549 人），专任教师 177 名（其中具有高级职称者 75 人，硕士学位以上人员占专任教师 46.4%）。该校在建筑类专业人才培养，建筑科研和科技开发方面有一定实力，其中高层建筑结构与抗震领域处于国际先进水平。但 K2 行政主管比较整并各校时指出："华建西尽管是个本科，但是由于时间很短、规模很小，而且属于建筑类和土建类，从专业学科的角度还是比较窄的。"（IN20140106K2）

5. 广州市建筑总公司职工大学

1960 年成立，原名广州市建筑工程局业余工程学院，是一所由广州市建筑总公司举办的独立成人高等学校，1964 年经教育部批准备案，1966 年停办，1973 年复办，改名为"七·二一"工人大学，1980 年更名为广州市建筑工程局职工大学，1985 年经批准成立广州市建筑总公司职工大学。学校占地面积 0.75 亩，建筑面积 0.98 万平方米，仪器设备总值 87 万元，图书 2.8 万册，学校开设有工业与民用建筑、建筑施工、建筑工程造价等专业，当时在校成人大专学历学生 390 人，专任教师 41 名（其中具有高级职称者 13 人）。该校在依托企业，实行教学与生产相结合方面具有特色，并积极开展高等职业教育。

6. 广州市联合职工大学电信学院

1975 年成立，前身为广州市电信局职工大学，1992 年加入广州市联合职工大学后更名为广州市联合职工大学电信学院，1997 年挂靠广州业余大学招生，专业为通信技术，是一所广州市电信局举办的成人高等教育办学机构，隶属于广州市联合职工大学的二级学院。学校占地面积 3 亩，建筑面积 4900 平方米，图书资料 1.08 万册，仪器设备总值 470 万元，学校开设有电信工程、计算机应用等专业，当时在校成人大专学历学生 185 人，专任教师 21 名（其中具有高级职称者 7 人）。

7. 广州市联合职工大学纺织学院

1975 年成立，前身为广州纺织机械厂职工大学，1985 年由广州市纺织工业总公司正式接管，并由国家教委批准校名为广州纺织工业职工大学，1991 年因应教育改革形势发展，再次更名为广州市联合职工大学纺织学院，是广州市纺织集团公司举办开展成人高等教育的办学机构，隶属于广州市联合职工大学的二级学院。学校占地面积 278.9 亩，建筑面积 8.36 万平方米，图书资料 7.3 万册，仪器设备总值 375 万元，学院开设有染整工程、针织工程、服装设计与工艺、美术装潢设计等专业，当时在校成人大专学历学生 311 人，专任教师 43 名（其中具有高级职称者13 人）。

综合言之，由整并前各校基本概况中显示，5 校的发展过程仅有广州师范学院及华南建设学院（西院），有招收部分本科及研究生层次学历，从事较高水平研究工作外，其余则为从事职业训练或短期进修而设的专科层次学校，发展水平有限，在访谈中 K1 行政主管进一步指出：“4 所职工大学在合并后大多各自独立出去了，其中城建很早就独立了，现在还有市政工程学院、纺织学院还挂着广州大学的牌，但相对而言它们也算独立了，我们只是派了一个院长到那里去管理，属于代理性质，因此在师资、经费都与广州大学无关。”（IN20140106K1）故为提高办学层次，提升整体竞争力，广州市人民政府才积极促成市属各校的整并工作。各校历史沿革图绘制如图 3—3 所示。

（四）大陆广州大学整并政策问题动力

该校整并政策问题的动力，和台湾东华大学一样，亦是受到外在环境变迁、政府的推动及大学本身的需求影响，不过由于政治体制的不同，因此推动的方式也有所差异，兹将其情形分述如下。

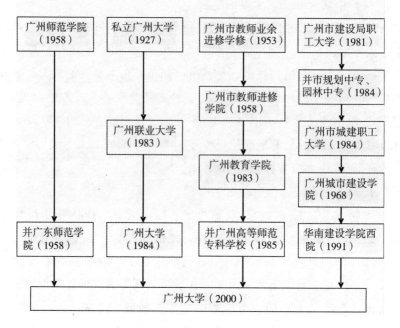

图3—3　广州大学历史沿革图

1. 外在环境变迁

从该校整并当时的外在环境脉络来看，关于高等教育管理体制改革政策的要求，在《中共中央国务院关于深化教育改革全面推进素质教育的决定》中指出，今后3年仍将继续按照"共建、调整、合作、合并"的方式，基本完成高等教育管理体制和布局结构的调整，合理配置教育资源，提高教育质量和办学效益。[①] K3老师在受访时也指出："合并是当时的教育部长周〇，提出学校要上规模上档次，要创建一些有世界竞争力的大学，所以他希望一些有实力的学校，能够通过合并，提高整体实力和规模，及效率优先这样的思路，大力在教育部提倡，所以像浙江大学原本排名在十几二十名之后，合并后排到前几名。"（IN20131222K3）由此可见，从社会发展的历史观证明，高等教育的发展与改革，一定要不断地适应社会、经济、科技与文化等发展需求来做协调，这才是科学的发展观，因此为与国际接轨，培养跻身世界一流大学行列的竞争实力，整并政策成为当

---

① 《合并组建广州大学（新）的方案（送审稿）》［Z］。

时高等教育发展和改革的重要举措，而合并组建该校就成了顺应此潮流与方向的发展。

再者，适应当时中国市场取向的经济体制改革，广州市亦经历了改革开放二十多年的发展，取得了巨大成就，综合经济实力已位居全中国大城市第三位，伴随着社会经济快速发展和产业结构的调整升级，相对对知识和人才的渴求更加强烈，越发需要高等学校提供较好人才和科技支持，然而现实上该市的高等教育培养人才模式，以及运行机制却仍远远滞后于经济社会发展，是以必须改变高校过去单一专业的教学体系、扩大办学规模、优化专业设置、合理配置教育资源，才能实施"科教兴市"战略，培养出更多更好的创新型、应用型专门人才，促进广州经济社会持续稳定地发展（DO20140107）。① 换言之，社会改革与社会需求是高校整并不可或缺的条件，在外在环境变迁下，该校必须建设与该市经济社会发展相适应的强校及培养各类高素质应用型人才为总目标，并以"立足广州、面向广东、辐射海内外，服务社会"为使命。

综上，面对政府对于高等教育管理体制改革的政策及该市社会经济快速发展和对知识与人才的渴求，促使该校在如此氛围下应运而生。而该校的组建亦是为顺应中国社会主义市场化经济取向的环境转变而为，使高校直接面向社会，发挥自主办学的积极性，为地方社会经济服务。

2. 政府的推动

综观高校整并工作上，政府的推动实占有相当重要的地位，亦是促成大陆高校整并成功的主要动力，当然笔者在此所称的"成功"，并非直指高校已达成实质性的融合并得到不错的成效，而是指促成高校完成整并这件事上。该校的整并亦不例外，K3老师就指出："是市政府来做决定要将它们做整合，广州全日制的学校就这几所，还有一个广州医学院，但它不愿意合并，原因是当时医学院的院长钟○○院士认为医学院和其他专业没有太多衔接，不需要做这个资源整并，维持它的独立性及发展方向，如果放在综合性校院里头，可能会被边缘化。"（IN20131222K3）换句话说，绝大多数的高校整并并非出自于高校本身的自觉，更多是政府的作为。

---

① 《合并组建广州大学（新）的方案（送审稿）》[Z]。

　　由于该市高校在当时是处于规模小、专业重复设置，而且办学效益低落的情况，为配合国家政策及该市经济社会发展需求，市政府经反复论证研究，认为合并组建可以解决这些问题，并能精简学校管理人员和机构，及提高办学效益，因此积极扮演居中协调的角色。① K1 行政主管及 K4 老师在受访时也不约而同地提道："政府是从经济及效益上来提升大学的教研水准，从降低管理成本这个角度来考虑广州大学的整并。"（IN20140106K1，K4）承上，从经济、社会与教育的发展方向着眼，是市政府提出整并规划的缘由和动力。

　　其次，广州师范学院、华南建设学院（西院）、原广州大学和广州高等师范专科学校等校，均为广州市属高校，校区临近市中心，市政府从另一方面考量："广州在国家中央政策的引导之下，当时像广州师范学院要申博及几个发展计划，华南建设学院也有几个发展计划，若市政府分别投资，那投资量要非常大，且分散力量的话，每个学校都达不到它建设面积和申请面积的标准。但如果通过整并，广州师范学院有这样的历史，因为广州师范学院在 1983 年就有第一批硕士的招生，它要上博士什么的还是有条件，那其他学校如果没有条件的话，它也可以运用这样的历史机制，全部都能上，市政府经过这样考量，也符合中央精神，所以他们就提出将所有学校干脆整并为一所综合性规模比较大、知识性比较强的学校，整合这种资源，来提升广州高等教育社会的影响和质量。"（IN20131222K3）诚言，市政府透过整并将教育资源集中，以免因力量分散而使得各校均达不到其所欲争取的目标，也有利于发展更优质的高等教育。

　　综上所述，在该校整并政策问题动力上，有关政府的推动方面，K5 老师即明白地指出："广州大学的整并是市政府决定的，有意见也是没用的，它只会跟你宣读一些文件，说明整并的意义和怎么做。而整并这件事是你完全没办法推翻的，它是决策者，如果有意见那只能是整并操作过程内部问题。总的来说，目前大陆的高校还是行政主导的，还是以上级的命令为主要的行政模式，因为校长和副校长是上级任命的，不是遴选的，就算校长他自己对自己的班子，像人事权上他也只能提出建议，没有决定权。"（IN20131222K5）K5 老师进一步表示："就大陆来说，高校的整并

---

　　① 《合并组建广州大学（新）的方案（送审稿）》［Z］。

实际上没有太大部分要听取学校的意见，基本上是由政府或你的主管部门主导的，或许会咨询你们的意见，但不作为决策。"（IN20131222K5）是故，整并的推动是以政府为主导地位，有较多的思维是从整个地方产业、经济、大学发展考量着手，更具体地说该校的整并是由市政府一手包办的，所以是一种行政措施。不过，从这里也可看出，市政府在进行动员、筹措及反复论证等整并决策过程当中，却忽视了高校自身的意愿及办学自主权。

3. 大学本身的需求

从组织演化的过程来看，高校亦如其他组织一样，会从出生、成长、成熟以至衰退现象出现，因此为使组织长期存活，自我调适或改变是唯一的不二法门。K1 行政主管在受访时就描述了那时各校发展的状况："我觉得当时各校的起点是比较低的，效益是不高的，规模是很小的，从事科学研究比较好的就只有广州师范学院，广州师范学院开始启办时就是本科院校，它的规范做得比较完备一些，那么其他院校像华建西，它的校牌是没有的，毕业证书都是别人代发的，学校规范也无从谈起，科学研究这方面它没有一个国家二级的科研专案；老广州大学也是一个职业性的专科学校，属于技能性的，所以它也没有学科建设，科学研究这方面也是比较弱的；那么师专，它的任务就是面向中小学老师培训，它也没有科学研究这一块。"（IN20140106K1）可见该校整并前的各校本身学术水平并不高，办学规模亦普遍偏小，若各自发展将无法发挥整体综效，只有加以整并，才能发展成为一所有竞争性的综合大学。

再就学校师生未来发展图像来谈，囿于各校平均规模过小，造成专业口径过窄及学科系所设置不全情形发生，故可供学生选择的课程非常有限，使得学生知识面变窄，无法施展高等教育社会经济效益，就这个部分来说，K2 行政主管从另一个角度指出："在大陆比较传统的工作方式上，首先思想工作为先，给大家讲清楚，合并后将来学校会获得更好的发展空间；从长远来说，尤其对那些老师来说，这个大家都认同，有了这个基础，那么眼前的个人得失，自己来处理就好。"（IN20140106K2）是以，学校师生若能了解现有发展的劣势，且整并后能换来更大的学术效益及生存空间，反对声音自然就会消失。

最后，由于大陆高校整并，政府是幕后最大推手，然内在动力的支持，亦是高校整并的必备条件。而 90 年代后新的院系调整风潮，更让该校抓住了很好的整并机会，事实上也正因为广州师范学院等 4 校领导及教职工对整并都已形成了共识，有较扎实的工作和思想基础，并采取了主动积极的态度，配合政府的整并政策，不但顺利完成实质性整并，并发挥了高于预期的成果，为广州地区培养出大量杰出的应用型人才，也获得了政府的经费补助及争取到更多发展机会。

归结上述三点，该校整并政策问题的动力，正如 K2 行政主管所言："其实在中国对这个合并问题，就我个人来看，实际上既有利也有弊，这整个教育系统是属于高度行政化的系统，跟美国大学尤其不一样，它要你合你就合，要你分你就分，那么这个更多不是来源于学校自身的某种考虑，是出于国家统筹的考虑，国家规划从专业发展，从人才需求，而且我们还有一个比较传统的观念，认为大能够做出效益，大能够节约资源，如果从观念看当然有其积极的一面，而且它这个合并也不是盲目合并，一般都是以一个水准比较高的高校为核心来合并，那么这一合并肯定从办学的基本思路，管理的理念，到具体的一些操作，都以水准高的大学为主。"（IN20140106K2）更贴切地说，该校的整并实际上与国家政策及地方政府的推动有着较直接的关系，较少来自高校本身的需求上，是个从上而下的整并形态，而两者相比较，这种来自内部的动力显得微弱一些。

（五）广州大学整并政策推动过程分析

该校整并政策推动过程，从大方向来看，应该说是接续中央对高等教育改革的步伐前进，因此在整个推进过程中几乎没有遇到极大反对阻力，也使得该校在极短时间内即能完成整并，兹将整个整并过程叙述如下。①②

1. 地方政府酝酿期（1995—1997 年）

早从 1995 年起，市政府即针对高等教育存在学校数量偏多、规模偏小、办学层次不高等问题，在《广州市关于贯彻执行〈中国教育改革发展纲要〉实施意见》（市委、市政府 1 号文）中，正式确定对市属高校进行布局结构调整。K1 行政主管在受访时也提到了相关的论点："当时主要是广州市政府觉得这样的学校办得多了，学校的效益也难提高，但是管

---

① 《合并组建广州大学（新）的方案（送审稿）》［Z］。

② 禹奇才主编：《广大胸怀造就新的广大》，广东高等教育出版社 2009 年版。

理需要花很多精力，5个学校就有5套班子，最大的校区就是广州师范学院，那里才100多亩地，5个校区总共600多亩地，所以它规模很小，效益就无从提起，所以政府就想整合资源。"（IN20140106K1）

接着，市政府根据副总理李○○于1995年9月20日听取广东、上海、机械工业部等关于高校调整汇报后所发表的讲话精神，及"三教合一"后的新教委组织有关人员进行调研，从1995年底至1996年初，初步拟出了市属高校布局调整、合作办学的方案。同时，采取召开各类型座谈会等多种形式，广泛征求意见，于1997年下半年形成了广州市属高校布局结构调整方案的送审稿。此阶段主要在进行整并的酝酿、调研及征集各方看法。

2. 地方政府推进期（1998—1999年）

1998年初，市政府将方案报广东省政府，4月15日—17日教育部派出以王○○为组长的全国高校设置评议委员会专家组，到广州考察市属6所高校的情况，对方案提出修改意见和建议，支持合并组建新广州大学。1998—1999年，根据专家组意见，并经多方调查研究，反复论证，征求各方面、各层次、各院校意见，召开各种形式座谈会，与多次向广东省政府和教育部请示，最后市政府按市政府常务会议和市委常委会议研究，通过形成了《广州市属高等教育结构调整方案》和《合并组建广州大学（新）方案》。1999年6月3日，市政府以穗府报〔1999〕41号文，将《广州市属高等教育结构调整方案》上报省政府。

1999年6月7日广东省高教厅高等学校设置评议委员会在该市召开关于合并组建广州大学（新）论证会，其中专家组达成以下3项意见（略述）：(1)广州市是中国南方重要省会城市之一，综合经济实力居全国大城市第三位，但高等教育学校数量偏多，校均规模偏小，办学层次偏低、学科专业结构不尽合理、办学效益不高等问题，造成其高等教育发展水平不高，市政府提出重组高教资源，符合高等教育发展方针；(2)组建新广州大学，将会促进广州高等教育的规模、结构、质量、效益比较协调地发展，尤以新整并组成之广州大学，无论在校园面积、校舍面积、仪器设备、图书等方面，可实现资源共享、优势互补，加上新征土地和加强配套设施建设，将为该校提高教学科研水平和办学效益，创造较好的条件和较广阔的发展前景；(3)广州大学成立后，应抓好校园建设发展规划，按高等教育规律调整院系和学科专业，着力提高办学层次和教学科研水平，要落实合并组建新的广州大学的启动资金和今后建设经费，为学校发展提供保障。针对上述意见审议，市政府于会议中亦一并通过。此阶段虽然延续了上阶段的调研，但已更推进到请中央与省高校设置评议委员会专家组至该市考察，提出更具体建议。

3. 正式筹备期（1999 年至成立）

1999 年 7 月 30 日，广东省人民政府以粤府函〔1999〕279 号文件，将《广州市属高等学校布局结构调整方案》转报教育部；8 月 2 日广东省人民政府又以粤府函〔1999〕284 号文件，向教育部送上《关于将广州市有关院校合并组建本科层次的广州大学的函》；8 月 10 日—15 日，教育部正式组织全国高校设置评议委员会专家组到该市考察高校合并工作，并提出指导性意见，市政府随即针对合并组建方案进行修改与补充，形成新的方案，于 1999 年 11 月经广东省教育厅审核后呈送教育部，获致原则上同意所报方案。

2000 年 1 月初，该市陈○○副市长带领有关部门负责同志，专程至教育部汇报该校合并组建准备情况，而有关领导指出，组建新广州大学符合整个国家高等教育体制改革方向，及广东省、广州市的实际情况，可以不交全国高等学校设置评议委员会讨论；2 月 15 日由原常务副市长伍○、副市长陈○○主持召开市长办公会议决定，合并组建新广州大学实施工作正式启动，同时决定由该市市长林○○同志任组长、广东省高教厅厅长许○○同志、该市常务副市长伍○同志、副市长陈○○同志任副组长，及市教委、市计委、市建委、市编办、市财政局、市委组织部等职能部门负责人和整并学校主要领导组成"合并组建广州大学（新）领导小组"，下设办公室，由 4 所合并学校各抽 3 位干部组成，负责日常工作，并由该市教育委员会主任叶○○兼任办公室主任、张○○、李○○任副主任。K2 行政主管是当时整并办公室的成员，受访时提到在整备过程中留下一个很深刻的印象："在筹备中间我们到过 4 所合并高校去访问过，我们这帮人分为两个组，我们这组就到厦门大学、汕头大学这一带转，后来又跑了湖南也转了一下，因为吉美大学也是合并组建的大学，跟我们有点类似，调研回来后就把合并成功的经验提出，其实当时也同意，就 5 个统一嘛！什么制度统一、财务统一，大概就把这几个板块都强调统一，那么统一的过程呢？从思想的角度，要纠正所谓的校区情节，原来每个学校变成了校区了，不要老是站在本位啊！要搞个小圈子、抱团，就反对这些东西。另外，还包括要进行教育思想观念的大讨论，当时已经开始构思了，办一所高水准的本科大学，应该以什么新教育观念来办这个大学，来帮助全校的干部、老师能够摆脱原来低层次低水准或者这种思想的束缚，让大家有一种新的观念来办好这个大学，这些都是作为一种思想的铺垫。"（IN20140106K2）

2000 年 3 月完成合并组建新广州大学的实施方案；4 月 21 日合并组建广州大学（新）工作委员会召开第一次 4 所普通高校全体中层以上干部大会，通报了实施方案初步设想；4 月 24 日教育部以教发〔2000〕94号批文将《关于同意组建新的广州大学的通知》文件送广东省人民政府；7 月 7 日广东省人民政府以粤府函〔2000〕379 号转发《教育部关于同意组建新的广州大学的通知》文件送市政府，这也宣誓了合并工作委员会任务即将结束，K2 行政主管进一步指出："筹建办公室到末期，学校领导班子就正式宣布，第一就把我们制定的有关方案交给他们做个参考，不一定按我们这个来，但我们已经做了一些前期的工作，也是有参考价值；第二个它筹办的时候要搞一个很隆重的新广州组建成立的仪式，那么这个仪式就由我们来操办，因为比较了解情况，这个晚会结束后，我们就回到原来岗位。"（IN20140106K2）7 月 11 日该校在各界的期待下于广园举行成立大会，成为一所整并最多学校的新高校，也是一所实行省市共建、以市为主的综合性大学。K4 老师在总结该校整并政策推动的过程上指出："我认为广州大学的整并应该是中国高校合并的一个典范，在整个合并的过程中，没有出现闹矛盾这些东西。"（IN20140106K4）此阶段属于正式申报、修改方案及筹备阶段。

综合前述，在该校整并之前，大陆约莫在 1990 年、1991 年就已开始吹起整并之风，到了该校整并之时已历 8、9 年之久，所以前面有些整并案例，正好提供了成功的经验和失败的教训，而归结该校在整并政策推动过程能够如此顺利，主要有三点："第一，有些学校合并就是戴帽子，没有进行一次实质性合并，就拖来拖去，磨合了很长时间也还是那么回事，但广州大学就一次性合并；第二，广州大学是几个学校合并的，除了少数几个学科有交叉之外，其实没有太多重复性的东西，比如华建西院以城建为主，别的学校没有，只有老广大有这样一个专业，所以就属于拼盘一样，重叠的比较少；第三，原来的基础太差，合并之后自我增量大，显得效益比较高。"（IN20140106K4）因此，该校从地方政府酝酿阶段、地方政府推进阶段到正式筹备阶段等过程中，所运用的时间其实是很短的，主要还是在政策的指导下，来进行整并工作。

第四节　两岸大学整并后人员角色知觉分析

吴和堂、张耿玮认为，从整并上看来，其利害关系人有两校教职员、校友与学生，整并项目除了组织、设备、校园外，就是人员整并，而人员整并包括教职员与学生，因此这些人员在整并过程中既是利害关系人也是被整并的对象。[①] 陈维昭亦指出，在香港科技大学与香港中文大学的整并案中，两校行政当局都认为对两校未来发展有利，是迈向世界一流大学的最佳途径，当时的教育局局长也强力支持并表示要在 5 年内促成，但结果却引来70% 以上学生的反对，甚至走上街头，其中一个主要的理由，是局长未经征询两校意见即擅自发表其政策，漠视大学自主权。[②] 由此可知，在谈论大学整并议题时，相关人员不一定都是理性的，许多人员情绪性因素往往是大学整并的阻力或难题，因此人员角色知觉不可不重视。本节将从整并后人力资源编配，及整并后人员管理流程两部分进行探讨。

一　东华大学整并后人员角色知觉分析

（一）东华大学整并后人力资源编配

1. 人力资源配置情形

早期台湾公立大学有政府支持，自给无虑，环境稳定可预测，且不干扰组织运作，尚不须考虑外在资源，但随着社会愈趋开放，大学间之竞争日益激烈，学校必须与环境共生共存，随着环境变动及不确定性，掌握所

---

① 吴和堂、张耿玮：《大学整并之研究——以国立高雄师范大学与高雄应用科技大学之学生为例》，《高雄师大学报》2005（19）。

② 陈维昭：《大学整并的理念与实践》，大学整并理念与策略研讨会论文 2002—12。

需资源，来控制与协调内在活动。① 在环境影响下，学校所属成员也必须与时俱进，尤以整并后，人力资源的分配可借此时机，或依人才专长，或依工作性质，或依新的整体目标，做全盘规划与调整，使人力成为活泉②，让学校组织在未来竞争之中，能够脱颖而出。

在人力资源配置上，该校整并前，以 2007 学年度为准，原东华大学学生人数为 6543 人（大学部 4235 人、硕士生 2081 人、博士生 227 人）；专任教师人数为 307 人（教授 74 人、副教授 92 人、助理教授 118 人、其他 23 人），其中具博士学位者 282 人、硕士学位者 21 人、学士学位者 4 人，博士学历者占专任教师 92%；职员工人数为 263 人，生师比约 21：1。花莲教育大学学生人数为 3595 人（大学部 2374 人、硕士生 1098 人、博士生 80 人、二技生 43 人）；专任教师人数为 194 人（教授 38 人、副教授 75 人、助理教授 62 人、讲师 9 人、其他 10 人），其中具博士学位者 159 人、硕士学位者 23 人、学士学位者 12 人，博士学历者占专任教师 82%；职员工人数为 132 人，生师比约 19：1。③ 由以上数据分析可得，原东华大学在学生、专任教师及职员工人数上均高于花莲教育大学 1 倍以上；在师资职级上，原东华大学具有助理教授资格以上之教师百分比为 92%，花莲教育大学则为 90%，两者师资水准都颇高；另外，由于花莲教育大学前身为专科学校，故学生组成分子中仍留有二技生。

两校整并初期，以 2008 学年度为准，该校学生人数为 10541 人（大学部 6823 人、硕士生 3339 人、博士生 340 人、二技生 39 人）；专任教师人数为 515 人（教授 120 人、副教授 166 人、助理教授 189 人、讲师 9 人、其他 31 人），其中具博士学位者 466 人、硕士学位者 41 人、学士学位者 9 人，博士学历者占专任教师 91%；职员工人数为 309 人，生师比约 20：1。④ 分析上述数据可得，学生人数已达"教育部"所认定 9802 人

---

① Daft, Richard. L. *Organization theory and design.* (7th ed.). Cincinnati, Ohio: South - Western College Publishing. 2001.

② 颜朱吟：《大学整并政策之组织理论应用及问题探讨》，《学校行政双月刊》2004（32）。

③ 《各级学校基本资料》［EB/OL］。

④ 同上。

至 13806 人为"国立"大学最适经营规模之基准①，另外在专任教师及职员工人数，亦为未整并前两校的倍数以上。

至于目前，以 2013 学年度为准，该校学生总数为 10186 人（大学部 7098 人、硕士生 2720 人、博士生 368 人）；专任教师人数为 545 人（教授 158 人、副教授 184 人、助理教授 154 人、讲师 2 人、其他 47 人），其中具博士学位者 498 人、硕士学位者 41 人、学士学位者 6 人，博士学历者占专任教师 92%；职员工人数为 506 人，生师比约 19∶1。② 综上数据分析可了解，整并初期与现在比较，学生人数均维持在 1 万人以上，且已未再招收二技生，专业教师亦维持在 500 人以上，其中教授与副教授成长率为 1.2 倍，另依据"大学总量发展规模与资源条件标准"规范，生师比值应低于 32③，该校整并后在生师比上亦符合此规定，而数据变化较大者在职员工人数增加近 1 倍以上，研究发现系因校务基金聘请之专案助理及约聘人员等纳入统计之结果。

2. 领导干部产生方式

吴金春认为，组织的重新定位或重组与职位的调动，不只会造成学校教师的不安，也会使职员们个个人心惶惶，慢慢地冲突与对立即会产生，因为既有人脉及其权力累积可能受到整并后职位调动而被削弱，故而更能凸显整并后管理与领导的重要性。④ 因此，领导干部的产生方式格外重要，在此领导干部包含校长、副校长、行政主管人员、学院系所主管人员等。

依据台湾地区"大学法"第 8 条及第 9 条规定，大学置校长 1 人，综理校务，对外代表学校，并得置副校长，襄助校长推动校务，由校长聘任之；新任公立大学校长之产生，应于现任校长任期届满 10 个月前，由学校组成校长遴选委员会，经公开征求程序遴选出校长后，由"教育部"或各该所属地方政府聘任；公立大学校长任期 4 年，期满得续聘，其续聘之程序、次数及任期未届满前之去职方式，由各大学组织规程定之。该法

---

① 《台湾高等教育发展规划研究专案报告》［M］。

② 《各级学校基本资料》［EB/OL］。

③ 《"国立"大学校务基金进用教学人员研究人员及工作人员实施原则》［EB/OL］。

④ 吴金春：《从外国经验看台湾大学整并》，海峡两岸高等教育永续发展学术研讨会论文 2009—1。

第 13 条规定，大学各学院、系、所及学位学程置学术主管 1 名，采取任期制，由具教授或副教授级以上人员选任之；而其任期、续聘、解聘之程序及其他应遵行事项，于各大学组织规程中定之。该法第 14 条亦规定，大学得设各种行政单位，其名称、任务、职掌、分工、行政主管之资格及其他应遵行事项，于各大学组织规程定之；另"国立"大学各级行政主管人员，得遴聘教学或研究人员兼任，或由职员担任，并于各校组织规程定之。① 从上述法令中得知，台湾地区各公立大学之领导干部产生方式均依法令行事，并受学术自由之保障，在法律规定之范围内，享有自治权，故其遴选方式系由各校自主，再报"教育部"核备。

　　由《"国立"东华大学组织规程》中亦可了解②，该规程第 8 条及第 9 条规定，该校新任校长之产生，应于现任校长任期届满 10 个月前，组成校长遴选委员会，遴选出校长人选，报请"教育部"聘任之；遴选委员会成员包括学校代表、校友代表、社会公正人士、"教育部"遴派之代表，而遴选委员会代表之产生及运作方式，则另定校长遴选办法经校务会议通过后实施；该校校长任期为 4 年，得续任 2 次；校长因故出缺，则依该校校长遴选办法规定重新办理遴选，于新任校长选出就职前，其职务依序由副校长、教务长、研发长代理，并报"教育部"核备。该规程第 10 条规定，该校置副校长 1 人至 3 人，由校长自专任教授中遴聘之，副校长之任期配合校长之任期。目前该校校长遴选系依此规定产生，T3 老师原是花莲教育大学教师，在受访时对该校整并后新任校长的遴派情形提出说明："2008 年 8 月 1 日在花莲教育大学及东华大学两校合校典礼上是由黄〇〇校长接收印信，当时的说法是'教育部'以东华现任校长接掌合校后新的东华大学校长；林〇〇副校长退休后，则派张〇〇副校长接管美仑校区的相关事宜。"（IN20131230T3）"从访谈中可体会出 T3 老师的无奈，因为她认为此次校长的交接让她感觉到花莲教育大学有点被矮化，但依法令规定，首任校长的遴派，教育主管机关是有权选聘的，笔者以为这只是 T3 老师个人的看法。"（RJ20130313 研）

　　再由该规程第 11 条、第 12 条规定，该校各学院置院长 1 人，各学系

---

① 《大学法》［EB/OL］。

② 《东华大学组织规程》［EB/OL］。

置主任1人，单独设立之研究所置所长1人，任期每任为3年，得连任1次；院长、系主任及所长产生之方式，第一任院长之产生，由校长聘请教授兼任之，出缺时由该学院组成遴选委员会遴选新任院长，报请校长聘任之；第一任系主任及所长之产生，由校长聘请副教授以上之教师兼任之，出缺时由该系、所组成遴选委员会遴选新任系主任、所长，会商院长报请校长聘任之。T3老师对该校院、系、所长之遴选，提出她的看法："以前在花教大系主任由自己的系选出来，合校后不一样了，你可以贴出公告，系上可推人出来，外系的人也可以来竞争，我们还要成立系的遴选委员会；院长的遴选方式也一样，别的院也可以来当，只要我选上。但是现在遴选也是很头痛，万一选不出来，也很麻烦，学校就可以派一个人到你们系上。"（IN20131230T3）对此，T4老师更进一步具体陈述遴选与普选方式不同之处："东华大学学术主管产生之方式也很不一样，若系要选的话，院就去帮系组织遴选委员会，遴选委员是由他们推出来的，别系的老师也可以来选；遴选精神就是，遴选委员有责任去找很好的人选，鼓励他出来选，这些遴选委员，就要看他过去，听他的说明，他为什么要做？所以就有一点发誓承诺的意思，被遴选的人会很清楚地说我要做，态度也会比较积极，虽然表面上看好像不是那么民主，但其实它是一个很成熟的民主。普选就不是这样子，有点像在选模范生，自己系里老师的事情而已，也不用作报告，就有一种被拱出来的感觉，而且这种方式有一个缺点，就是系所大家相处久了，会有劣币逐良币的问题，有些人比较霸道、强势，大家比较怕他，那整个系就会萎缩掉，除非旁边有人来救你。"（IN20131230T4）但由于外系人员可以参与系所主管的遴选，是否会因为不了解该系所的运作方式，而产生无法领导的现象？T4老师认为："遴选是由学院底下的各系所推出代表来遴选，选出来的老师代表都会先检查一些基本资料，你有没有符合资格，什么通通都有了，那你的表现怎样，那就差不多了。"（IN20131230T4）

另由该规程第16条至第24条及第26条则规范有关教学卓越中心、教务处、学生事务处、总务处、研究发展处、国际事务处、图书资讯中心、秘书处、心理咨商辅导中心等单位，置主管1人，得置副主管1人，由校长聘请副教授以上教师兼任之，并置组长1人，由主管签请校长聘请助理教授以上教师兼任之，并得置研究人员及职员若干人；另人事室及主计室置主任 1 人，组长、专员、组员若干人。从 T3 及 T4 老师访谈过程中亦提道："整并初期，行政主管遴聘，东华全部是正的，花教大都是副的，所以编了一正一副的行政主管，都是由校长决定。"（IN20131230T3）"当时行政主管的遴聘是用谈的，因为学校很大，所以正副也不错，东华为正、花教大为副。那时其实也会比啦！两校的一级主管有没有对等，而有的情况是东华的行政主管卸任，我们这边去做，有的情况就找对等的那个，最后结果出来大家都还可以接受。"（IN20131230T4）"从两位老师的言谈中得以了解，东华大学成立后，新任行政主管的遴聘，大多数以东华为主，少部分才由花教大这边接任，但最后都由校长作决定，由于整并初期许多事情尚在磨合当中，因此主管对等问题，事实上是很容易让人做文章，而得到不良效果。"（RT20140313 研）

综上所述，该校首任校长系由"教育部"所选派，其后再依校长遴选办法选任之；而其他行政干部及副校长仍由新任校长遴聘，学术干部产生方式，除第一任院长、系主任、所长是由新任校长自行遴聘外，其后之遴选则由遴选委员会透过民主机制产生之。换言之，该校整并后领导干部选派均受法令之规范与保障，唯从访谈中亦了解到，整并初期新任行政主管选任大都以原东华大学人员居多，或许系因新任校长为原东华大学校长较熟悉该校成员之故，然此举未顾及到花莲教育大学人员的想法，易导致花莲教育大学人员心态上的不满与隔阂。

（二）东华大学整并后人员管理流程

1. 人员配置原则及人员心理感受情形

（1）人员配置原则

人力资源是组织中最宝贵的资产，它是镶嵌在个体中有关经济活动之知识、技能、能力及其他特质，是可以用来提高生产力、创造力及个人就业力的一种无形资产。① 在学校组织中，学校成员除学生外，还包括教师及职员工，在其工作岗位各司其职，故于人员配置原则上，必须依照整并后各单位的功能与业务，给予适当充足的人力，使人力资源达到最大功效，以因应未来工作之运作。该校在人员配置上的做法，从《东华大学

① 丁华、古允文：《我国青壮年荣民就业研究：人力资本与社会资本的观点》，《台北复兴岗学报》2007（90）。

与花莲教育大学合并计划书（修订版）》资料中指出：新大学应无条件将两校现有教职员全部纳编，若因合校致有超出合理员额之事情，应采取出缺不补，至合理员额为止；应尊重两校教师个人选择系所归属之意愿；行政单位组长员额，编入新增设或其他适合之单位；各单位之人力需求，应顾及教职员工之专长、意愿，作合理、有效之安排；对人事、会计主任及其相关人员职务之异动或调整，均应作妥适之规划与安排。① 综上，整并后该校在人员配置上系依此原则办理，唯仍须参照其他有关法令行之。T6 及 T7 行政人员在受访时即指出："学校整并后，人员就整并，没有裁撤，会自然淘汰，遇缺不补。"（IN20131231T6，T7）

　　但作为一所新整并大学，人员的进用是维系学校未来发展的重要契机，不言可喻，底下即针对教师及职员工聘用方式做一说明：在教师聘用上，依据台湾"大学法"第 17 条、18 条、第 20 条规定，大学教师分教授、副教授、助理教授、讲师，从事授课、研究及辅导工作，另得置助教协助之；大学教师之聘任，分为初聘、续聘及长期聘任三种，其聘任应本公平、公正、公开之原则办理；又大学教师之初聘，应于传播媒体或学术刊物公告征聘资讯；其认定并应经教师评审委员会审议。② 另从《"国立"东华大学组织规程》第 32 条中亦规定教师之聘任，原则上采取三级审查，初审由各系所教师评审委员会办理，复审由各学院教师评审委员会办理，决审由该校教师评审委员会办理，通过后报请校长聘任之；而在系所员额外，该大学得主动邀聘优秀人才，直接提院、校教评会或校教评会审议，通过后报请校长聘任之。③ 承上，教师之聘任依循相关法令规定处理，且采用逐级审查方式，以择选出最优、最合适之教师。

　　在职员工进用上，依台湾"大学法"第 14 条规定，"国立"大学职员之任用，适用公务人员、教育人员相关法律之规定；人事、会计人员之任用，则应依人事、会计有关法令规定；"国立"大学非主管职务之职员，得以契约进用，不受前项规定之限制，其权利义务于契约明定。次依《"行政院"暨所属机关约雇人员雇用办法》第 7 条规定，各机关约雇人

---

① 《东华大学与花莲教育大学合并计划书（修订版）》［EB/OL］。
② 《大学法》［EB/OL］。
③ 《东华大学组织规程》［EB/OL］。

员之雇用，以采取公开甄审为原则，必要时得委托就业辅导机构代为甄审。① 再依《"国立"大学校务基金进用教学人员研究人员及工作人员实施原则》第 2 条、第 3 条中指出，所称教学人员、研究人员及工作人员，指学校编制内专任教职员及依聘用人员聘用条例、"行政院"暨所属机关约雇人员雇用办法之约聘雇人员以外，以校务基金自筹经费支出之编制外人员，其任用应本公平、公正、公开之原则办理。另从《"国立"东华大学组织规程》第 30 条中规定，本大学置中心主任、专门委员、编纂、秘书、组长、技正、编审、专员、辅导员、社会工作师、组员、技士、技佐、助理员、办事员、管理员、事务员、书记等若干人；置医师、药师、咨商心理师、临床心理师、护理师、营养师、护士若干人，其任用资格均应本公开、公平、公正之原则办理；而在《"国立"东华大学职员遴用升迁作业要点》中，亦有建立职员之遴用与升迁标准之规定。② 从职员工进用上了解，相关法令一致强调进用程序必须依公平、公正、公开之原则办理，务使程序中立与透明化。

而除了人员进用外，在人员培训方面也相当重要，Becker 就曾指出接受教育与训练是对人力资本最重要的一种投资。③ 该校整并后亦依相关规定办理人员培训，在《公务人员训练进修法》《公务人员训练进修法施行细则》及《"行政院"及所属机关学校公务人员训练进修实施办法》等规定中即指出，依法任用或派用之有给专任人员、依法聘任或雇用人员、公务人员考试录取人员等相关训练及进修规定，均予以适用；另各机关学校亦得因应业务之需要，主动提供特定知识与技能之训练或相关进修计划。对此，T6 行政人员在受访时谈到整并后教育训练状况："只有对业务有讲习说明会，例如教务系统，针对业务上有时候会办专业训练。"（IN20131231T4）

次依《"国立"东华大学教师申请讲学、研究或进修处理要点》《"国立"东华大学职员国内进修要点》也谈到教师和职员的相关进修、训练及研究之规定。故学校整并后，教师专业能力及行政人员工作技能，

① 《"行政院"暨所属机关约雇人员雇用办法》[EB/OL]。

② 《东华大学职员遴用升迁作业要点》[EB/OL]。

③ Becker, G. S. *Human Capital: A theoretical and empirical analysis, with special reference to education*. Chicago: University of Chicago. 1993.

更需有所提升，以面对更大挑战。在引进高层次人才方面，该校也制定了《"国立"东华大学荣誉教授设置办法》《"国立"东华大学讲座设置办法》和《"国立"东华大学客座教授聘任办法》等办法，延揽岛内外知名专家、学者来校，以提升学术地位。由于整并初期，各校人员均来自不同单位，彼此间并非相识，仍有些陌生和隔阂，所以学校应主动提供更多常规性训练、进修和招募优秀人才的机会和制度，除可增进相互间之交流与沟通外，更能促使学校产生更大边际效益。

综上所述，新学校必须依照本身功能及业务所需，订定分配原则妥适编配，务使人力资源运用达到最大功效。在台湾公立大学中，教师及职员工的任用自受相关法令所制约，不因学校之整并而有所变动，是故东华大学成立后，各教师及职员工的职务并不受影响，进用亦依有关法规办理。此外，该校整并后除依有关规定办理进修和训练外，亦订定了相关办法，来促进教职员工的专业能力及工作技能，另也订定了人才招募相关法令，吸引优秀人才，以提升学校学术地位。

（2）人员心理感受情形

大学整并后，人员心理层面即感受程度亦必须受到重视，并深入了解其抗拒组织变革的缘由，提供必要的申诉管道，使其有表达与抒发己见的机会，否则容易影响整个组织运作和行政效能。从《"国立"东华大学校务规划委员会组织与运作要点》中即指出，该校整并前最重要的工作项目即是，建置校内沟通管道，设立专属网站，广纳全校教职员工生之意见。[1] 可见人员心理感受层面，对于整并后的组织建设至关重要，亦即透过畅通的沟通管道，使得人员在新组织下能够得到归属感。

但实际整并后，该校领导者是否采取何种具体措施，来促进彼此间互动融合或提升工作动机与士气？在促进互动融合这一方面，黄○○校长在美仑校区 2008 学年度第 1 学期第 1 次"校长与同学有约"座谈会中即指出：两校区行政人员在合校之后开会讨论次数频繁（包括学务处、教务处等），许多措施也都是共同讨论实行，过去每学期都会办理的教师座谈会仍会持续规划办理；但在学生方面，尊重其意愿，自行规划，学校不会

---

① 《东华大学校务规划委员会组织与运作要点》［EB/OL］。

主动安排学生的交流活动形式。① 是以，学校系透过座谈会或会议形式进行沟通讨论，来增进教师与行政人员之间的互动，但在学生互动上则未见有特别的安排。T4、T5 老师及 T6 行政人员在受访时对促进成员间互动融合上表示他们的意见："整并初期，黄○○校长会办一些活动，那时还有隔阂，到后来就没有，因为我们新任吴校长，他根本没有经历过合校，他所面对的就是一个学校怎样发展，怎样有一个特色。"（IN20131230T4）"没有呢！就跟原来一样呀！有办大型活动像中秋节在校长宿舍前空地办烤肉，但那以前就有了，也是学校出钱来办，教职员工只要报名都可以去，就照平常呀！像办过年、尾牙一样，只是现在多了花教大的人而已，没有特别说因为他们整并进来，所以学校额外办一些活动。"（IN20131231T5）"都没有耶！只有前几次在吵着要组工会时，校长才出现。一些会议也只让主管来出席。"（IN20131231T6）T3 老师在受访时也针对此部分表达其看法："我觉得现在校区太大，人跟人相处减少，上面领导者应该要关心底下，而不是只专注在你的论文有多少，就是说你在要求论文之前，有没有给他一个环境，鼓励他，你的基本都够了，再来要求他的论文，而不是用一种压榨的，特别是对新老师有一些正向的鼓励，我觉得这个比较重要。"（IN20131230T3）

其实，经过一段时间融合后，T3 老师也看到一个现象："在整并的过程中，看到黄校长的改变，刚开始对我们教育学院是有防卫心的，他摸清楚我们哪几个是炮手，开会时当场说你这样的态度不对，很强硬，但后来我发现他对我们院内那个主任的态度慢慢在改变，他看到那个主任意见是好的，只是讲话很直，校长本身也在改变。"另外，"也许是学校领导者有心，所以在黄○○校长时代，即开了一个'校长与同学有约'的会议，就是希望能够听到学生的声音。"（IN20131230T1）综合前述，"该校整并初期，没有特别因整并而举办一些活动，唯有透过座谈会或会议形式进行沟通讨论，来增进互动融合。而 T3 受访者举黄校长心境的转换为例，是要表达整并后无论是同仁对同仁，或是领导者对同仁或学生间，大家仍处于磨合阶段，唯从不断地互动与交流当中，彼此都在学习和改变自己。"

---

① 《东华大学美仑校区 2008 学年度第 1 学期第 1 次"校长与同学有约"座谈会会议记录》[EB/OL]。

（RT20140313 研）

　　而在工作动机与士气提升上，薪资、奖金当然是最好的鼓舞方式，但不全然仅有这种方式，还是有其他方法，受访者 T3、T4 老师及 T7 行政人员在受访时就如此表示："之前学校有很多奖金，现在由于学校财政不是很好，所以很多不行，用奖金鼓励老师，唯一能做的就是岁末年终聚餐，因此工作动机和士气的提升比较是自发性的。"（IN20131230T3）"有啊！黄○○校长时代，有办一些像所有人都在体育馆用餐的教职员尾牙宴，这是每年都有的常态性活动，有唱歌、表演、跳舞等节目表演及抽奖，节庆时也会在他宿舍前办 Party，或办一些老师间的球类比赛。"（IN20131230T4）"没有加薪，也没有考绩奖金！"（IN20131231T7）承上，"受访者表示，奖金或活动并无法完全提升其工作动机和士气，反而是靠自发性的。"（RT20130313 研）

　　在谈到同仁对新学校的认同或归属情形时，T4、T5 老师与 T6、T7 行政助理都指出："我觉得各学院都还不错，可是教育学院会比较不好，因为有些老师还是标榜自己是花教大的，他们不想要变成东华。我是搞纯艺术的，我觉得这是现实里头的东西，我们是过着审美的生活，不是过着伦理的生活。"（IN20131230T4）"没有什么差别，但是有听到他们有抱怨，这当然，换一个环境一定是会的，其实我觉得还 OK 吧！只是有些人会觉得离市区比较远，那也是个人因素。"（IN20131231T5）"我觉得没有特别的感受，只有慢慢地改变。"（IN20131231T6，T7）T3 老师更贴切地说，她代表花教大的主体进到东华大学里头来，其感受会比其他人强："认同感比较不像以前花师那么强，刚开始两边有点对立，学生和学生也有点对立情形，那现在则比刚开始好，因为新生进来就在这个环境，所以就比较认同，同事之间现在也比较好了。"（IN20131230T3）而学生对于东华大学的认同或归属情形又为何呢？又在新学校的生活状况是否有不适应之处？T11 及 T8 同学原是花教大的大学生，整并后成为东华大学硕士生，在受访时他们表示："我觉得刚搬过来那年，没什么感觉吧！其实只是换个地方上课，也没什么认同感，有时连教室都找不到；上了硕士班之后，因为花时间熟悉，可能会比较有一点认同感。但基本上整并一年后我们班生活圈还是我们班，玩也是我们。"（IN20131230T11）"整并后，因为校区还没完全整合，所以上课要两边跑，但学校有派公车，规划得还算蛮完善的。不过，比较大的问题其实是生活圈，因为以前在市区，对市区比较熟，来这边生活机能比较不好，加上校园很大，交通上一定要有脚踏车，对吃也不熟，且学校宿舍还没盖好，有借住别人学校一阵子。"（IN20131230T8）"诚然，进入一个新环境并不那么熟悉，自然比原学校的成员感受深，且对于新学校的认同或归属，也并非一朝一夕之事，这需要时间来慢慢磨合改变。"（RT20140313研）

在谈论同仁对新学校薪酬、升迁及其他福利制度的满意程度时，T3老师指出："就维持原来的政府政策嘛！东华大学对行政助理很好，比如说国民旅游，以前在花教大是行政老师才有，现在在东华是行政助理才有旅游这个福利。后来，经过几个系所主任抗议后他们才给，他们的说法是这些人不是行政，所以是2008年之后没有，到2012年才有，现在就是照这样给。"（IN20131230T3）受访者T6及T7以其角度提出对新学校薪酬的看法："其实没什么差别！因为花教大那边起薪比较低，大概是25000元左右，所以并进来就依东华薪资，调到第一级，但你如果已经到顶了，那就原地踏步。他们这里是用学历和年资来并计，例如，学士起薪是29000元，考绩晋级调一次800元，硕士级起薪35000元，考绩晋级调一次1000元，薪水不一样。"（IN20131231T6，T7）另外，从学术研究方面来看新学校福利制度，T3及T4老师则认为："刚整并时，学校给的福利比较好，比方说你做研究啊！一篇SSCI都给10万元，所以对理工学院老师影响冲击最大，哪像我们如果拿到教学绩优老师的话，拿到院的话就是5万元，拿到全校的话就是10万元，但现在经济不好，没有那么好的条件了！"（IN20131230T3）"待遇比以前在花教大满意，因为这边很多福利啊！比如说有优良教师，就会给你奖金；有研究发展，发表什么，一点一点算，一点一万元，可以累积，例如拿'国科会'案子就给你多少点，累积下来除了额外钟点费外，还有这种研究奖金；又有弹性薪资，在你研究领域里在全台25%以上，一个月加发5万块，发给你一年；'国科会'也有一些延揽人才方案等，现在还是有这种制度。不过因为校务基金比较紧，所以去年我们整个又再重新算过，那跟合校没什么关系，又是另外一个个体了。"（IN20131230T4）"受访者从国民旅游、薪酬、学术研究等面向谈论新学校福利制度，基本上差异不大，只不过新学校在初期提供了一些学术激励奖金，让人感到福利较佳，但现在因学校财政较吃紧，这种制

度又再做一些调整。"（RT20140313 研）

在谈到同仁对新学校事务的参与程度时，T3、T5 老师及 T6 行政人员的看法大致相同，他们认为："在这里办活动都办不起来耶？不像花师办什么活动大家都尽量帮忙参与，花师每一年都有办自强活动，这里很少啊！合校刚开始时有办一两次，可能参与的人不多，也让人事室很辛苦，他们以后也就没有办了，哪像学校有校庆、国际文化日，会来的也不多，我觉得这跟这个学校的校风与校园太大有关，好像激不起人家很热忱地去参与。"（IN20131230T3）"我觉得差不多呢！学校没有特别办什么活动，都是原来他们办什么活动，就是什么活动，也都以学生为主，有时也会办一些老师的，但那只是老师们自发性找一些人，有兴趣的可来参加，这跟花教大有没有来没什么关系。"（IN20131231T5）"主要跟我们业务相关才会去，哪像校庆就一定会去，因为有规定系上要几个人参加，其他活动则几乎都是学生参加，另外像县政府及林务局在这里合办的植树节活动，有空可以去，但他们说如果有签到，就有公务人员进修时数可登录。"（IN20131231T6）而 T4 老师因有兼任行政主管工作，则从参与会议的观察中，得到与上述不同的解读和看法："我觉得比较会主动参与，在这里院长开一级主管会议，回来会把讯息给二级听，二级就要让所有老师知道，一层一层，很多事要讲，很多法规、政令和事情要发展，所以他们非常了解学校在做什么事，因为现在完全透明了。"（IN20131230T4）另外，学生是学校的主要顾客，所以学校所有行政作为或活动都是为服务顾客而设，故询问学生对新学校事务的参与程度，对学校而言相当重要。T8、T9、T10 学生的看法认为："东华这边一直以来活动就蛮多的，他们的学生会比较会举办一些如演唱会的大型活动，还有像每个礼拜二固定的东华好世纪，就是有一些摊贩会进来校内，美仑那边好像比较少，顶多像艺术系毕业展、音乐系毕业展及体育表演会等。但这些活动我们不太会参加，没有强迫性，完全看个人兴趣。"（IN1021230T8，IN1021230T9，IN1021230T10）"综合各受访者感想，除非是一些必须参加的会议或活动，否则同仁及学生对新学校事物的参与意愿其实并不高，完全看个人兴趣，不因整并而有所改变，这或许与这所学校原本风格有关。"（RT1030313 研）

谈及同仁在新环境中业务工作量，是否因整并而有所差别？T3、T4

及 T5 老师各有不同之看法："我们老师倒是没有，因为现在学校要我们课不要上太多；但行政人员刚开始工作量有增加，重复做很多事情，因为两边的模式不一样，现在好像比较好了，系统也比较清楚了，而且像我们系上，原本一位系主任，一位行政助理，现在又多了一位行政助理，所以 Share 掉了，工作量没那么多。可是合校后，我觉得有差别的是行政人员的会太多了，一天到晚在开会，一下院、一下校，或是委员会等等，我在猜有可能是学生变多了，单位多了以后，要讨论的事情太多了，工作量就增加了。"（IN20131230T3）"我觉得在行政和学术上面都有增加，因为你必须一直发表，比如说研究发展的奖金啊！你也可以说不要，可是每次盘点时，一年这样盘点整个系都会很丢脸，虽然那个是个人申请的，你所有的资料都在研发处那边，系主任一上去看，常常获奖金的就是那些老师，然后就不太好意思啊！"（IN20131230T4）"没有关系，完全没有变啊！因为我们系没有和花教大整并，没有动，所以没有差别。"（IN20131231T5）T6 行政人员服务于原东华大学，谈到整并后这个部分的感想，内心透露出些许的无奈："我觉得整并后，行政单位是工作量一样，人员变多，而我们系所是工作量增加，人员却没变。像役男调查，那原本就应该是学务处的工作，他以 E-mail 传给系所调查，再回报上去，像这工作在整并之前，我们只要把一些程序转知学生即可，但现在是连确认工作都由我们完成，再交还回去。其他像学生注册、加退选、就学贷款等调查，也变成我们的工作，所以业务量就是增多了。"（IN20131231T6）承上，"整体来说，不论是受到行政流程的不熟悉或繁琐，额外增加的会议或工作，及学术发表的压力等等，整并后感觉上工作量确实是增加了。"（RT20140313研）

新大学整并后，同仁之间的相处亦相当重要，由于彼此来自不同族群或学校，因此要认同双方的差异性，对学校的发展才是正向且有帮助的。T5 老师及 T6 行政人员的感受认为："我不会特别去区别你是花教大老师，或我是东华老师，像我办公室对面就是心理咨商系，花教大的老师比较多，彼此相处都还 OK 啦！其实我常讲的，搞行政或是在乎权力的人，他才会去在乎这种东西，那我们一般在下面的其实完全没有影响。当然像华文啊！中文啊！因为并系，系太大了，就造成超级大系，这种大系一定是有不同意见，有人喜欢现代文学，有人喜欢古典的，但这样又让人觉得好像道不同不相为谋。"（IN20131231T5）"还好呢！就是刚开始开会，大家不认识，稍微问一下，就知道了！"（IN20131231T6）不过，T3 老师对此的感受则认为："我觉得最主要是校地太大，而且像现在一个人一间研究室，变成比较属于各自的空间，门关起来，我也不跟你打招呼，有课才来，没课就走，所以人和人互动减少，彼此各自为政，因为大家都忙呀！"（IN20131230T3）而整并后，同人间之相处是否会产生一些纷争？T4 老师及 T6 行政人员指出："纷争就是利益关系才会产生一些冲突和摩擦，在系所上也会发生这些事情，例如他们会觉得花教大那边的师资比较不好，然后在态度上会有一点轻蔑，有些人就会讲出来。"（IN20131230T4）"还好呢！我觉得这都要磨合，整并后还没听说有什么纷争。"（IN20131231T6）T3 老师对同仁间相处所产生的纷争，更进一步举例指出："我们幼教系是没有，但听说教育学院里面各系都有纷争，就是人不和！价值观不同嘛！比如说特教系前一任和后一任主任内斗，叫学生到'教育部'告老师；体育系也是，告老师语言暴力等等。这些老师在花教大时都很好呢！来这里才出现问题，而且闹得很厉害，我也不清楚什么原因，但跟整并没有关系，并不是环境或制度所产生的，应该是人的问题。"（IN20131230T3）换言之，"同仁之间的相处，并不因整并而受到影响，会产生纷争，主要是人的因素，多数系因价值观不同或有些利益上的关系而衍生。"（RT20140313 研）

整并后，学生与学生之间，或学生与老师之间的互动，亦为关注重点，而这和教师、行政人员间互动又有何差别？T8 同学原是花教大学生，经历过整并前后过程，提出他的看法："我觉得像我们并过来，跟我们自己的同学比较熟，跟东华这边的同学是陆陆续续才有接触，交集比较少，但这可能也因人而异。我们过来选课和上课都和自己同学，跟东华这边上课就分边坐，大家下课就离开；老师部分就是只有美仑老师熟悉，东华的老师也不熟悉，是来这边大家选课经验，那个老师什么风格，慢慢才会认识。"（IN20131230T8）再进一步深入询问，是否会刻意避开东华老师的课？T8 同学表示："我们不会刻意不选东华老师的课，因为有些必修是东华老师开的课，还是要选。"（IN20131230T8）"从这段访谈中得到一个结论，整并一段时间后，同学在生活上比较不会有刚开始时的生疏感觉，还蛮能够融入的，没有太大隔阂，但好像还是没什么交集，跟两边师长间的相处就完全没有问题。由此推估，整并后两边同学可能仍然局限生活在自己的生活圈中，未能敞开心胸接纳对方所致。"（RT20140313 研）

综上所述，学校组织在突破现状的变革下，有些人难免会因恐惧、焦虑、害怕及不安现象，进而形成一股抗拒力量，尤以当其既得利益受影响或必须改变之际，因此整并后双方成员应本着相互平等对待与尊重，才能共存共荣，故本书对人员心理感受情形之探讨至为重要。承上，从受访者的访谈中了解，学校有透过座谈会或会议形式进行沟通讨论，来增进互动融合；用奖金来提升同仁工作动机与士气；同仁对新学校的认同与归属，现在情况比整并初期好；对福利制度的满意情形，整并后基本上差异不大；对新学校事务的参与，同仁及学生参与意愿其实并不高；在新学校中业务工作量，因整并后确实是增加了；最后同仁间的相处，并不因整并而受到影响，会产生纷争，主要是人的因素。

2. 人员权益保障做法及感受

（1）人员权益保障做法

整并之目的在于有效运用人力，发挥经营效益，因此牵涉到教师、学生及行政人员等之权益，如教师的聘任、升等、再评估问题，学生的学籍、学位、学费问题，行政人员的调整与雇用问题等，在整并后必然受到关注。陈维昭举例提及，在教师再评估制度上，如台大实施教师再评估制度，其他院校若与台大整并，是否亦必须接受再评估，评估标准依据为何等等；学生的重大权益以及相关法规问题，必须早作安排，让学生充分了解；行政人员之业务在整并后必须做适当调整，解雇重叠的人员有时也是必要的。[①] 可见，学校组织成员权益的保障，对初整并的学校而言，系相当紧要的一件事！

为解决整并过程中所遇到之困难和阻力，及保障整并后人员及资源的合理分配与运用，在新大学校务会议尚未成立之前，先筹组"'国立'东华大学校务规划委员会"，下设组织暨法规整合、教务整合、学务整合、总务整合、校园建设规划，及图资整合等小组，由新大学校长担任召集人，副校长担任副召集人，委员会置委员 19 人至 23 人，另置执行秘书 1人。并订定教职员工生权益保障原则如下：①基于信赖利益保护之原则，

① 陈维昭：《大学整并的理念与实践》，大学整并理念与策略研讨会论文 2002 – 12。

合校后之新大学应保障两校教职员工之既有权益，并应将此原则定于新大学组织规程中；②新大学应无条件将两校现有教职员全部纳编，两校现有教职员之职等、薪级、法定待遇及福利应予保障；③新大学应尊重两校教师个人选择系所归属之意愿，合校过程中如有教师欲选择进入与其专业领域接近之相关系所者，以合校后 1 年内与 1 次为限，且加入后应遵循该系所既有之规定；④新大学各单位教职员，如因合校致有超出合理员额之事情，该单位应采取出缺不补，至合理员额为止；⑤新大学行政单位组长员额，原则上应维持其原来之职等、薪级，编入新增设或其他适合之单位，如新大学之组织无法容纳者，应尊重相关单位主管用人权；⑥新大学成立后，各单位之人力需求，除应尊重主管用人权责外，仍应顾及教职员工之专长、意愿，作合理、有效之安排；⑦两校合校后，对人事、会计主任及其相关人员职务之异动或调整，均应作妥适之规划与安排；⑧两校现有学生之学籍、修读之学位、学程、住宿等权益，均应予保障。①

　　因此，该校整并后，即依此原则保障两校所属教职员生之权益，不受侵害。底下，即是受访者对该校在人员权益保障上的看法，例如在选择行政工作上，T4 老师就指出："职员工你在花教大担任什么职务，在东华他会给你调，公务人员一定没有话讲，因为公务人员就是一切依照主管的安排，但像那种约聘助理，他就会讲话、拒绝或不配合，是你把他调到跟原本工作无关的处室，他要重新学习就会不高兴。"（IN20131230T4）而在选择系所方面，T3 老师也指出："合校以后，老师可以按照自己意愿，去你想去的系所，对方不能挡，哪像我们有很多原来是理工的，他就不要在理工，他转到我们教育学院的科学教育学系。"（IN20131230T3）但像 T4 老师对选择系所则提出一个看法："整并后，学校有开放每个老师可以自由选择你要去哪个系，这就会出现你选择某系，可是某系不要你，后遗症就是他在那个系就一直被排斥，硬要进去就会被排斥，排斥情况很严重，这个人也会很痛苦。不过，我想这都是一些小小的不完美，你也不可能非常完美，只要没有失控就已经很不错了。"（IN20131230T4）

　　基本上，1994 年台湾"大学法"修订之前，各大学院校运作之典章规则，系由教育行政主管机关"教育部"所订定，大学本身并无太多自

---

① 《东华大学与花莲教育大学合并计划书（修订版）》［EB/OL］。

主治校之空间。自从"大学法"修订之后，有关教师聘任、考核、待遇、退休等事项相关利益受损之申诉，依该法第22条规定，大学设教师申诉评议委员会，评议有关教师解聘，停聘及其他决定不服之申诉；及"教师法"第1条、第2条亦有明文，明定教师权利义务，保障教师工作与生活，以提升教师专业地位，包含教师资格检定与审定、聘任、权利义务、待遇、进修与研究、退休、抚恤、离职、资遣、保险、教师组织、申诉及诉讼等。① 复于《"国立"东华大学教师申诉评议委员会组织及评议要点》第2点也指出，该校专任教师及担任通识课程教师之军训教官对有关其个人之措施，认为违法或不当致损害其权益时，得依规定向该校评议委员会提起申诉。② 盖台湾地区对于大学教师权益之保障，自有相关明文规定，教师若自认在服务机关中受到不合理之对待，致使其权益受损，依法可提出申诉。

在职员工权益保障部分，依《公务人员保障法》第2条及第77条规定，公务人员对服务机关所为之管理措施或有关工作条件之处置认为不当，致影响其权益者，得提起申诉、再申诉，其权益之保障包括身份、官职等级、俸给、工作条件、管理措施等；③ 在《"行政院"暨所属机关约雇人员雇用办法》第6条中也指出，约雇人员之雇用应订立契约，内容包括雇用期间、担任工作内容及工作标准、雇用期间报酬及给酬方式、受雇人违背义务时，应负之责任及解雇原因等；再从《"国立"东华大学校务基金工作人员雇用要点》第12项规定，该校工作人员之雇用应订定契约，其内容包括雇用期间、工作内容、雇用报酬、受雇人应负之责任、劳工退休金及其他必要事项④，前述约雇人员及校务基金工作人员应与雇主订立契约，以保障其权益。另外，教职员工亦各自成立一个教师会及行政人员工会，来争取自身权益。由于刚整并之大学，校内各项工作正待兴革，尤以诸多行政业务的推动相当繁琐，亟待所属职员工之襄助，故新学校对于基层员工权益应越加重视，使其安心工作，愿付出心力在职务上。

在学生权益保障部分，台湾"大学法"第33条第4项明定大学应建

---

① 《教师法》［EB/OL］。

② 《东华大学教师申诉评议委员会组织及评议要点》［EB/OL］。

③ 《公务人员保障法》［EB/OL］。

④ 《东华大学校务基金工作人员雇用要点》［EB/OL］。

立学生申诉制度，以保障学生权益；台湾"司法院"大法官会议第 382号亦解释，学生之受教权若受侵害，得循校内申诉途径，如仍未得解决时，得依法提起诉愿及行政诉讼。① 复依《"国立"东华大学组织规程》第 36 条规定，为增进教育效果，应由经选举产生之学生代表出席校务会议，并出席与其学业、生活及订定奖惩有关规章之会议；第 37 条则规定，应建立学生申诉制度，受理学生、学生会及其他相关学生自治组织不服学校之惩处或其他措施及决议之事件，以保障学生权益。② 学校系因学生受教育而设立，故学校应重视学生的基本权益，使其不受侵犯，若有亦应透过各种申诉管道，让学生的权益得到保障。

在实际做法上，该校置有学生自治会由学生行政中心、学生议会及学生评议会三个机构所组成，机构下设有学生权益部、学生权益委员会，以保障学生之权益；其职责包括对学校事务有建议权，并得派代表列席有关学生权益之各项会议；增进学生福利及反映学生意见并与学校进行沟通协调；执行其他有关学生权利、义务之事项等。③ 换言之，在校学生若自觉自身权益受损，可透过此机构向学校反映，以获得进一步解决。东华大学为清楚了解学生，特别开辟了"校长与同学有约"座谈会，由校长与学生直接对话，以倾听学生心声，在 2009 学年度第 1 学期第 2 次座谈会议中，校长即提到："由于系所从事整合，所以在毕业证书方面，学校在作为上要完全以学生权益为优先考量，并依学生意愿选择其毕业学系之名称。"④ 由此可见，该校在行政作为上系以学生权益之保障为出发点。T3及 T4 老师在受访中亦谈道："东华这个学校校风很重视学生，学生讲什么一定会给。"（IN20131230T3）"我们都很注意学生，以学生为主。"（IN20131230T4）

承上，在教师、员工及学生的权益保障上，均有各项法令予以适用，也正如 T3、T4 及 T5 老师所言："学校老师自己有成立一个教师会，行政人员也组建了行政人员工会，目的是要争取权益啦！"（IN20131230T3）

① 《"司法院"大法官释字第 382 号》[EB/OL]。
② 《东华大学组织规程》[EB/OL]。
③ 《东华大学学生自治会组织章程》[EB/OL]。
④ 《东华大学美仑校区 2009 学年度第 1 学期第 2 次"校长与同学有约"座谈会会议记录》[EB/OL]。

又"东华这个学校，如果学生觉得老师教不好去告老师，学生会赢。老师和教职员应该还好啦！都按照该有的章程规则办事，但对老师升等，几年没做到该 Fire 就 Fire，这里真的很严格，所以我说这里走欧美派的，该怎么做就怎么做，比较不像我们台湾或日本讲究人情。"（IN20131230T3）"整并后，职员工跟学生权益保障都照法规，不会有特别的差异性。"（IN20131230T4）"教职员工部分，没有动呀，因为他们都是公务人员，就是两个整并之后，还是要让他有一个位子坐，你不能把人家 Fire，那边原来是怎么样员工，就是过来。"（IN20131231T5）

总结而论，在该校筹备期间，筹备处即针对教职员生权益如何保障问题进行研议，从受访者的访谈中亦得到证实，人员可按自己意愿选择单位。在实际教师、职员工、学生权益保障上，不论中央法规或该校自订相关法令皆建立相当完善的机制，务使学校成员权益在受到伤害时，得到保障，而教师及职员工为此也先后成立了工会，来争取自身权益。另外受访者亦提到，由于该校传统校风比较走欧美路线，因此对于学生权益特别重视，几乎学生讲什么都一定会给。

（2）人员权益保障做法及感受

从上述有关资料中可了解，东华大学整并后，教师、职员工为保障个人权益，除有相关原则与法令以为保障和依据外，自发性地筹组工会形成压力团体以影响公共政策，更是为保障其权利的最佳体现。然而，倘若学校对所属成员权益未能作妥善保障与补偿，或因沟通不良、认知不足致使其感觉权益受损，引发不满与反弹，进而导致新整并学校各项工作进度延宕，对学校发展将带来不利影响。因此，实际人员的感受情形为何？是必须进一步观察之重点。从提问整并后同仁在权益上，有什么不合理的地方？T3、T5 老师及 T7 行政人员有不同的看法："我觉得上面的行政主管也许在运作时，不是很了解基层人员的想法，他们只是说怎样来节省开销，却没有考虑到人性这点，所以有很多的反弹。"（IN20131230T3）"公家机关都一样呀！不会说因为你搬过来后就会怎样，薪水也一样呀！就是根据年资嘛！在研究方面有一些奖励，你符合那个规定就去申请，都可以拿到，权益都没有变，和以前一样啊！"（IN20131231T5）"休假和薪水，我觉得休假有一点不合理的地方，它 1 年事病假不能超过 5 天，超过就不能晋级，考绩乙等；如果用'行政院'约雇人员雇用办法，1 年事假可以

14 天，病假可以 30 天，另外像我之前在其他公家单位服务，这里不承认之前年资，假也不能并，要从头来，现在是因为用工会压力，所以才暂缓。"（IN20131231T7）承上，"由于 T5 老师的系所与花教大间没有整并问题产生，故在权益感受上没有特别强烈。"（RT20140313 研）

在系所整并权益上，T3 老师指出："当时整并还在谈时，有些系所已经有风声了，如果合并的话，特别是理工学院那边，他们会用新老师聘你，例如说你原来是副教授，他还是把你当作副教授，但要新聘你，他要求你的 Paper 要有多少，若不够你就不是好老师，在讲话的语气或态度上就很酸，这就有点矮化现象，所以有很多老师在美仑校区还在时还留下来，但要搬到寿丰校区则选择辞职。学校基本上行政是一体的，但做的时候，却又分成两边，当时在英美语文学系，花教大英语系主任来这边跟他们谈判，由于系里面起内讧，对方掌握到消息，所以谈的时候很不客气，条件也压得很紧，系主任为维持老师权益，和他们起争执，开完会后一面开车，一面哭着回去，他说大家都是国外回来的博士，我的学校也不会输你，为什么就要被你这样羞辱？他们在此受到了一些不平等待遇。"（IN20131230T3）"从访谈中了解，花教大人员在理学院、英语学系、体育学系及美术教育学系等系所，都有被打压现象，而打压的原因主要在升等上、系所整合上和教学上，因此教师的权益备受考验。"（RT20140313 研）学校在电量使用上产生的差别待遇，T3 老师也指出："当初我以为学校在两边校区，时间一到就限电，但是在一次参加户外行政主管会议时才知道，东华校区并没有限制，是我们美仑校区才有，他们的解释是你们美仑校区有些人已搬到东华校区来，照理说不用那么多电，可是还是用很多。我说，你们都没考虑到我们那个冷气是旧式的比较耗电，不能因为这样，时间一到就切，这是不平等待遇，当时心理感受很不舒服。"（IN20131230T3）

另外，在学术研究发展的权益保障方面，T3 老师的感受认为："也是在一次户外行政会议上，当时的研发长报告说，美仑校区的 SSCI 多少篇，国科会有几篇，然后寿丰校区有多少篇，这一报出来，我们每个人都傻住了，因为事先没跟我们说明如何比较，而且一合校我们原本就是教学型，他们是研究型，不能马上用研究案有多少来评啊！这不是故意让人家难堪吗？所以有很多小地方，会让人家觉得说就是不平等。"（IN20131230T3）在行政人员权益保障方面，T6 行政人员的感受认为："我们最近已组成的工会，就是在保障我们的权益，我们原本是适用'行政院'聘雇人员办法，后来聘雇人员办法要改成劳基法，新的不受影响，但旧的人就受影响了，尤其是假就少很多，因为很多人都超过那个年资了，所以我觉得他们在适用新法令时，应当保障我们旧有的权益，采取比较折中的方式，而不是一道命令下来就要执行。"（IN20131231T6）在学生权益保障方面，T11同学的感受则认为："当初我们上花教大时，简章有谈到会保障大一跟大四住宿权益，大四主要是要去学校实习，所以有这个规定。来东华后，两边在吵，因为并不是花教大的人都有实习这个问题，听说有要被取消掉，但后来因为考虑到我们的特殊性，最后还是决定照简章走。"（IN20131230T11）

又如整并后的第1学期，有学生在"校长与同学有约"座谈会上提到，关于校务会议学生代表人数问题，她认为"美仑校区出席代表少于寿丰校区，在整并后的关键敏感时期，会造成学校内部的不安"；虽然学校指出，学生代表人数系依在校学生人数比例换算所产生，一定会顾及学生权益不致受损。然，由此可见，任何决定或变革都有可能会牵动不同校区的敏感神经。"承上，两校整并后不管在休假、电量使用、学术研究发展、行政人员权益或学生权益保障上，都发生了一些摩擦，笔者从访谈中发掘，认为起因于业管的行政人员未能在事前进行沟通所致，幸好这些问题有得到大致解决，否则将造成整并双方的心结。"（RT20140313研）

综言之，从受访者访谈中了解，该校整并后，虽发生一些权益保障上的问题，唯若仔细探究，除系所整合问题受整并之影响牵连较大外，其余所指权益问题事实上与整并并无太大关联，系属双方在整并后认知沟通不足下所产生之结果。不过，从另一个角度观察，受访者在受访中为何会提出这么多感受和想法，且提出者以花莲教育大学师生居多，不也间接证实普遍存在花教大师生内心中，那种挥之不去与原东华大学在整并过程中所涉及的主客关系问题，和两校整并后双方是否展现出接纳对方之包容态度，这些问题有可能仅是冰山一角，但隐藏在冰山底下更大的问题，才是整并后更应思索的地方。

二　广州大学整并后人员角色知觉分析

（一）广州大学整并后人力资源编配

1. 人力资源配置情形

　　大学之人力资源包括教师、职员工及学生等，这些人力资源之编配是高校整并后，学校领导者所须面对与处理的重要课题，因为机构重组后将会产生职位重叠现象，尤以行政单位主管与院系主管部分，若未将其做妥适之安排，恐将影响新组建学校的组织发展与行政运作效能。

　　该校整并前各校人力资源配置情形概述如下:① 广州师范学院当时在校普通全日制学生5059人（其中本科生4157人、专科生869人、研究生33人），专任教师503名（其中中科院院士2人、博士生导师6人、高级职称277人〔含正高职称57人〕），职员工人数415人；原广州大学在校普通全日制学生3558人（其中本科生211人、专科生3347人），专任教师281名（其中具有高级职称者106人〔含正高职称13人〕），职员工人数195人；华南建设学院（西院）在校普通全日制本、专科生2587人（其中本科生2038人、专科和新机制高职班学生549人），专任教师177名（其中具有高级职称者75人〔含正高职称7人〕、硕士学位以上人员占专任教师46.4%），职员工人数116人；广州高等师范专科学校（广州教育学院）在校普通全日制学生3241人（其中本科生1483人、专科生1758人），专任教师209名（其中具有高级职称者61人〔含正高职称2人〕），职员工人数146人。由上述数据可知，该校整并前，各校无论在人数及质量上水平并不高，多数学校仍以培育专科层次学生为主；在师资层级上，副教授级以上人数仍属少数。

　　该校组建后的人力资源配置情形，以2005—2006学年为例:② 各类全日制在校生共计21978人（本科生19280人、专科生2169人、硕士生499人、博士生22人、留学生8人）；专任教师有1265人（教授166人、副教授491人、讲师431人、助教及未定级177人、高级职称657人），而专任教师中具博士学位者214人、硕士学位者588人、学士学位者448人、专科以下学位者15人，硕士以上学历者占专任教师59.68%；职员工人数1133人，生师比约为15.84∶1。从上述数据中可得，在校学生总数、研究生数、专任教师数、职员工人数，比未整并前均增加很多，显见人力资源因整并而得到优化。

---

① 《合并组建广州大学（新）的方案（送审稿）》〔Z〕。
② 《本科教学工作水平评估自评报告》〔Z〕。

　　目前人力资源配置情形，以 2011—2012 学年为例：[①]　各类全日制在校生共计 26727 人（本科生 22916 人、专科生 1436 人、硕士生 2290 人、博士生 60 人、留学生 25 人）；现有专任教师 1449 人（教授 307 人、副教授 594 人、讲师 393 人、助教及未定级 155 人、高级职称 901 人），而专任教师中具博士学位者 520 人、硕士学位者 617 人、学士学位者 307 人、专科以下学位者 5 人，硕士以上学历者占专任教师 77%；职员工人数 950 人（管理人员 488 人、其他专技人员 344 人、工勤人员 118 人），生师比约为 18.09∶1。从上述数据与 2005—2006 学年比较可了解，学生总数比增加近 1 倍，而专任教师比例稳步上升，职员工人数比例下降；唯生师比幅度却加大，显见教师人数有待提升。

　　2. 领导干部产生方式

　　领导干部是整个组织的灵魂，在团体情境中领导干部之领导理念与风格将直接影响整个组织的运作，和所属成员努力的方向及目标。诚言，领导干部必须是要有担当、敢于负责、能前瞻未来的人，是以其人选的产生方式亦将攸关组织之成败。由于高校整并前，原本同一岗位有多个人担纲，整并后却变成仅有一人可担任，在岗位短缺，人员过剩的情况下，必须制定一套合理的择优选才方式，才能建立起新组建高校的队伍结构。

　　该校在组建初期，即制定了《广州大学领导班子议事准则》，明确班子成员的职责与分工，并注意抓好班子的思想政治建设，抓好干部选拔、管理制度的改革，以保证学校领导班子决策的民主化和科学化，及形成开拓进取的校级领导班子和肯干事、干大事、干成事的中层干部队伍；另制定了领导联系基层制度、领导接待日制度等，使领导、基层与群众的联系更加密切，以有效提高班子驾驭全局能力及工作效率。[②][③]　换言之，积极促进领导干部素质的提高，对学校未来各项学科、教学、科研等建设发展，和行政效能、效率的提升，将产生关键性的影响因素。

　　依据《党政领导干部选拔任用工作条例》第 4 条规定，有关县级以

---

　　①　《广州大学 2012 年本科教学质量报告》［Z］。

　　②　林维明：《学校工作报告》［M］。

　　③　《关键是在处理好三个关系上下功夫——高校党委领导下的校长负责制探讨与实践体会》［Z］。

上地方党政领导干部任用参照该条例执行；① 又据《中华人民共和国高等教育法》第 39 条规定，国家举办的高等学校实行中国共产党高等学校基层委员会领导下的校长负责制，亦即高等学校基层委员会按照中国共产党章程和有关规定，统一领导学校工作，并支持校长独立行使职权；第 40 条规定，高等学校校长，由符合教育法规定任职条件的公民担任，高等学校校长、副校长按照国家有关规定任免；第 41 条第 3 项、第 4 项指出，高等学校校长行使拟订内部组织机构的设置方案，推荐副校长人选，任免内部组织机构负责人；聘任与解聘教师以及内部其他工作人员，对学生进行学籍管理并实施奖励或者处分职权。而《广州大学章程》第 25 条亦规定，学校实行中国共产党广州大学委员会领导下的校长负责制。②

　　由此，该校在领导干部人选的遴派上，校级干部（书记及校长）由中央直接派任，副校长人选则由校长推荐中央派任，而其职责为何呢？依据《广州大学章程》第 28 条规定，学校党委按高等教育法的有关规定，统一领导学校工作，支持校长独立负责地行使职权；该章程第 29 条规定，校长主持学校行政工作，全面负责学校教学、科学研究和其他行政管理工作，副校长协助校长的工作，对校长负责。依法校长得以任免内部组织机构负责人，但该校为完善干部选拔任用决策机制，提高选人用人公信度，制定了《广州大学机关处级干部选拔任用实施方案》和《广州大学科级（含科级）以下干部聘任办法》，按"公开、平等、竞争、择优"原则，规定副处级以上干部实行公开竞争上岗，并实行差额考察和任前公示制度；对科级（含科级）以下干部则实行双向选择，竞聘上岗③，透过这样的人才选拔方式让一些年纪轻、素质高、能力强、领导和群众较为满意的优秀人才脱颖而出。校领导干部实际遴派情形，受访者 K3、K4 及 K5 老师在受访时均指出："为了平衡整并各校权力划分的矛盾，最后还是决定书记和校长都是从外面进来，他们原本不在这所学校工作，跟学校没有任何渊源关系，相对的能够中立地平衡各方力量和大家的一种情绪。"（IN20131222K3）"领导是这样的，原来的个别领导调到外面去，一部分

　　① 《党政领导干部选拔任用工作条例》［EB/OL］。
　　② 《广州大学年鉴 2009》［Z］。
　　③ 陈万鹏、林维明：《以合并为契机，实现学校跨越式发展》，《中国高等教育》（半月刊）2001（12）。

到点的退休，差一点的就不任命了做助理，这样也实现了一些。"
（IN20140106K4）"当时该退就退，有的也做了调整，像我们广师的党委
书记就不再担任书记，调到别的单位当书记，他的能力、各方面都不错，
但由他来担任书记有几个学校就不好驾驭，因此就由市政府里的一个副秘
书长叫陈○○来担任书记，他不是学校的人，有利于开展工作，林○○校
长也是由外头调来的，校长和书记都不是那方的人，你们就看表现呗！"
（IN20131222K5）

　　在行政组织及学术组织干部的实际竞聘情形上，受访者 K3 及 K4 老
师在受访时即提出了说明："在行政组织部分，当时的做法是先给过渡时
间选负责人，基本上是选资历最长的，再看他的职称，在资历、职称平衡
的情况下，会优先选非广州师范学院的，因为当时广师的人数、学校规
模、办学质量，都是最多最强的，为了平衡，会让非广师的正教授来做负
责人，但如果论资历、职称，广师是其他学校没办法比的，那就由广师来
担任，那也只是做临时负责人或召集人，召集大家一起来协助工作。学术
组织一开始时，院长和副院长是用任命的，任命的时候一般来说是平衡
的，比如说外国语学院，每个学校原来的外国语系的主任或院长，一个要
做正院长，其他每个人都要做副院长，经过近两年适应后，就是竞聘，每
个人可就你愿意报的位置，公开演讲，然后学校所有相关部室的人一起来
听演讲，一起打分，包括校领导，就像选举一样，但打分结果并不公开，
这个也可以给校领导一个综合评核的机会。"（IN20131222K3）"系主任部
分是由学院院长派任。"（IN20140106K4）基此，"行政组织和学术组织干
部在整并初，基本上都是用任命的，原则上以非广师人员优先担任，除非
其他学校没有符合资格者；经过一段时间适应和磨合后，学校再订定竞聘
上岗方式，选举干部，唯投票结果并不公布，是由校领导方面做最后决
定。"（RT20140415 研）

　　而为化解因整并后所产生干部过多，岗位过少现象，该校采取了一些
方式来解决这个矛盾，受访者 K5、K6 行政人员对此即提到："到 2002 年
时，所有的人都卧倒，比如我原来是处长现在就不是处长，重新遴聘，人
事处、党办、校办，全部的人通通参加竞聘，这是第 1 轮筛选；2006 年
是第 2 次竞聘，4 年 1 次竞聘，干部那么多是靠竞聘来选出正、副处长，
加上退休的退休，调整的调整，重新洗牌，每搞一次就把学校的痕迹磨掉

一次，第一次见面时大家还会数你是来自桂花岗、广园的，还会有这样的烙印，到 2010 年后基本上就融合了。"（IN20131222K5）"有的年龄大了就让他提前退休，有些让他担任虚职在这部门工作，有些可以分配到其他部门当老师，有一些则调到其他单位。反正，就是采取种种办法消化合并后的人员。"（IN20140106K6）另外，行政组织或学术组织干部在上任后，如何调和该组织的运作？受访者 K3 老师表示："整并后问题比较大的是在干部，职员一般来说都是做自己的工作，例如他原来是那个校区的干部，他会把比较困难的工作给其他校区的职员，但很多时候为了使这个部门能够正常运作维持平衡，他会主动去协调，所以这就看个人的状态，而不在于制度。"（IN20131222K3）

综上所述，该校的书记与校长由中央直接派任，可以化解各校权力划分的矛盾，和平衡各方的一种情绪，有利于开展工作；其余干部在整并初是由学校予以任命。而在人员选任上，由于当时广州师范学院的在各方面都是最多最强的，为了平衡，原则上以非广师人员优先担任。然后再采用竞聘上岗方式进行，使大家在一个公平的基础上能够自由竞争，但投票结果并不公布，是由校领导方面做最后决定。此外，由于大陆坚持党对高校的核心领导作用，因此该校除着重思想政治工作的落实外，各项干部选拔工作亦须在校党委的指导下，才能完成。

（二）广州大学整并后人员管理流程

1. 人员配置原则及人员心理感受情形

（1）人员配置原则

从人力资本的概念中可了解，人力资本是富含"付出"与"获得"的关系，同时也强调"投资"理念的应用。① 易言之，在人员身上所投入的一连串教育、训练及其他活动的投资，将从人员的"未来所得"中得到回报。高校整并后，所有业务之进行仍须依赖人员之配合，才能彰显学校之功能与特色，而学校成员由于来自不同学校，原本对其职掌业务已驾轻就熟，整并后必须重新熟悉环境、业务及其他人员，难免在心理上会产生不适应与害怕，甚至抗拒现象，因此人员的配置方式必须合理、公开，

---

① 林慧亭、林明宗、邱翼松：《参与体育志工动机之初探》，《辅仁大学体育学刊》2006（5）。

才能让学校的新成员得以安心工作。

依据《广州大学章程》第 50 条规定，学校教职员工包括教师、其他专业技术人员、管理人员、工勤人员和劳务派遣人员。该校整并后，处理方式系按效率优先、兼顾公平的分配原则，和建立重实绩、重贡献，与社会主义市场经济体制相适应的分配体制要求，在破除平均主义、"大锅饭"的影响下，建立有效激励机制，充分体现多劳多得、优质优酬，做到责、权、利相统一，而成立了人事分配制度改革工作领导小组，并制定了《广州大学校内津贴分配方案》①，以对整并初期学校成员方面做一有效的配置。这项分配方案，系透过多项座谈会，在广征民意及不断修正之下，经过校长办公会议讨论和教职工代表会议审议通过后试行，在试行过程当中，该校另成立了一个方案修改领导小组和工作小组，并对广州地区几所高校的分配制度改革情况进行考察，目的是为解决教职工在试行中所提出之意见，以臻于完善，故是一项具民意基础的做法。

受访者 K3 老师观察当时人员安置的概况时指出："在人员安置上，每个人都要有一个适当的位子。所以当时有一个做法，就是开始提倡提前退休，把位子空出来，因为退休可以拿钱又不用干活，而且退休是免税的。事实上有很多人是希望退休的，因为他们都在自己校区附近工作买房子，离大学城、市区远啊！这样就少了一批人员，特别在行政人员部分，减少了了很多压力。"（IN20131222K3）

在教师进用上，依据《中华人民共和国高等教育法》第 47 条规定，高等学校实行教师职务制度，高等学校教师职务根据学校所承担的教学、科学研究等任务需要设置，教师职务设助教、讲师、副教授、教授；该法第 48 条亦指出，高等学校实行教师聘任制，教师以评定具备任职条件的，由高等学校按照教师职务职责、条件和任期聘任。② 另据《中华人民共和国教师法》第 10 条规定，中国公民凡遵守宪法和法律，热爱教育事业，具有良好思想品德，具备该法规定的学历或者经国家教师资格考试合格，有教育教学能力，经认定合格的，可以取得教师资格；该法第 11 条第 5

---

① 林维明：《学校工作报告》［M］。

② 《中华人民共和国高等教育法》［EB/OL］。

项亦规定，取得高等学校教师资格，应当具备研究生或者大学本科毕业学历。① 而教师资格的认定，根据《教师资格条例》第 12 条规定，具备教师法规定的学历或者经教师资格考试合格的公民，可依照该条例规定申请认定其教师资格；该法第 16 条也指出，教育行政部门或者受委托的高等学校在接到公民的教师资格认定申请后，应当对申请人的条件进行审查；对符合认定条件的，应当在受理期限终止之日起 30 日内颁发相应的教师资格证书。② 该校在《广州大学章程》第 51 条第 1 项中规定，教师实行资格认证和职务聘用制度，为认定教师资格，成立了广州大学教师资格认定工作领导小组及专家审查委员会，制定具体的实施细则。③ 此外，杨景尧的研究也指出，大陆普通高校师资来源主要有两种渠道：其一是由原高校本科或研究所毕业生择优留校，然后再积资晋升；其二则是加强现有教师在职进修。④ 承上，大陆高校教师依法必须通过相关身份条件审查，方能取得教师资格。因此，受访者 K3 老师对教师配置提出其看法："作为老师来说，主要还是按照你所谓的教学，一般来说，你之前上什么课，现在就上什么课，所以在老师部分没有太大的影响。有影响就是说，每年我们要做一些评鉴。"（IN20131222K3）

在职员工进用上，根据《中华人民共和国高等教育法》第 49 条规定，高等学校的管理人员，实行教育职员制度，高等学校的教学辅助人员及其他专业技术人员，实行专业技术职务聘任制度。该法第 51 条第 2 项规定，高等学校应当对管理人员和教学辅助人员及其他专业技术人员的思想政治表现、职业道德、业务水平和工作实绩进行考核，考核结果作为聘任或者解聘、晋升、奖励或者处分的依据。另从《广州大学章程》第 51 条第 2 至 5 项中了解，其他专业技术人员实行专业技术职务聘用制度；管理人员实行聘用制度；工勤人员实行劳动合同制度；劳动派遣工实行劳务派遣制度。该章程第 53 条则规定，学校依法制定人事管理制度，对教职员工定期进行考核，考核结果作为对各类人员聘用（劳务派遣人员留用）、奖惩、解聘或辞退的依据。承上，该校依法令相关规定对新进职员

① 《中华人民共和国教师法》［EB/OL］。
② 《教师资格条例》［EB/OL］。
③ 林维明：《学校工作报告》［M］。
④ 杨景尧：《中国大陆高等教育之研究》，台北高等出版社 2003 年版。

工实施进用，并对其工作表现进行考核，以作为是否再续聘之参考。受访者 K3、K5 老师在受访时，也提到职员工的分派情形："职员问题不算大，反正你叫我做什么，我就做什么，就是跟风啰！"（IN20131222K3）"都是里面的人参与竞聘，任命完处长后，再由处长参与副处长的评委，处长、副处长搞完后，职员也会填写要去哪个单位，一层一层来。"（IN20131222K5）

在人员培训上，为提高新组建学校队伍水平，该校制定了《广州大学教职工培训暂行办法》、《广州大学选派优秀中青年教师出国（出境）作高级访问学者暂行办法》，以加强对教职工和科研人员的培训，为拥有长远发展前景扎下基础，如派出人员攻读硕、博士学位及各层次和形式的进修；同时，认真做好各类专业技术人员和管理人员的继续教育工作，提升培训质量和受训率，如对教师进行心理学、教育学课程的培训。在引进高层次人才方面，该校为强化教师队伍建设，优化人才结构，依学科建设和发展需要，制定了《广州大学引进海外留学优秀人才实施办法》、《广州大学引进专业技术人才暂行办法》和《广州大学专业技术人员家属工作安排暂行规定》，以吸纳更多优秀人才。另该校组建了"广州大学教师中级专业技术资格评审委员会"和"广州市高校教师高级专业技术资格评审委员会"，评审通过正高、副高、中级和初级等教师职称评定工作，并组织推荐各类资格考试；还成立了"广州大学教师资格认定工作领导小组"及"专家审查委员会"，制定具体的实施细则，组织学校教师补修教育学、心理学，及参加普通话培训和测试。① 综上，该校借由施行各项规章制度及措施，构建出有利的学习环境，以有效推动 21 世纪高层次人才队伍建设。

综合言之，在人员配置原则上通过民主机制讨论，制定了相关配套方案，按效率优先、兼顾公平分配原则，以做到责任、权利和利益相统一的目标，并提倡提前退休，让出空位，使每个人都有位置坐，最终目的在于安定人事为优先。其次，在教师进用上，整并后其配置未受到太大影响。再者，该校依法令相关规定对新进职员工实施进用，并对其工作表现进行考核，以作为是否再续聘之参考，其安置则依其意愿填写单位去处。最

---

① 林维明：《学校工作报告》[M]。

后，为提高整并后人员素质，除了订定各项培训和进修计划外，亦引进优秀人才加入团队，来强化学科建设与发展。

（2）人员心理感受情形

林邦杰、陈美娟指出，组织必须重视成员的心理感受程度，因为组织成员对于组织其实是有很大的期望，并希望组织能够回馈与满足其期望，而愿意为组织贡献努力；反之，若忽略了其心理感受情形，容易造成成员减少对组织的贡献与信赖，以及出现工作不满足、离职意愿和怠忽职守的行为，这对组织而言伤害将会很大。[①] 故高校整并后，领导者如何运用其领导作为，调和成员与组织间彼此信任及关系和谐，进而提升教学、科研效能及工作绩效，是不容忽视的问题。

该校整并后，在 2005 年之前还属于分散校区阶段，校区之间如何融合联络感情，是相当重要的。受访者 K4 老师在受访时指出："虽然是 5 个校区，但各学院之间没有什么对立的，比如说桂花岗校区这里自己一个数理学院，所有学数理的人都在这里。然而学校从大的层面来说，是不可能安排活动的，但从学院来讲那就肯定要跟自己人讲，不要看不起别人，要尊重别人，不要说别人水平低。因此融合不是靠什么活动，是靠学院间的调和。"（IN20140106K4）而新领导阶层是否有采取什么具体措施，来促进彼此间互动融合？受访者 K4 老师、K6 及 K7 行政人员在受访时均表示："就是组织谈话嘛！有意见就做一些调整。"（IN20140106K4）"开开会啦！就机关层面开，学院层面开，层层开。我们可能通过几个活动，第一像大搬迁，从老校区搬到大学城，在这过程当中，就进行统一思想及教育；接下来像 2006 年教学评估，评估也是经常开会，宗旨方面就进行统一。这样就可以增进凝聚力与互动。"（IN20140107K6）"学校会鼓励一些学历不高的老师去在职进修，比如读博士、读硕士、拿学位。另外，学校在制定和使用政策时尽量做到平衡兼顾各个校区人员的心理感受。"（IN20140106K7）承上，"在此部分，主要是透过一些会议，或是靠学院间的调和来进行，具体的活动像搬迁大学城、本科教学评估，另如鼓励教师继续进修、决策时尽量顾虑平衡各校区人员的心理感受等，亦对增进凝

---

① 林邦杰、陈美娟：《学校组织与教职人员心理契约量表的建构》，《教育研究与发展期刊》2006（2）。

聚力助益颇大。"（RT20140415 研）

那有否更进一步运用什么具体方式，例如大型活动、各类比赛等来提升或满足同仁的工作动机与士气？受访者 K4、K5 老师与 K7 行政人员有不同的看法："大型活动没有，主要是中层干部在合并之后，开了一些会，讲学校的发展啊！愿景啊！"（IN20140106K4）"就办理一系列有主题的活动，如认识新广大、建设新广大、贡献新广大等，来促进合并后彼此间的了解，以学生开展较多。学生部分主要由团委负责，具体活动如知识竞赛、社团活动等；教师部分由工会负责，具体活动如歌唱、体操、羽毛球比赛等。这些活动是在 2005 年之前的事情，搬到大学城后，由于各个学院的距离近，所以就弱化了。"（IN20131222K5）"会啊！比如说由所有教职员工所组成的教师工会，会以工会形式举办各类活动，有爬白云山、周末舞会、逢节庆文艺演出等。"（IN20140106K7）

除了大型活动、各类比赛外，薪资是否能提升或满足同人的工作动机与士气？受访者 K5 老师的看法认为："合并前，市政府把每个学校基本待遇都统一了，但为何每个学校会有不同，在于每个学校特点不同，如华建西有很多工程项目，所以老师的工资会比较多；又如师范学院由于有成人教育这块，办理各式各样的班，可以作为二次分配。合并后，同一学校各学院逐渐没有自留地，即是自己创收的部分，统统交由继续教育学院统一安排课程，统一将收入分配给老师，薪水比原来校区相应就提高了。所以，合并后是件好事情，没有人员流失及下岗现象，收入也都提高了，当然能鼓舞士气。"（IN20131222K5）"学校组建后，透过办理一系列活动、参与会议及调整薪酬，来提升及满足学校成员的工作动机与士气；不过，搬迁至大学城后活动就减少了。"（RT20140415 研）

在谈到同仁对新学校的认同跟归属的感受情形时，受访者 K4 老师、K6 及 K7 行政人员均指出："逐步加强。刚合并的时候广州大学的层次很低的嘛！随着建设的发展，一步一步的，以前只有 6 个硕士点，现在有27 个一级学科硕士点，覆盖了 150 个二级学科硕士点，还有博士点，博士后流动站，整个学科强了，本科招生分数线也越来越高。"（IN20140106K4）"我认为这个没有问题。因为这 10 年来发展非常快，学校整并后带来很多的效益，像 2006 年的教学评估，被评了一个优，也拿了一个博士点，大家为了应付这个，开了很多会，把时间、精力都花在这个地方，有矛盾时借助另一个问题就转移掉了，所以一些负面的东西就给稀释掉了！每搞好一件事，就庆祝去了，久而久之认同感就来了。"（IN20140107K6）"初期还是有些隔阂，但到了 2006 年 12 月我们接受了教育部的本科教学工作水平评估，评估使大家的心真正地凝聚在一起了，不分彼此；除此之外，还有一个重要的原因是，从 2004 年开始，学校大举地向海内外招聘人才，引进人才，使老师们进行更新换代，这使得教师队伍的构成发生了很大变化，大家就逐渐淡化了过去所谓的校区隔阂等问题，真正认同广州大学，尤其评估前搬到大学城来，原来分散在各个校区上班，平常很难碰在一起，现在都在一起了，对这个融合就促进了。所以，我觉得消除隔阂是从 2006 年本科评估开始，使得我们的合并完全完成了使命，大家真的是重新开始，前面什么人员不和谐、组织不和谐等等都全部没有。"（IN20140106K7）综上，"受访者均表示，同仁对新学校的认同和归属是逐步加强的。透过 2004 年大举向海内外招聘人才，2005 年搬迁广州大学城，2006 年接受本科教学工作水平评估等方式，消除了彼此间的隔阂，使大家真正认同广州大学。"（RT20140415 研）

由于该校整并时间已近 13 年，受访的在校学生都未经历过整并阶段，故仅能就目前学生对该校的认同或归属情形，予以了解。受访者 K8 学生的感受认为："我对于学校的认同感是不错的，因为广州大学这所学校，让我有一种归属感！首先，是地域的关系，因为我想往南方走一走；另外，它用了'广州'二字，让我觉得它的未来发展前景应该很广阔。"（IN20140106K8）

在谈论同仁对新学校薪酬、升迁及其他福利制度的满意程度时，受访者 K4 老师、K6 及 K7 行政人员均认为："基本上没什么意见吧！因为我们的工资都是市政府发的嘛！"（IN20140106K4）"福利方面可能还是欠缺，多多益善最好，总的来说这个是永无止境的，但蛮大的意见估计是没有。"（IN20140106K6）"合并初期时有些还是不太满意的。比如说有的学校原来办成人教育办的比较多，收费、效益都是不错的，但是合并之后原来的收入机会受到影响，但是慢慢地大家就习惯了，因为都是吃大锅饭，拿一样的待遇。"（IN20140106K7）"受访者对学校组建初期的福利制度感受并不太满意，总希望能够多多益善，不过慢慢地大家就习惯了，也没有太大意见。"（RT20140415 研）

在谈及同仁对新学校事务的参与情形时，受访者 K3、K4 老师及 K7 行政人员有不同的看法："从形式上来说，所有学校的大政方针，都要求每个学院要向老师宣传，他有一个讨论稿，给大家提意见。"（IN20131222K3）"整并之后，整个学校层面的大型活动基本上没有，因为人太多了，校级的两万人没地方坐。而庆祝是有的，只是规模小，学生会每年都在搞，像文艺演出、迎新晚会啊！都是以学院为主题。"（IN20140106K4）"还可以嘛！因为广州人爱玩。"（IN20140106K7）另外，学生是学校的主要顾客，因此必须了解学生对新学校公共事务的参与程度为何？以作为改进之参考。受访者 K10、K11 学生的看法认为："我们参加学校的公共事务，在行政那一块，一般一个班有 40 个同学，大概有一两个比较拔尖的同学能够参与学校真正的行政事务管理，因为像我们本科到了三、四年级，学生办公室就会抽取 1 个班一两个同学，去做兼职辅导员或学生助理的工作，大三、大四同学比较稳定，学的东西也可以学会去应用，去参与一些行政工作。在学生社团这一块，学校有很多社团，校园文化比较是开放和包容的，所以不管是本科社团还是研究生社团，大家的参与度还是非常高的；另外一块，还有一般学生参与学校行政事务是通过问卷，就是学校会发一些调查问卷给大家去填。"（IN20140106K10，K11）"受访者认为，基本上同仁对新学校事务的参与情形还算可以，相反地学生对学校事物的参与度反而比较高，不过这些跟整并并没有多大关系。"（RT20140415 研）

就同仁在新环境中业务工作量，是否因整并而相对地增加或减少？受访者 K3、K4、K5 老师及 K6、K7 行政人员各有不同的看法："整并之后总的来说是增加的，因为学校规模扩大了，扩招是大陆高校的一个趋势，一扩招教学工作量就增。"（IN20131222K3）"基本上没有增加，因为有固定的师生比嘛，学生多了老师也多了。但内容和层次增加了，就比如以前不带研究生，现在要带了，还有博士生了。"（IN20140106K4）"合并的时候，本来人多，后来又减少。根据广州市政府给我们的指标来核定我们的工作量和人员，比如说合并时像我们外事处，原来有十几个人，现在变成 6 个人。逐渐依照广州市政府给我们教师员工的指标是 2900 人，现在是 2700 人，我们还要留发展空间，按照这样，该退就退，就自然减员，不再进用新的行政人员，但又不会让你没饭吃。刚整并时很多要调整，难免有些紧张，进大学城后都按规范操作，以前是送公文，现在是直接网络点收，变成电子公务。所以基本上还是维持原来样子，每个人工作量基本上差不多，除非你换岗位。"（IN20131222K5）"整并前后，工作量是否增加这不好衡量。因为随着时代发展，工作压力肯定会增加，从我的角度来讲我感觉非常累，现在学校发展太快，任务、工作量特别多，5天工作量，2天就要做完，像我身体肯定透支，原本不用那么累，但在那个岗位上肯定要那么累，是不是目标定的太高，这不好说，因为社会发展快，和别人有差距，必须要这样做，所以工作量会比合并前多很多。"（IN20140107K6）"工作量增加很多，因为整个体量增加了，合并后4套人马在经过大概1年不断地分流，就逐渐转变成为一套人马，例如，教务处在合并后有5、60个人，现在只剩下大概30个人左右，目的是成立符合效率要求的新机构。同时现在学生在不断地扩大，原来学生比较少，所以工作量就多。"（IN20140106K7）承上，"即使受访者从不同角度对此或有些许不同看法，但总的来说行政和教学工作量受整并影响确实增加了，因为整并后学生人数不断地扩大，学校为求发展，任务、工作量特别多，整个体量都加大，加以行政人员也随时间不断在合并分流，虽有实施公文电子化作业来减轻工作量，唯仍无法有效降低工作量。"（RT20140415研）

在整并后，同仁之间的相处情形为何？有没有产生一些纷争？受访者K3、K4、K5老师及K6、K7行政人员的看法指出："总体上来说，在整并的过程，刚开始肯定有一些人会有些不认可，或是认为他的工作被边缘化，使他的权力变小，他会消极抵抗，甚至是唱反调，或是故意破坏，反正不应该做的，他都会做一些事情或会有这样的情况。"（IN20131222K3）"没有，基本没有。同仁之间的小矛盾每个学校都有，但是说影响到整并这倒还没有。"（IN20140106K4）"其实整并初期是有很多的矛盾，困难点在于人员，我不服你，你不服我，有些人甚至就会做一些手脚，例如你当院长，这个课没人上，来找我上，我就会找理由不去帮你；在行政方面，由于相互之间来自不同校区，他是处长，我是副处长，有时我就不一定听他的。总之，心理层面总有一点不服气，但不舒服也没有办法。这时各部门负责人就很关键，要进行协调、Balance的工作，领导者的智慧也很重要。另外，就是制度的平衡，合并后各个学校制度都卧倒不要了，在原来校区基础上，重新制定新广州大学制度，来规范学校的行为。"

（IN20131222K5）"合并后，人员之间的关系没有太大的差异。"
（IN20140106K6）"整并初期，肯定会有一些矛盾产生，人员心理层面总有一点不服气，甚至唱反调情况发生，但不致影响到整并，因此总的来说同人间的相处还算是和谐的。"（IN20140106K7）而学生与学生之间的互动情形，亦为高校整并后相当重要的部分，受访者 K8 学生是由本科生考上该校研究所，并在该校生活已有一段时间，提出他的看法："我是 2005 年在这所学校就读本科，所以整并之前的感觉是体会不到的。但在这里，学校有很多学院，学院又有很多系别，我们跟同学之间的交往主要是在自己系或班上，除了这个以外学校还有很多社团，学生参加社团后就能够交流和认识到其他班上的同学。我想整并以后作为学校的一分子，可能个人的荣誉感会加强一些。"（IN20140106K8）总体来说，"不论是老师、行政人员或学生们之间的相处基本上是和谐的，而在一个团体情境中，人与人接触，产生矛盾情形在所难免，但看起来与整并并无关联。"（RT20140415 研）

进一步询问学校成员间是否还存在着隔阂？受访者 K6 行政人员、K8、K9 及 K11 学生提出他们的看法："隔阂倒没有，但过去同一学校比较亲近一点肯定会有，也感觉得出来，但不会影响到工作。"（IN20140107K6）"学校是 2000 年整并的，我 2005 年就已经过来，以前的一些感觉是没有的。"（IN20140106K8）"因为我们一进来就已经是广州大学的身份，所以整并之前的一些感觉是完全没有的。"（IN20140106K9）"我去过广师的桂花岗校区，很有老校区的感觉，很有文化底蕴；现在大学城更现代化一点，各个学校来往也比较密切，已经完全没有隔阂的感受了。"（IN20140106K11）承上，"广州大学组建成立迄今已达 13 年之久，由于人员不断递嬗，而新成员的融入冲淡了一些负面的东西，故现已完全没有隔阂的感受了。"（RT20140415 研）

综合言之，当学校组织整并成另一种形态时，其组织成员的心理感受程度往往对组织未来发展产生颇大影响，因为个体的需求必须予以满足，才能提高其组织承诺感，而其心理认知结构是否亦能随整并而调整，取决于新学校成立后的作为。从受访者的访谈过程中了解，广州大学成立后，学校透过会议来促进同仁间的互动融合；透过办理一系列活动和调整薪资来提振工作动机与士气；同仁对新学校的认同与归属也在逐步加强；对新学校的福利制度则不太满意但还能接受；对新学校事务的参与情形还算可以，但学生对学校事务的参与反而比较高；新环境的业务工作量却因整并而增加；最后在同仁间相处情形上虽有一些矛盾产生，但总的来说还算是和谐的。

2. 人员权益保障做法及感受

（1）人员权益保障做法

高校整并后，由于内部人员均来自不同学校，有着不同学校情感，故首要面对的即是人员心理层面调适问题，以及对新工作与新环境个人能力和适应力的考量。因此，学校领导者除了要思索如何将原本独立、机构健全、学科特色鲜明或具办学实力的高校，顺利地整并组建成一所新学校外，更要紧的是如何促使学校成员的心智思考模式有所改变，进而进入其深层信念价值与态度，产生对学校的认同和向心力，才能达成学校真正的实质性整并，否则貌合神离的组合，只会对学校未来发展产生不利的影响。

从学校成员的角度观之，整并后其较为关心的无非是其权益问题，包括工作权利、职务调整、待遇福利和工作环境与条件的保障问题。为此，该校于整并前，市政府即成立了"合并组建广州大学（新）领导小组"，下设办公室，由各部门和各整并高校有关人员组成；该校成立后，又成立了"合并组建工作委员会"，下设党政职能处室建设、教学机构建设、校园建设规划、科研及实验室建设、财务后勤产业建设、学位申报等小组和负责日常工作的办公室，并抽调市教委等职能部门负责干部及整并学校有关人员参加。① 上述领导小组及工作委员会成立之目的，在使学校减少因组织变革所带来的阻力，除为保证整并工作能顺利进行外，更重要的是保障人员及资源合理分配的问题，包括学校成员工作权益保障、原有领导者地位和权力的重新调整、各校及各部门间的组织平衡等，其调整的合理与否，将直接影响学校成员的感受。除此之外，林维明也指出，学校在整并初期由于思想较为动荡、队伍较为不稳，有几项要点必须注意：①重视抓好教职工的思想政治工作；②注意发挥工会、教代会参与学校民主管理、民主监督、依法维护教职工合法权益的作用；③广开与教职工联系和沟通

---

① 《合并组建广州大学（新）的方案（送审稿）》［Z］。

的渠道，重视解决教职工的实际困难和问题。

在教师权益保障上，教师是履行教育教学职责的专业人员，承担教书育人，培养社会主义事业建设者和接班人，提高民族素质的使命。由此可见，在大陆教师一职是具有高道德与高使命的专业人员。根据《中华人民共和国教师法》第 4 条规定，各级人民政府应当采取措施，加强教师的思想政治教育和业务培训，改善教师的工作条件和生活条件，保障教师的合法权益，提高教师的社会地位，全社会都应当尊重教师。再从，该法第 36 条中指出，对依法提出申诉、控告、检举的教师进行打击报复的，由其所在单位或者上级机关责令改正；情节严重的，可以根据具体情况给予行政处分。次依，该法第 39 条规定，教师对学校或者其他教育机构侵犯其合法权益的，或者对学校或者其他教育机构作出的处理不服的，可以向教育行政部门提出申诉，教育行政部门应当在接到申诉的三十日内，作出处理；教师认为当地人民政府有关行政部门侵犯其根据该法规定享有的权利时，可以向同级人民政府或者上一级人民政府有关部门提出申诉，同级人民政府或者上一级人民政府有关部门应当作出处理。[①] 而在《中华人民共和国高等教育法》第 43 条中则规定，高等学校通过以教师为主体的教职工代表大会等组织形式，依法保障教职工参与民主管理和监督，维护教职工合法权益。[②] 另从《广州大学章程》第 32 条也规定，学校实行教职工代表大会制度；教职工代表大会是学校教职工行使民主权利，参与民主管理和监督的重要形式。

在职员工权益部分，根据《中华人民共和国劳动法》第 1 条规定，为了保护劳动者的合法权益，调整劳动关系，建立和维护适应社会主义市场经济的劳动制度，促进经济发展和社会进步，制定该法。又该法第 7 条规定，劳动者有权依法参加和组织工会；工会代表和维护劳动者的合法权益，依法独立自主地开展活动。其次，依该法第 77 条、第 78 条规定，用人单位与劳动者发生劳动争议，当事人可以依法申请调解、仲裁、提起诉讼，也可以协商解决；而解决劳动争议，应当根据合法、公正、及时处理

---

① 《中华人民共和国教师法》［EB/OL］。

② 《中华人民共和国高等教育法》［EB/OL］。

的原则，依法维护劳动争议当事人的合法权益。① 再从《广州大学章程》第46条规定，学院工会在学校工会和学院党委（总支）领导下，保障教职工依法参与学院的民主管理和民主监督，维护教职工的合法权益；该章程第52条第2项规定，学校依法建立权利保护机制，维护教职员工的合法权益；该章程第54条第5项亦规定，教职员工享有就职务、福利、待遇、评优评奖、纪律处分等事项提出异议和申诉的权利。② 承上，大陆为保障高校教职员工基本权益，制定了相当多的条例规范，包括参与和组织工会、提出异议和申诉的权利，当教职员工自觉权益受到损害时，可透过工会协助争取，自己亦可依法提起申诉。

　　除此之外，另有一项与学校职员工权益较有关系的制度，即是中央自20世纪80年代开始，对高等学校干部实施的"职称"制度，例如，图书馆人员分为研究馆员、副研究馆员、馆员、助理馆员及管理员等，由于职称的高低联结着住房及各种福利，因此没评上职称的要争取或创立；评上的希望升等到更高级的职称，享受更高级的待遇，这也是目前大陆在高等学校管理干部特有的现象③，由于在大陆每项制度之制定都有其特殊背景，而此项制度又关系到职员工薪资、待遇及升迁上，故对职员工权益之影响甚巨！该校整并后，对教职员工权益亦按教育当局之规范实施，然实际的权益保障如何？受访者K3老师在受访时指出："整并后那人员也是要分，因为刚开始校区是还没有整并的，每个校区还是要有人，所以总的来说，人员超编并不算太多。整并到大学城后，就由他自己选，有些人觉得我愿意留在教务，有些人觉得我要去总务，也可以，他的岗位还是在，只是办理不一样的工作，我们没有一个人下岗，就是保持稳定是第一优先，在行政人员整并上，基本上是可以平衡的。"（IN20131222K1）

　　学生是指被学校依法录取，具有学籍的受教育者。④ 在学生权益保障上，根据《中华人民共和国高等教育法》第53条第2项规定，高等学校学生的合法权益，受法律保护；该法第57条规定，高等学校的学生，可以在校内组织学生团体；学生团体在法律、法规规定的范围内活动，服从

---

① 《中华人民共和国劳动法》［EB/OL］。
② 《广州大学年鉴2009》［Z］。
③ 杨景尧：《中国大陆高等教育之研究》，台湾高等出版社2003年版。
④ 《广州大学年鉴2009》［Z］。

学校的领导和管理。依《广州大学章程》第 60 条第 1 项规定，学校关心和爱护学生，依法建立学生权利保护机制，预防和处理学生伤害事故，维护学生合法权益。再依《广州大学学生申诉处理办法》第 3 条规定，学生对学校关系学生个人利益的处理、处分有异议，可以提出申诉，申诉范围包括取消入学资格，退学处理，违规、违纪处分，依据法律、法规、规章可以提出申诉的其他处理决定。① 另外，该校在校党委和校团委具体领导与指导下设立学生会，该会是学校与学生联系的桥梁和纽带，负责透过各种渠道，反映同学的建议、意见和要求，参与涉及学生的学校事务、民主管理，代表和维护同学的正当权益和要求，促进同学民主意识的提高。② 综上，权益保障最重要体现即在申诉制度的建立，大陆官方文件在学生权益保障上仅出现过规范性的说明，并未具体明文陈述如何进行申诉，唯该校对此则有订定申诉管道，来维护学生权益。受访者 K3 老师在受访时即指出："总体上来说，大陆高校还没把学生权益做一个立法保障，当然只能说要爱护学生什么的，但没有专门法规，去讲到学生权益的部分，所以在高等教育法中也没有针对学生权益有专门的条款，在这个部分，学生会提出他的意愿。"（IN1021222K3）

具体言之，为维护所属教职员生权益，不因学校整并而受影响，该校先后成立了相关领导小组和工作委员会，以协调校内各项人员与资源的合理分配。在教师和职员工权益方面，为有效保障其基本权益，中央及该校相关法令即规范了包括参与和组织工会、提出异议和申诉的权利，使教职员工自当权益受损时，能有所依循。但在学生权益保障上，官方文件虽规范性地说明学生权益问题，然并未有专门法规具体明文申诉的方式与过程，唯广州大学对此却有订定申诉管道，来维护学生权益。

（2）人员权益保障上之感受

高校整并后，各组建人员除须扮演促进实质性整并推动者角色外，其本身更有可能亦是被整合或裁并的标的对象，但不论整并情形为何，其依法应享有之各项权益自应受到保障，才不致违背政府与公务员间契约关系之承诺。由于各组建人员均来自不同学校，在原学校中即享有许多既得利

①　《广州大学学生申诉处理办法》[EB/OL]。
②　《广州大学学生会章程》[EB/OL]。

益，如津贴、奖金、权利及福利等，组建后顺着某种特定方式运行，这些人员职务在消化过程当中必然受到波动，无形中伤及其部分利益，甚至使其对组织产生了离心，是故心态调适及相关权益保障问题，就变得相对重要。在提问整并后人员权益上，有何不合理的地方？受访者 K6 行政人员的感受认为："从学校内部来讲，学校发展要上层次上档次，在短时间要突破，重科研成分多一点，你拿到课题，学校会奖励，层层奖励，你我差别就大了；其实我们对教学那块的投入也是很大，像我们搞质量工程在全国排名也是很前面。但这些只能限于少数人，对那些科研、教学都享受不到 的 大 多 数 教 职 工，他 不 是 利 益 的 享 受 者，肯 定 会 有 怨 言。"（IN20140106K6）事实上，"就学校角度而言，为创造出更多蓝海市场，必须超出现有疆域寻找更大契机，重科研、教学成为学校发展必然的路径。笔者以为这种权益上的落差，并非所有人都能享有，而是必须付出代价的，因此学校应主动鼓励其他大多数教职员工发挥更优质的创意，来争取这些利益。"（RT20140415 研）

　　在询问整并后学校教职员工对权益保障上的感受时，多数受访者没表示意见，不过在论及学生权益保障方面的感受时，受访者的回应特别踊跃，K3、K5 老师及 K6、K7 行政人员认为："整并后学生有抗议的是，因为当时广州大学是专科层次，没有本科生及研究生，原来旧广州师范学院和旧华南建设学院（西院）的学生，他们已经拿了毕业证书，毕业后再回来换。大家认为这样会影响他们的毕业出路，所以当时学生还要游行，说要换回广师，或华建西的毕业证书，要不然外面的人以为我是专科生，而不是本科生或研究生。当时的做法是用人单位在推荐时，我们会把广州大学合并的这种宣传多增加一些，在媒体上也增加一些宣传，只能用这种方式，不会因为学生抗议就给回原来的牌子。我们也建议学生：在录取通知书上有学校名字，去就职时把录取通知书和毕业证书一起拿去。"（IN20131222K3）"学生权益没有受到影响啊！"（IN20131222K5）"现在学校对学生权益看得比较重，保障也随着法律的健全而更增强。比如在考试方面，会先告知哪些能做，哪些不能做，考试前还会反复讲，出了问题还会找你来，要告知、确认之，严重的还要找你父母来，原先对学生只会发通知，如今要多走一个程序，给学生缓冲，给学生更多权利保障。"（IN20140107K6）"合并之后，学生是最大的受益者。原先学生是不同学校专科要升本科，还是有一定的困难，现在变成一个学校，他由专科升本科就容易多了。事实上，合并当时是什么层次还是什么层次，先归在一起，不是马上废掉，是要申请教育部批准的，所以那时本科生占一半，专科生占一半，研究生很少。合并之后逐渐地把全部专科升为本科，那么本科生、研究生就不断地增加，专科生基本上没有了。2006年1月份还申请了博士点，办学层次越来越高，就成立一个体系，专科生、本科生、硕士生、博士生一个体系。专科生原本停招，但为了满足学生的需求，目前还有少量专科生的招生。"（IN20140106K7）

另外，受访者K8学生从学校社团的运作上，提出个人权益上的看法，他指出："我觉得院研会这个社团应该为学生多谋福利、多做一些事，但在实际中做得比较少，反而转变成为学校做事比较多了。比如说学校扣我们学费时扣多了，我是不是应该去找院研会的同学通过他们解决，但是没有，很多学生只能自己去找学校或学院老师。"（IN20140106K8）但受访者K11学生却为这个社团缓颊："可能是做得不够全面，部分还是很专职的，像每年春运、寒暑假回家的时候，院研会生活部都会负责同学的火车票购买，这些问题都可以找他们。"（IN20140106K11）

整体而言，学校经过分散校区、搬迁大学城等历程，加上招聘和引进新人才，及离、退休等人事更迭，使得学校内部人员发生了变化，慢慢地从熟悉到不熟悉，逐渐淡化了过去所存在的隔阂等问题，因为大家也体会到都是吃"大锅饭"，拿一样待遇的。故从受访者谈话中可体会，似乎对教职员工权益保障的感受，已能适应，没太大意见，反倒是对学生权益保障上，却提出了诸多看法，如更换毕业证书、考试应试规则、学历提升、社团运作等问题，其中在更换毕业证书和学历提升上与整并关联较大，由此亦可显见学生是学校主体的概念已渐渐受到重视了。

第五节　两岸大学整并后资源配置分析

学校经由整并组建后，所有资源必须重新予以分配，如原有多个行政大楼，现仅能规划在一个区域，好几套行政架构及组织结构，也要整并成一组新的行政运作体系，以减少资源浪费，唯如此将冲击到原有各校本身的潜在利益，故如何做到合理与公平的分配，平衡彼此间的差异，以达到资源共享之目的，将是学校整并后所要面临的问题。以下，将从两岸大学整并后组织结构重组及资源管理流程两方面进行分析。

一　东华大学整并后资源配置分析

（一）东华大学整并后组织结构重组

在资本主义市场经济的理念下，某一方厂商因竞争失败，被迫退出市场，为求得未来存活或成功机会，乃采取合并方式以替代，而合并后的组织简化与人员裁减势不可免。[1] 大学之整并虽非如企业一般地现实，但组织结构的重组却是必然的过程，学校整并前所形成的策略目的，将引导整并后组织的设计与管理，成为一个新的组织体，带领学校朝未来的目标前进。

1. 校区配置

台湾地区土地面积原即地狭人稠，无法与大陆相提并论，故在土地面积使用上自然不如大陆动辄拥有上千公顷的校地。该校整并前，在校区使用规划上，依《东华大学与花莲教育大学合并计划书（修订版）》内容所指出，原东华大学校地约251公顷，是台湾单一校区第二大者，仅次于屏东科技大学，但该校校地却比屏东科技大学的校地，地貌平整，可运用之处较多，若在这块土地上建设教育学院和艺术学院等教学大楼，将让人力和教学研究等资源得到充分整合，发挥整并效益。而花莲教育大学之校地（又称为美仑校区）虽仅12.263公顷，但因位于花莲市区又紧临花莲火车站及花莲机场，是花莲县人口及公教人员最集中地区，适宜辟为公教人员和一般民众进修暨推广教育之场所，故可成立进修暨推广部；另东部尚无公务人员训练中心，亦可在此地规划成立一个东部公务人员培训中心，以成为东部文官培训重要据点；此外，花东地区原住民族人口约占总人口的1/4，美仑校区也可设立一原住民进修与训练中心，进行原住民部落社群发展人员培训，为原住民族提供量身打造的进修推广课程；最后，在此地成立教师研习中心，提供花东地区各级学校教师及行政人员一个永久性在职研习场所。[2] 换言之，该校在整并前，即计划朝整合成单一校区为目

---

① 司徒达贤：《大学整并与经营管理》，大学整并理念与策略研讨会论文2002-12。

② 《东华大学与花莲教育大学合并计划书（修订版）》[EB/OL]。

标，故在计划书中提及，在原东华大学校区增设教育学院和艺术学院等教学大楼；在花莲教育大学校地规划成公教人员和一般民众进修暨推广部、东部公务人员培训中心、原住民进修与训练中心、教师研习中心等。

而该校整并后，除了上述两个校区外，事实上在2004年时原东华大学即与"国立"海洋生物博物馆合作设立海洋科学学院，增加了屏东校区，故该校现即拥有寿丰、美仑及屏东三校区，各有其本身发展目标及任务。寿丰校区坐落在花东纵谷平原上的寿丰乡，是适合学术研究与生活的优良环境，为目前该校校本部及主要的教学研究活动重心；美仑校区位于花莲市区内，2012年11月规划为"东华大学创新研究园区"，以协助东部创新产业聚落发展，成为东部产业创新走廊的泉源，另也将朝向教育训练中心及国际寄宿学校发展；屏东校区位于屏东县车城乡海生馆园区内，直接利用馆内完善的教育研究硬体设施与优秀专业研究师资，培育海洋生技产业之高科技人才，对提升台湾海洋科技研究及促成相关产业作出实质之贡献。①② 综上，该校虽拥有三个校区，除海洋科学学院因研究之便设于屏东校区外，2011年12月将美仑校区的其余学院全部整合到寿丰校区，经由整并成单一校区后，该校即逐步朝向国际一流学府发展。

2. 行政组织配置

（1）行政组织配置原则

依据台湾"大学法"第14条规定，大学为达成研究学术，培育人才，提升文化，服务社会，促进国家发展之目的，得设各种行政单位，其名称、职掌、分工、行政主管之资格及其他应遵行事项，于各大学组织规程定之，故两校在未整并前，即有订定各自之行政单位。由于该校整并初期，校务暂以寿丰及美仑两校区运作，校本部虽置于寿丰校区，但因美仑校区仍有花莲教育大学师生尚未搬迁至寿丰校区，为方便行政工作之需要，故留部分行政人员在美仑校区。从T3老师的访谈中即可看出："合校后的前3年（2008年8月以后至2011年7月）行政组织架构维持现状，行政首长原则上以寿丰校区的长官为正、美仑校区为副，各自在自己校区办公，但美仑校区的总务处、教务处及人事室等人员陆续被调回寿丰

---

① 《东华大学校区合并搬迁计划》［EB/OL］。
② 《关于东华》［EB/OL］。

校区上班，到 2011 年大约只剩花师教育学院、人文社会学院、艺术学院、环境学院的师生及其行政人员留在美仑，2011 年 8 月则全部迁移至寿丰校区。"（IN20131230T3）

　　在花莲教育大学行政组织部分，依据《"国立"花莲教育大学组织规程》，置校长 1 人，综理校务，对外代表学校，并置副校长 1 人，襄助校长处理校务，以推动学术研究。下设教务处（含注册组、课程组、通识教育组、研究发展组、进修推广组、教学资源中心）、学生事务处（含生活与就业辅导组、课外活动指导组、卫生保健组、学生心理咨商中心、体育室、军训室）、总务处（含文书组、事务组、出纳组、营缮组、保管组、环境安全卫生中心）等 3 处、师资培育中心（含实习组、学程组、辅导组）、图书馆（含采编组、阅览组、典藏组、系统资讯组）、秘书室（含综合业务组、校友服务及公关组）、人事室、会计室、计算机及网络中心等。① 在原东华大学行政组织部分，依《"国立"东华大学组织规程》规定，置校长 1 人，综理全校校务，置副校长 1 人，襄助校长处理校务，设教务处（分设注册组、课务组、出版组、综合业务组）、学生事务处（分设生活辅导组、课外活动组、卫生保健组、毕业生及侨生辅导组）、总务处（分设事务组、保管组、出纳组、文书组、营缮组、环境保护组）、研究发展处（分设综合企划组、学术服务组、学术交流组）等 4 处、共同教育委员会（分设师资培育中心、通识教育中心、军训室、体育室、语言中心、附设实验幼稚园）、计算机与网络中心（分设发展规划组、网络管理组、校务系统组、行政作业组）、图书馆（分设读者服务组、技术服务组）及秘书室、人事室、会计室等 3 室。② 事实上，两校在行政单位编组上大致相同，而不同之处如原东华大学是一所研究型综合大学，所以设有研究发展处，专门办理学校学术研究发展规划与推动、建教合作、推广教育及岛内外学术交流等相关业务，另设有共同教育委员会，办理教育学程、共同教育、体育、军训教学及行政等相关事宜；花莲教育大学则着重在师资培育区块，所以将师资培育中心独立出来，学术研究及交流等业务则置于教务处底下。因此，整并初期，在"'国立'东华大学

---

① 《2008 年度预算书（全部版）——美仑校区》［EB／OL］。
② 《2008 年度预算书（全部版）——寿丰校区》［EB／OL］。

校务规划委员会"规划下，该校除了整并与纳编两校原有之单位及调整组别外，另外新增了进修暨推广部（下设注册业务组、教学业务组、推广教育组）及心理咨商与辅导中心（下设心理咨商组、预防推广组、资源开放组）。

整并后迄今，该校再依据《"国立"东华大学组织规程》第16条规定，配合业务之需要，重新调整设立下列各单位：教务处（置注册组、课务组、出版组、综合业务组）、学生事务处（置生活辅导组、课外活动组、卫生保健组、毕业生及校友服务组、军训室）、总务处（置文书组、事务组、出纳组、营缮组、保管组、环境保护组）、研究发展处（置综合企划组、学术服务组、产学合作组）、国际事务处（置国际学术合作交流组、国际宣传与招生组、国际学者与境外学生服务组）、图书资讯中心（置采访编目组、图资服务组、综合业务组、数位资源组、网络管理组、校务系统组）、教学卓越中心（置教师专业发展组、学生学习辅导组、教学科技资源组、课程发展规划组）、心理咨商辅导中心（置心理咨商组、预防推广组、资源开发组）、秘书室（分议事公文组、公关宣传组办事）、人事室（分一、二组办事）、主计室（分一、二、三组办事）。[①]

在毕业校友整并上，学校整并后，原有各自的校友会是否随着新学校之整并而进行整并也是一项难题，如何不因整并而失去校友的向心力，更是一项挑战。该校成立后，毕业校友业务系置于学生事务处毕业生及校友服务组底下，在实质做法上，为建立完善之毕业生追踪机制，特别设立了"毕业校友资料库"；其次，为加强毕业校友互动，联系校友情感，成立了"东华校友网"，以促进交流；再者，近年来更借由校友回娘家等活动，邀请校友回母校分享经验，不仅具浓厚传承意味外，更强化校友与学校之联结，深化校友认同感；最后，在校友会组织上，该校于2009年6月13日两校区联合成立校友总会及第一次会员大会，以厚实校友的广度和深度，另外亦有以系所或社团形式组成之校友会，如桃园区校友会、咨商与临床心理学系校友会等，这些校友不仅能于职场上表现自我，更不吝于推介东华大学。[②] 由此可见，校友毕业后对学校事务仍会有所关心，也

① 《东华大学组织规程》［EB/OL］。
② 《校友交流资讯平台》［EB/OL］。

是支撑学校未来发展的一股强大力量，实不容忽视。T3 老师在访谈中，就提到为何要将整并后的教育学院，特别命名为"花师教育学院"，考虑的方向亦是校友："当时在谈论整并时，有很多校友是反对的，就说为何要合并？怎么没有考虑到校友的感受？但由于是民主会议决定，谁也没法阻挡，后来我们就讨论，要将花师的命运、生命根留在教育学院，最后由老师、学生表决出来，就用'花师教育学院'。学校方面，当然很不高兴，为什么要把花师名字放在里面，但若我们用教育学院的话，根本看不到花莲教育大学的影子，那这些校友也会回来抗议、开会。"（IN20131230T3）

　　综上所述，在校务规划委员会规划下，该校整并与纳编了两校原有之行政单位，并因应业务之需要重新调整组别，以服务学校教职员工生；另整并初期，学校尚未完成单一校区整并，故行政组织依然维持两校区运作情况。在毕业校友整并上，由于校友是学校未来发展不容小觑的支柱，故在整并后如何整合这股能量，使其为新学校繁荣进步作出贡献，不因整并而离散，实为主政者所应重视的课题，该校在实质做法上，设立了"毕业校友资料库"等机制，近年来更借由校友回娘家等活动，邀请校友回母校分享经验，深化校友认同感，并于 2009 年两校区联合成立校友总会，以厚实校友的广度和深度。

　　（2）行政组织整并上之感受

　　学校行政组织之设置，必须考量现在行政之复杂多歧性，和学校人员对行政效率性的要求；从行政学角度来说，即是为服务学校所有成员之需求，适应外在环境之变迁，及兼顾学校组织目标之达成而设，来营运学校公共事务，诚然是一种以功能为取向的安排。该校整并前，行政组织规划以整合和纳编两校原有之单位为原则，并由校务规划委员会根据机构设置、职责许可、人员定额及结构比例等层面作最周延之讨论，因此行政组织部门在学校整并后，会随学校未来的发展及需求，做适度的增加或删改。T5 老师、T7 行政人员在访谈时，对此部分即提出他们的看法："在行政组织上应该没什么差别吧！刚开始时，花师说他们那一边校区，维持他们原来的，就是原来总务处或其他科室都还在那里，但他的头头还是在东华这里。所以就是原来组织是怎样还是怎样。"（IN20131231T5）"整并之后，行政单位的处室有增加，但我不知道扩充有什么实际效用？因为，合并后行政人员增加，工作量变少，但又要指派工作给系所。"（IN20131231T7）承上，"该校整并初期，行政组织仍然维持两校区各自运作，处室也因学校发展需要而有所增加或裁撤，不过处室的增加是否有其效益，有受访者表达不同意见。"（RT20140313 研）

综合言之，该校在行政组织上主要是将两校原有之行政单位纳编，再依学校业务分工及功能上的需求来做分派，由于行政单位先前已受校务规划委员会作周延之讨论后才予以定案，故受访者对此安排除无法做任何建言及改变外，亦没有太大意见，仅是质疑有些处室的设立，其功效是否有达到实用的价值。

3. 学科配置

（1）学科整并原则与概况

事实上，大学整并一般即是要实现由单科性学科转向多科性或综合性学科，而学科整并的过程实际上就是彼此间学科文化对立统一的过程，所以亦是加强学科建设最好的时机。肖谦、侯清麟也建议，在系所整合与建设过程中，要不断地吸收、融合、调和不同学科的文化，在内容和形式上逐步建构更具宽广视野的院系体系，同时这个体系若能在真正理解、传承学科精神和文化精髓的大师带领下，造就一流学科梯队，实现学科综合发展，这才是院系整并成功的关键。[1]

该校学科整并规划原则，依据《东华大学与花莲教育大学合并计划书（修订版）》内容指出：①老师在新大学院系所架构（暂定）中选择与其专长相符之系所加入，唯加入后应遵循既有系所之相关规范；②二校性质相近之系所老师可互相讨论，拟定未来之系所架构，只要符合"教育部"总量管制之原则（系设有研究所，其专任师资应达 11 人以上，独立研究所应达 7 人以上），新大学应予以尊重。[2] 换言之，该校在校务规划委员会指导下，教师可依其意愿自由选择与其专长相近之系所加入；而学校也必须尊重教师们所讨论拟定之系所架构，不容任意更换。至于对实际系所整并部分，T4 老师提出其看法："系所整并其实是最高难度的，如果

---

[1] 肖谦、侯清麟：《合并高校文化要素的整合路径探析》，《当代教育理论与实践》2009（1）。

[2] 《东华大学与花莲教育大学合并计划书（修订版）》［EB/OL］。

没有想好的话，会有后遗症，当时若没有用最宽松的方式，会有很大的反弹，所谓最宽松方式就是让它的生存在不受威胁的情况下，然后开始整并。"（IN20131230T4）T7 行政人员以其经验，更深入地解释这个部分："花教大未整并至东华前，它的院系所就已经开始在并，像我一开始进来是应征科教所，是属于理工学院，那时他们也在选择要去那里，后来他们没去理工，跑到教育学院，学院在并，那所也在并，像科教所就并到课程系，学生和老师也一起并过去。也就是两校系所先各自并，并完两校系所再大并，老师只能选择一次要去哪里。"（IN20131231T7）

　　在学科配置上，整并前原东华大学设有 5 个学院，分别是理工学院包括应用数学系、资讯工程学系、化学系、生命科学系暨生物技术研究所、材料科学与工程学系、物理学系暨应用物理研究所、电机工程学系、光电工程研究所、电子工程研究所；管理学院包括企业管理学系、国际企业学系、会计学系、财务金融学系、自然资源管理研究所、资讯管理学系、全球运筹管理研究所、观光暨游憩管理研究所、运动与休闲学系、环境政策研究所；人文社会科学院包括中国语文学系、英美语文学系暨创作与英语文学研究所、历史学系、经济学系暨国际经济研究所、公共行政研究所、财经法律研究所、教育学研究所、临床与咨商心理学系；原住民民族学院包括族群关系与文化研究所、民族发展研究所、民族文化学系、民族语言与传播学系、民族艺术研究所；海洋科学学院包含海洋生物科技研究所、海洋生物多样性及演化研究所等，共计 22 个学系（含 1 个学士学位学程）、36 个硕士班（含 2 个学位学程、8 个在职专班）、13 个博士班。①

　　花莲教育大学设有 4 个学院，分别是教育学院包括教育行政与管理学系、幼儿教育学系、教育学系、特殊教育学系、体育学系、国民教育研究所、多元文化教育研究所、身心障碍与辅助科技研究所等；人文社会学院包括咨商心理学系、中国语文学系、台湾语文学系、社会发展学系、乡土文化学系、英语学系、民间文学研究所等；理学院包括数学系、应用科学系、资讯科学系、学习科技研究所、地球科学研究所、生物资源与科技研究所、生态与环境教育研究所、科学教育研究所；艺术学院包括音乐学系、视觉艺术教育研究所、艺术与设计学系、科技艺术研究所等，共计 18 个学

---

① 《东华大学与花莲教育大学合并计划书（修订版）》［EB/OL］。

系、28 个硕士班（含 3 个在职专班、3 个暑期在职专班）、4 个博士班。

整并后该校纳编了两间学校原有各系所，计有理工学院、管理学院、人文社会科学学院、花师教育学院、艺术学院、原住民民族学院、海洋科学学院及环境学院等 8 个学院，共计 38 个学系（含 2 个学位学程）、52 个硕士班（含 2 个学位学程）、17 个博士班及 16 个硕士在职专班（含 3 个暑期在职专班），另设置台湾东部产业发展研究中心、中小企业创新育成中心、纳米科技研究中心、欧盟研究中心、原住民族发展中心、多元文化教育中心、能源科技中心、书艺文化中心、客家研究中心、大陆研究中心、台越研究中心等 25 个研究单位。① 在这些学院当中，"花师教育学院"名称较为特殊，亦为全台首见，究其因系为纪念花莲教育大学旧名及其贡献而命名②，另"海洋科学学院"未设于花莲县东华大学内，而设于屏东县车城乡海洋生物博物馆内，系为方便研究之需。从〈东华大学与花莲教育大学合并计划书（修订版）〉中所规划的院系整并情形可知，大学本身是一个有机体，亦为社会的缩影，其实它一直随环境在变化，所以当学科在实际进行整并后，仍会依现实状况不断地做调整与更新，而非一成不变。从 T4 老师在访谈中所谈到的，足可证实："系所整并有一些增加的，有一些整合的，到现在其实都还在调整，现在的调整是因为招生关系，所以系所整合包括合并和学程整合，或者是退场机制，也有可能弄新的系或改名，这正好把上一次整合系所不完整的地方，再做一次整合。"（IN20131230T4）

再者，在课程设计方面，它系强调精确性的"设计"观念，期许课程研究发展工作人员，对达成课程目标的各种理论基础、选择方法、组织要素和组织程序等专门技术，进行深思熟虑构想的规划。③ 由此可知，课程应以配合学校发展愿景和教育目标，及学生基本素养与核心能力等，作进一步的专业规划。故该校在上述方针指导下，仍沿用原东华大学"课程学程化制度"重新进行规划，各系所、学院及学校共设三级课程规划委员会，经审议通过之课程，除作为开课之依据外，并为系所延揽不同专长师资及提供学生选课之重要参考，且随着社会经济环境变迁，进行课程

---

① 《教学单位》［EB/OL］。

② 陈玉叶：《"国立"东华大学学生对学校整并现况之调查研究》，台湾东华大学硕博论文 2010 年版。

③ 黄光雄、蔡清田：《课程发展与设计》，台北五南出版社 2009 年版。

调整。①② 但整并后，各系所对于课程设计，与先前有何差别？或是否已达资源整合目的？T3、T4 老师及 T6、T7 行政人员认为："最大改变是黄校长和教务长去过美国，参考美国方式，就是用学程化，这样是要让学生增加竞争力。"（IN20131230T3）"课程规划我认为是有达到资源整合目的。"（IN20131230T4）"我们觉得差不多吧！因为课程上还是要照旧。但整并后，学校在要求校核心的部分，有些系的老师被强迫去上校核心的课，而且都是大班的。"（IN20131231T6，T7）而从 T5 老师的访谈中，却得到不同的解读："就资源融合的话，是比较有规模经济啦！这当然跟课程设计有关系啊！跟换校长也有关系（该校于 2012 年 2 月 1 日更换新校长），但我觉得跟合并没关系，因为换校长有不同的意见，跟原来的不同，他就要修改。"（IN20131231T5）对此，T5 老师认为："学科整并在资源融合上更有效益，但新校长来了以后，他对学校发展目标另有想法，连带也影响到各系所的课程设计。"（RT20140313 研）另外，受访者 T8 和 T11 学生在这个部分，亦提出他们的看法："学科整并后帮助蛮多的。你可以选择的课程范围更广，因为专长都不同。"（IN1021230T8）"我觉得就是有些认证课程部分，当初有发生问题，例如，在花教大是几率论，东华则是基础几率，这是同内容，不同课名；另外他们还有一门较高阶的课程就叫几率论，这是同课名，不同内容。"（IN20131230T11）从前述，"受访者对该校采学程化新课规的感受差不多，没有特别的差异，亦不认为和整并有关系，不过在学分采计上有人认为应实际了解课程内容，而不应只看课名，否则容易发生争议。还有受访者则认为整并后课程有达到资源整合的目的了。"（RT20140313 研）

　　最后，在学生社团整并方面，学生社团创立之目的，系为提供学生多元化教育环境，提倡正当休闲活动，陶冶性情，强健身心，从中学习沟通与协调能力，培养团结合作之群体观念。整并前，两校的社团分类及数量概况，如表 3—6 所示。③

---

① 《财务资讯公开专区》［EB/OL］。

② 《花师教育学院》［EB/OL］。

③ 《东华大学与花连教育大学合校经验分享》［EB/OL］。

表 3—6　　　整并前原东华大学与花莲教育大学两校社团数量概况

社团分类	原东华大学社团数	花莲教育大学社团数
康乐性社团	13	0
联谊性社团	9	6
体育性社团	13	10
综合性社团	1	0
学艺性社团	17	12
服务性社团	8	6
预备性社团	11	0
学术性社团	0	5
宗教性社团	0	2
合计	72	41

　　整并后该校重新整合了两校原有之社团，社团活动再依《"国立"东华大学学生社团活动辅导办法》、《"国立"东华大学学生申请成立社团及举办活动办法》等规定办理，目前该校正式社团分成学艺性社团包括动画漫画研究社、茶道研习社、福智青年社等；康乐性社团包括手语社、戏剧社、热门舞蹈社等；体育性社团包括剑道社、弓道社、桌球社等；综合性社团包括兰友会、桃园区校友会等；服务性社团包括乐邻小太阳、慈济青年社、扶根社等，共计 62 个；而依该办法中第 4 条第 4 项规定，申请正式社团前需先填具申请相关表格，送课外活动组初审，为预备性社团，下一学年第 1 学期开学后，再送请"学生社团评议委员会"审查通过后，即为正式性社团，目前预备性社团包括桥艺社、围棋社、波斯猫桌上游戏研究社等共计 30 个。① 对于该校整并后，在学生社团整并部分是否有达到资源整合之目的？T4 老师及 T8 学生的感受认为："我觉得我们花教大的社团比较强，以前我们都还有啦啦队比赛、新生活动，热闹到跟什么似的，也有下乡去服务，到部落叫史怀哲什么的！他们这里就比较低调，可是也是有啦！我们会比较关心社会，他们比较纯学术。"（IN20131230T4）

---

　　① 《社团总览》［EB/OL］。

"感觉就是社团变多了。"（IN20131230T8）由上，"受访者比较两边社团活动状况，觉得东华大学的社团是变多了，但没有花教大社团那么活泼和多样化。"（RT20140313 研）

整体而论，该校在学科整并原则上，老师可自由选择欲加入之系所，另性质相近之系所可拟定未来之系所架构，目的在减少老师反弹，然后再作进一步整并。在实际学科整并上，纳编了两所学校原有各系所，初期做法是两校的系所先各自并，完后再来一次大整并，不过学科整并到现在仍会依现实状况不断地作调整与更新，而现在调整的原因是因为招生关系。其次，在课程设计方面，该校仍沿用原东华大学"课程学程化制度"重新进行规划，透过三级课程规划委员会审议通过之课程，除作为开课之依据外，并为系所延揽不同专长师资及提供学生选课之重要参考；受访者对整并后规划情形的感受差不多，没有特别的差异，在资源整合方面则认为整并后有达到资源整合的目的了。最后，在学生社团整并上，该校重新整合了两校原有之社团，社团活动再依相关法规规定办理活动，共计有正式社团及预备性社团；受访者在比较两校原社团活动状况时表示，觉得东华大学的社团是变多了，但没有花教大社团那么活泼、多样化。

（2）学科整并上之感受

事实上，学科整并是各项整并过程当中难度最高，也是最争议的一项，且为最多人讨论的项目，该取什么名称？该与哪个系所整并？该并入哪个学院？都会引起不少人的反对或回应。由该校美仑校区"校长与同学有约"座谈会会议记录中就可见端倪："有学生即提出对于系所整并、系所名称是否已定案及新系所未来走向等问题的疑虑。"①② 从 T4、T5 老师及 T7 行政人员的访谈中亦能探析得到："我觉得系所整并本来就没有很完美，像现在中文系跟华语文系，就是整并不来，哪像我们那边的社会教育学系跟这边的公行系，后来是因为有在调有在变，不然也是谈不太拢的，还有一些以前叫体育学系现在叫运动休闲等等。"（IN20131230T4）"最主要当初并的过程，其实有些系上是反抗很厉害，因为他们有重叠

---

① 《东华大学美仑校区 2008 学年度第 1 学期第 2 次"校长与同学有约"座谈会会议记录》[EB/OL]。

② 《东华大学美仑校区 2008 学年度第 1 学期第 1 次"校长与同学有约"座谈会会议记录》[EB/OL]。

嘛！例如，像物理、化学、历史、数学、中文、英文呀，都有重复呀！"
（IN20131231T5）"将科教所放在课程系，这也不大对，像课程系会有不同性质的老师，因为有些是学多元文化，而多元文化就很广泛；而科教所的老师都是学物理、化学、地科，跟一般纯学教育的老师又不同，两个本质是不同的，所以课程系就会分不同组的召集人，因为属性不同。"
（IN20131231T7）

　　从访谈过程当中了解，该校具有争议的系所包括华文文学系与中国语文学系、观光暨游憩管理研究所及运动与休闲学系等，除此之外或许还有一些争议未爆发的系所未被讨论。T5 老师更进一步地指出："有些并在一起的系所，现在听说又要离婚了！反正就是吵来吵去，因为性质差很多嘛！以后评鉴时也会有很大问题。"（IN20131231T5）然则，在学科整并上是何缘故，致使学校在学科整并上产生了上述这些纷扰？T5 老师及 T7 行政人员就指出："像观光暨游憩管理研究所他们不愿和运动与休闲学系并，但那时的校长就强力将他们合并，但底下也会反抗啊！因为性质差很多，然而有些还是不得不接受。"（IN20131231T5）"由于科教所与课程系等四个单位合并，所以那时科教所有 5 位老师就上签呈给校长，但没有下文。他们认为教科所放在课程系也不大对，它应该是一个独立的系所，不见得一定要并，可是学校以比较强势的作风，不选择是你自己的事情，就只好并了。"（IN20131231T7）囿于该校领导者的强势作为，以致双方在无法取得平衡的状况下，发生了运动与休闲学系近百名学生，集结在校内行政大楼前穿堂静坐抗议事件，最后在黄校长同意将整并案暂缓，并将全案交由该系内部进行重新讨论，并允诺让学生能充分表达意见①，全案才终告落幕。"然笔者以为，就当时整并初期的时空环境而言，领导者若未能采取较强势的作风，这些系所有可能都无法整并，甚至影响到学校组织的运作，由此亦见领导者的难为！"（RT20140313 研）

　　综言之，从访谈中受访者对学科整并的感受相当深，表达的意见亦较多，不过主要还是围绕在系所整并间的问题。他们认为由于学科性质各有不同，有些亦有重叠，为了达成相类似学科的整并目标，欲整并的系所双方，即进行整并会谈，但囿于双方各有主张总是谈不拢，纵然勉强整并，

---

　　①　《东大生静坐抗议，系所整并暂缓》[EB/OL]。

后来也是再分开，学校为此虽然也采取强势作风主导系所整并，唯换来的却是系所人员不服，甚至抗议，终致重启协商。

4. 馆舍配置

该校未整并前，两校即决议整并后建立一完整单一校区，朝向最适经营规模发展，并为展现更丰富与开阔的校园风貌而努力。整并初期，由于寿丰校区尚未构建相关馆舍，故仍维持两校区运作方式，行政人员、教师及学生即利用交通车往来两地开会及修课。为能容纳美仑校区的系所、所属教职员工生，寿丰校区即着手规划相关校舍与场馆之兴建，包括管理学院大楼、花师教育学院大楼、环境学院大楼、理学院第二期大楼、人文社会学院第二期大楼、艺术学院大楼及第二期公共设施之扩建等工程，另为提供学生住宿需求，也以贷款方式兴建第六期学生宿舍支应 3500 个床位,①② 目前除了艺术学院大楼尚未完工外，其余各馆舍均已于 2011 年陆续完工，且搬入使用。

在馆舍规划方面，美仑校区于 2012 年 11 月 2 日启动为"东华大学创新研究园区"，包括慈济大学、慈济技术学院、台湾观光学院及大汉技术学院等建构东部联合育成联盟进驻园区服务，"劳动部"职训局将此地设为常设职训课程之场所，另办理暑期音乐营、吸引艺术家进驻校区内，以结合花莲特色，发展观光亦为该校规划构想；2012 年 12 月台湾观光学院于"励志楼"设立"台湾观光学院城区部"，另出租"敬业楼"供私立海星中学国中部学生上课之用，及于 1989 年在该校区音乐馆旁设立之空中大学花莲学习指导中心等；③④ 寿丰校区则配合美仑校区人员、设备移入，在原有基础上兴建多间馆舍因应。对此部分，T3 老师在访谈中也提出她的看法："搬迁至寿丰校区唯一的好处是，老师的研究室比花教大的大，另外对幼教系来讲，硬体设备也比花教大的好，景色也很漂亮。"（IN20131230T3）

为建立完整单一校区整并目标，2011 年 2 月 23 日该校于 2010 学年度第 2 学期第 1 次行政会议通过《"国立"东华大学校区合并搬迁计划》，

① 《东华大学中长程校务发展计划书（2010 学年度至 2014 学年度）》［EB/OL］。
② 《美仑校区搬迁事宜暨新兴大楼内部设备需求说明会》［EB/OL］。
③ 《台湾观光学院进修部搬迁》［EB/OL］。
④ 《东华大学美仑校区创意园区正式启动》［EB/OL］。

该计划中指出:[①] 为利搬迁工作之规划与执行,爰成立搬迁计划工作执行小组,由总务长担任召集人,事务组长为执行秘书;搬迁范围包括寿丰校区现有学院空间调整迁移,及美仑校区搬迁两部分;在搬迁原则上,寿丰校区原空间之各项设备设施除个人物品及研究需求外,均以留原地续用不搬迁为主,美仑校区则由各单位自行评估决定;搬迁所需经费需求由学校统筹支应。依上,由于两校行政组织架构在整并初期仍维持现状,各自在自己校区办公,但后来大部分都陆续搬回寿丰校区,故此搬迁计划主要系针对学院系所及部分行政设备为主,现仅有艺术学院仍借用环境解说中心及艺术工坊办公。整体搬迁后,T6 及 T7 行政人员提出了她们对馆舍配置的看法:"没什么意见,只是多了很多公共装置艺术。不过,听体育系的人说,之前在花教大有很多基本配备,及多功能体育馆,但搬来后可能因为没地方摆,且东华本身因经费不足,没有这种体育馆,所以上课还要回花教大上课。"(IN20131231T6,T7)

在图书资源整并上,图书馆是知识的宝库,它提供个人或团体终身学习、独立判断及文化发展的环境,在学校它的任务则是提供学校师生教学与研究之需,故重要性可见一斑。在寿丰校区图书馆历史沿革部分,原东华大学创立时,系设置临时图书馆于湖畔餐厅3楼;1994年10月11日正式图书馆成立于理学院大楼A栋2楼;1998年5月12日兴建图书资讯大楼(含图书馆6层与资讯网络中心3层);2001年9月18日正式启用,初期图书馆使用1楼至3楼;2006年增加4楼空间;2008年8月1日与花莲教育大学整并后,成为东华大学寿丰校区图书馆;2011年8月22日美仑校区图书馆藏书并入后,6层楼皆为图书馆使用,馆舍总面积为5490平方米,藏书136万册(含电子书、资料库,统计至2011年9月止)。在美仑校区图书馆历史沿革部分,1947年10月27日省立花莲师范学校创立,在教务处设备组下设置图书室;1964年改制为省立花莲师范专科学校,由著名建筑师修泽兰女士设计图书馆;于1965年3月20日启用;并于1976年扩建;1987年改制为"国立"花莲师范学院,图书馆提升为一级单位,原馆舍不敷使用,即就地拆除重建5层楼馆舍,总楼板面积2077平方米;1992年4月8日启用;整并后,成为东华大学美仑校区图

---

① 《东华大学校区合并搬迁计划》[EB/OL]。

书馆，2011 年 8 月 22 日并入寿丰校区图书馆。①

　　事实上，整并初两校图书馆尚未进行实质整并，系各自自行运作，但初步做法仍将组织编制做一整合及采单一采购方式，并强化两校区阅览与文献传递服务；在实质整并沿革上，2011 年 6 月中旬开始启动馆藏大楼整并工程，首先进行寿丰校区图书资料中心 5 楼、6 楼的空间整备，接着 8 月 1 日寿丰校区休馆、22 日美仑校区闭馆，正式走入历史，42 万册实体书全数迁入寿丰校区图书资料中心，于 10 月初重新开馆；至 2012 年底，已典藏图书近 200 万册（中文 77 余万册、西文 18 万 6 千多册、中、西文电子书 104 余万册）、纸本与电子期刊 5 万余种、装订本期刊 7.3 多册、视听资料 8 万余件与电子资料库 266 种，据"教育部"统计台湾 160 余所大专院校图书馆藏书量（自 2010 年起迄今），该校居第 9 位。目前的图书资料中心，秉持"以人为本"的经营理念，内部陈设重新规划，如新辟新书流动与群体互动的"新知悦谈区"；绿意盎然、闲适舒压的"阅报区"等，营造一个具有特色的大学图书馆，另筛选出 8 年以上未被借阅的书放至"罕用书库"（由原美仑校区音乐馆改装），为未来的成长预留空间。② 承上，该校将两校原有图书整合至寿丰校区，成为单一图书馆后，不仅藏书量增加，阅览环境优雅，空间更加宽敞舒适，更方便学校成员借阅。

　　综上所述，该校初期行政上仍维持两校区运作方式，俟寿丰校区新馆舍兴建竣工，才将美仑校区人员及设施移置，目前美仑校区启动为"东华大学创新研究园区"，各馆舍即为此而规划为各项多功能用途。另为完成新校舍（含图书馆）整体搬迁工作，该校于移居前即制订搬迁计划，并成立搬迁计划工作执行小组执行本项工作，现仅剩艺术学院仍借用环境解说中心及艺术工坊办公；受访者对馆舍配置没太大意见，但可惜的是在花教大有些体育上的基本配备，因寿丰校区无法摆设，仍置于花教大。在图书资源整并上，两校于未整并前，无论在藏书、阅览和文献传递服务方面即具有相当基础，两校区图书馆实质整并后，典藏图书增加达 200 万册，是目前台湾大专院校图书馆藏书量的第 9 位；该校秉持"以人为本"

---

　　① 《简史》［EB/OL］。
　　② 同上。

的经营理念，将内部陈设重新规划成不同区别，以营造一个具特色的大学图书馆；另筛选出 8 年以上未被借阅的书籍放至"罕用书库"，为未来成长预留空间。

5. 经费配置

在经费配置上，依《地区性"国立"大学院校整并试办计划》内容所指，整并之学校，得配合审定通过之整并计划书，提出必要之软硬体设施扩充或调整所需资源，以发挥最大效益；此项计划将列为重要经建投资计划项目，除学校原有预算外，整并所需经费，由"教育部"相关经费项下支应，并根据核定之计划专款专用。① 由此内容得知，欲整并之学校，一经审议并通过核定后，包括如扩充校地、校舍、人员或学系增加，主管机关将以专案方式给予必要之经费支援。

另依《东华大学与花莲教育大学合并计划书（修订版）》内容所述，"教育部"同意两校整并后，所需硬体建设经费补助以 25 亿元为原则，预定兴建教学大楼及扩建污水处理等公共设施，学生宿舍部分若因主管机关政策之因素须由学校贷款兴建，贷款之利息将由"教育部"补助；软体经费需求方面，"教育部"将视全台整体财务状况及两校整并后实际需求，核实补助；两校整并过程所需之作业经费及整并初期往返两校校园专车交通费，由"教育部"予以补助。② 该校前校长黄○○在与学生座谈上亦指出，软体建设经费并非如硬体经费一般，是一笔确定的数目，原则上东华有东华编列的预算，花教大也有花教大本身编列的预算，整并后便会将两校预算相加，不足的部分则另提计划书申请。③ 诚然，该校整并初在各项软、硬体建设基础上，能够得到主管机关有关经费的挹注，以解决整并后所衍生的不确定因素。

该校未整并前，原东华大学 2008 年收入决算数 12.5 亿多元，其中"教育部"学校教学研究补助收入为 5.34 亿多元；④ 花莲教育大学 2008 年收入决算数 6.7 亿多元，其中"教育部"学校教学研究补助收入为

---

① 《地区性"国立"大学院校整并试办计划》［Z］。

② 《东华大学与花莲教育大学合并计划书（修订版）》［EB/OL］。

③ 《东华大学 2009 学年度第 2 学期第 3 次"校长与同学有约"座谈会会议记录》［EB/OL］。

④ 《2008 年度预算书（全部版）——寿丰校区》［EB/OL］。

3.77 亿多元。① 整并后，东华大学 2009 年收入决算数 21.4 亿多元，其中"教育部"学校教学研究补助收入为 10.38 亿多元，显见"教育部"除了允诺并更加大了整并前对新学校经费之补助。再从 2010 年收入决算数 22.77 亿多元，其中"教育部"学校教学研究补助收入为 11 亿多元；2011 年收入决算数 22.58 亿多元，其中"教育部"学校教学研究补助收入为 11.23 亿多元；2012 年收入决算数 22.6 亿多元，其中"教育部"学校教学研究补助收入为 11.42 亿多元。② 显见，该校自整并后在经费配置上，有明显提升趋势，且经费补助高于两校原经费的总和之上。

提问该校受访者对经费配置情形的感受时，T3 老师提出她个人的看法并指出："我们合校时，东华本身没什么钱，花教大本身的校务基金有六七亿元，'教育部'好像补助 25 亿元，这些经费都耗费在建筑，还有奖励上，所以学校现在经费没有像以前想象中那么好。有一次前校长林○○回来参加科学 PIZZA 的学术研讨会，我打电话给他约来研究室坐坐，他说不要了，他赶着回家，他说他看了心里难过，留了那么多嫁妆过去，但美仑校区并没有好好维修。我说您还没看到晚上呢？未合校前，一到傍晚鹅黄色的灯，让整个校区感到非常温馨，但合校后第一个电就切了，有的地方乌漆抹黑地看不到。"（IN20131230T3）"从 T3 老师的言谈中，除了透露出对过去学校深厚的怀念之情外，也感叹新学校在经费运用的不均衡。"（RT20140313 研）而该校整并迄今，在经费配置及运用上事实上已不如整并初来的充裕，由 T3 老师的访谈中即可探之："现在就是学校在经费方面比较困难，这两年给系上的经费越来越少，不只是业务费，一般都比较少，所以学校希望我们多接研究案子。而校务基金比较影响到行政部门，像现在每个系有两个行政小姐，以后都要砍了。"（IN20131230T3）对此现象，T4 老师有其个人的体会，她认为："'教育部'的补助及花教大校务基金部分，那是以前的钱了，现在因为新校长有一些理想，要花这些钱，他有一些很不错的构想，如绿色厨房，还有跨院的研究也花了一些，做一些国科会类型的研究又花一些钱，可是那不致影响整个校务基金，是我们这边人事结构问题，聘用太多人了。"

① 《2008 年度预算书（全部版）——美仑校区》［EB/OL］。

② 《财务资讯公开专区》［EB/OL］。

（IN20131230T4）承上，"近年来，该校由于发展一些企划及跨院研究，致影响到经费的运用，不过有人认为主要缘故仍是因为聘用过多的人员所致。"（RT20140313 研）

综上所述，该校在经费配置情形上，整并初期依整并试办计划，得到主管机关在各项软、硬体经费的支柱，包括校地及校舍的扩充，人员或学系的增加等。从相关数据显示，该校自整并初在经费配置上，有明显提升趋势，且经费补助高于两校原经费的总和之上。而受访者在新学校经费配置与运用的实际感受上认为，目前学校的经费不像以前想象中那么好，整并初学校的经费主要花费在建筑和奖励上，现在则由于学校发展一些企划及跨院研究，致影响到经费的运用，不过主要系因聘用过多的人员所致；另有受访者亦认为，新学校在经费的运用上对旧学校而言有些不均衡。

（二）东华大学整并后资源管理流程

1. 资源配置上之感受

大学整并后，学校各个行政组织结构和院系配置情形是否合理，常影响学校整体的运作和内部的和谐，亦为彼此冲突的产生点。肖谦、侯清麟即指出，新学校运转的过程，就是打破各校原格局，建立新格局的过程，因此内部组织结构的合理设置及人员、机构的紧密协作，有助于提高学校的管理效率。[①] 故学校整并后，在资源配置上必须平衡，才能达成新学校一体化的稳定目标。T3、T4 及 T5 老师、T6 行政人员在谈及资源配置上的感受情形时认为："整并初期，各项资源包括场馆、行政、学术、资讯上等等，第一年两校都各自维持自己的。但我觉得可能有些地方没有用得很好，所以才会使学校财政变得比较紧一点，在预算上面抠得很紧。"（IN20131230T3）"这边的资源分配方式，绝对没有问题，是以学院有多少系、多少学生为主，然后学院院长再去分配给各系，院里头一定要留下30%，因为院里也有很多事要做，设备费、业务费都非常充足，他们有一个很清楚的依据，大家也都觉得很好，这个比较不会有问题，但是教学评鉴大家就有点适应不良。"（IN20131230T4）"整并后资源配置也都照原来的，因为公家机关有什么，我们也会有什么，'教育部'法令都有规定嘛！

---

① 肖谦、侯清麟：《合并高校文化要素的整合路径探析》，《当代教育理论与实践》2009（1）。

花教大过来也只是人数增多，或原来设备稍微增多，或多盖几栋楼而已，没什么差别。"（IN20131231T5）"是公平的，不会说特别优惠那边，那都有法规依据，很清楚的。"（IN20131231T6）而 T4 老师进一步从资源共享的角度，来诠释整并后资源配置情形："现在我们会跟原住民、人文社会或环境学院做结合，我们先做系里面的，其实系要互跨都很难了。不过有时为了要演剧场，音乐系的就要跟艺术设计系或产业系做合作，后来他们也自己发展出一套，我们也会强化这个，而实际课程上面，慢慢也要规划这种跨领域的，由于我们跟原住民学院老师之间都有一些合作，那资源也都会分享。"（IN20131230T4）承上，"受访者认为整并前后没什么差别，因为都有法令依据，而整并后各学系间则必须寻求合作，才能达到资源共享目标；只是有些地方可能处理的不是很恰当，使得学校财政变得比较紧一点，另外在教学评鉴上也让学校成员有点适应不良。"（RT20140313 研）

　　在商场上，商品售出后若能受到广大消费者的青睐，商品才能显示出其价值；在学校中，行政组织、学术组织、设备、资讯平台、场馆等各项资源的配置，亦需符合学生的需求，才能使学生安心求学。对此，受访者的感受情形为何？是否产生不适应或不完善的地方？ T8、T9、T10、T11 学生提出他们的看法："刚开始比较会有，因为曾经还为一件事，就是选择毕业证书要印哪一所学校，到后来大家就觉得没什么差别，事实上现在对我来说，我是觉得东华还不错啦。"（IN20131230T8）"比较没有那种感觉。"（IN20131230T9）"会，像我们在花教大时，在励志楼跟敬业楼外面有一些布告栏，学校会把资讯贴在上面，我们经过就会知道；那现在这边可能他们有一些属于他们自己的管道，我们就比较不容易得知。"（IN20131230T10）。"没有特别感受！但是资源变多是一定的，如社团多样性比花教大多，东华电脑设备、宿舍比以前好很多，像老师的研究室几乎都比以前大一倍、奢华，也都有沙发，教室黑板也都换新的。整并后每位老师都有一笔经费来买新的。"（IN20131230T11）承上，"学生在此部分并没有特别感受，只是认为资源比未整并前增多了，但像毕业证书盖印、讯息传递方式等，是缺乏沟通所致，笔者认为与资源配置没多大关联。"（RT20140313 研）

　　在谈及整并后，学校方面是否有订定一些章程规则，来有效管理学校的行政组织、学术组织、设备、信息平台、场馆等组织结构？ T3、T4、T5

老师及 T6 行政人员在这部分，提出他们的看法："应该有啦！合校以后就订定一个新的，像升等方式、聘请老师的方式，整个都改啦！且应该说比以前更严。"（IN20141230T3）"有，就是原东华大学本来管理就比我们好，他们的管理一直是很好的，我们这边因为有好的管理才能出现一个秩序，才能开始 Round，我觉得总体来说真的是比较好。"（IN20131230T4）"学校可能会为了评鉴，稍微考量到，但据我所知没有太大变化。不过，评鉴这东西标准是会越来越高，要求越来越多啊！跟花教大来说没有什么差别。"（IN20131231T5）。"有啊！原本规章一定要改，例如，系所、系名更改，要通过系务会议，然后三级三审。"（IN20131231T6）综上，"多数受访者指出，整并后相关规章制度都会改变，然后再订定一个新的，且标准会越来越高。"（RT20140313 研）

在薪酬方面，依《公务人员俸给法》第 1 条、第 3、第 5 条规定，公务人员之俸给，依该法行之；分本俸（年功俸）及加给，均以月计之；服务未满整月者，按实际在职日数核实计支；另加给分为三类：（1）职务加给：对主管人员或职责繁重或工作具有危险性者加给之；（2）技术或专业加给：对技术或专业人员加给之；（3）地域加给：对服务边远或特殊地区与国外者加给之。① 依上，大学整并后，虽然学校人员服务地区整合，但并不影响其公务人员身份，故政府仍须依其职务给予薪俸。该校整并后，对薪酬方面的处理方式为何？T5 老师、T6 及 T7 行政人员在受访时认为："没有改变，都照原来的，因为法令有规定。"（IN20131231T5）"看可不可以调薪，我们的薪点比劳基法规定的还低，薪点已经很久没有涨了。"（IN20131231T6，T7）承上，"在俸给上是依照法令规定办理，与整并前没有差别；但约雇人员则因法令适用之问题，致产生薪俸未做调整的现象，而有些不满意，不过这与整并无关。"（RT20140313 研）

在资源配置完毕后，学校方面亦须建立绩效评核制度或制定一些考核制度，来评估了解如薪资福利、人员能力和工作分析、馆舍使用上是否达到预期效益。T3、T5 老师及 T6 行政人员认为："应该有，有些是重新定的，有些有修正过，对老师比较没影响，对行政人员影响比较大，很多规章后来大都以东华为主。"（IN20131230T3）"主要是由主管评分，很主

---

① 《公务人员俸给法》［EB/OL］。

观，没有数据化，但请假是必要的考量依据。"（IN20131231T5）"有啊！现在学校要准备明年'教育部'评鉴，所以目前在办系所自评。"（IN20131231T6）承上，"该校相关考核制度都有重新制定，不过有受访者认为大部分规章都以原东华为主；有受访者则表示行政人员的考核是由主管评分，较为主观。"（RT20140313 研）

　　该校整并后，是否将绩效评核制度运用在学校办学绩效评估上？T4老师指出："有，学校就按照'教育部'的评鉴机制，我们学生有那个总结性评量，老师每三年要评鉴一次，从那个东西来看，有没有进步或什么的？那个总结性评量虽然在评学生，也是在评老师，就是说学生没过或是说表现不好，那老师也不好意思，可是现在这个机制就是说，我们不会去呈现这个老师好还是不好，只能整体地看有没有进步，那整体来看，就从学生毕业的就业率，他的获奖，他的出版，还有学生来这里的就读率等等。"（IN20131230T4）再进一步询问，这项评鉴制度若未通过评核，会产生什么样的结果？T4 老师则认为："我们很清楚，法规就是规定说你评鉴没有过，明年再评鉴，两次机会你都失去了就解聘，有人真的被解聘，我们这边算很严。"（IN20131230T4）承上，"该校透过评鉴制度来评核老师和学生的表现，假若老师未通过评鉴评核就会被解聘；而学校办学绩效的呈现，则经由学生的就业率、就读率，还有老师的获奖、出版等整体成果来看。"（RT20140313 研）

　　学校资源整合之后，在对教职员工的教育训练，或学生生涯发展上，有无制订相关计划？T6 行政人员、T8 及 T11 学生在受访时，提出他们的看法："有，只有对相关业务做讲习说明会，例如教务系统针对招生、课务上，在职能上人事室有时也会办一些专业训练，不过都是在暑假时间。"（IN20131231T6）"在生涯规划上，就是学校有办很多活动，像一些职业的就会请人演讲，一个月前在文学院那边就有办一些让你去了解一些生涯问题，这是每一年常态性办的，没有特别为花教大学生办的。"（IN20131230T8，T11）综上，"该校有针对职员工办理一些业务讲习或训练，教师则原本即有相关进修和研究之规定；而在学生生涯发展上，学校会举办很多关于职业方面活动，但这些都是常态性活动，与整并无关。"（RT20140313 研）

　　总而言之，该校整并后，必须整合已打破的格局，成为一个新的组织体，其中由于资源配置上牵涉到各方利益，故如何合理、公正地分配，平衡各方意见，是新领导者所需处理的棘手问题。从受访者访谈中了解，在资源配置上整并前后没什么差别，因为都依法行政，学生则没有特别感受，只是觉得资源比未整并前增多了，但系所间必须寻求合作，才能达到资源共享目标；学校在相关规章制度上都有改变，然后再订定一个新的，且标准会越来越高；在俸给配置上亦是依照法规办理，与整并前一样；相关考核制度也都重新制定，不过大部分规章仍以原东华为主；学校会透过评鉴制度来评核师生表现，假若老师未通过评鉴评核就会受到解聘，而学校办学绩效的呈现，则经由学生就业率、就读率，还有老师的获奖、出版等整体成果来看；学校有针对职员工办理一些业务讲习或训练，而在学生生涯发展上，则举办很多关于职业方面的活动，但这都与整并无关。

2. 行政管理流程

学校整并后，使得原本各校的组织结构及资源须重新改组与配置，行政管理流程也将不同于以往，其性质势必更加专业化、透明化和阶层化，来服务所有成员，因此做好资源管理工作与分配，对整并后的学校将产生良好助益。由于学校事物原本即相当繁琐，因此仅就部分行政管理流程列举探讨如下。

（1）在行政效率部分

行政效率的提升，代表工作效能的提高，亦是学校整并后的重要课题。在谈论整并后行政效率提升情形时，T4老师及T8、T10学生的感受认为："在行政效率上，我觉得对以前我们花教大是比较好的，对他们原来的我不知道，他们会不会觉得我们拖垮它，或是没有这个问题，我不晓得。"（IN20141230T2）"我是觉得没有，东华规定比较多，比较繁杂，很多规定就全部照他们的。"（IN20141230T6）"我觉得效率比较差，因为这边分工很细，送公文要送很多处室，且过程很长，像之前在学校宿舍，如果受伤，他们还要打给校警，资讯就比较慢，不像以前在花教大，教官一下子就马上过来了。"（IN20141230T8）对此，"受访者认为行政效率没有感觉变好，甚至变差了。他们指出，整并后很多规定都依原东华大学的，然因该校行政工作原本即分工较细、规定较多，程序也比较繁杂，致影响行政效率。"（RT20140313研）

（2）在交通车使用部分

整并初，由于尚未整并成单一校区，故往返两校区均由交通车接驳，T5 老师在受访时即指出当时状况："那时候有向客运公司定期租用交通车，包括老师开会或至美仑校区上课，学生上课，都是两边跑，连院系签核的公文也是搭交通车的。"（IN20131231T5）这个问题也成为整并后"校长与学生有约"座谈会上的重要议题，该校总务处即指出，该校教职员工生，不管寿丰校区或美仑校区，因上课、演讲或艺术季等大型活动公务之需，皆可向总务处事务组申请派车接送，2008 年 11 月中旬后将有定时定点之交通车（届时总务处会公布停车时间及地点），全校师生均可免费搭乘，倘人数过多或班次时间不能配合，再于 3 日前提出申请即可，以达资源共享之目标。①承上，"交通车的使用，是方便两校区师生在上课、开会及各项活动时往返之用，亦是该校整并成单一校区前的一个过渡时期，当然在这样的过程中，所花费的时间与金钱是不可算计的，不过也是大学整并上所会遇到的现象之一。"（RT20140313 研）

（3）在行政工作流程部分

行政工作流程的顺畅与否，与组织的发展有着密不可分的关系，因为组织各项工作的遂行，即是靠行政单位来推动。该校整并初，在行政工作流程上也出现一些问题，从 T3 老师的访谈中可了解："很多公文在处理上变成两套，美仑一套，东华一套，然后两边这样传，变的很多事情都重复在做，所以这个要经过磨合时期，这也难免因为合校嘛；这里面很辛苦，像我们在开会，行政小姐就常抱怨说，同样的事情做了以后，又说不对，不对要问谁也不知道。当时很多行政作业都很乱，行政作业乱，开会也就很辛苦，我们常常是美仑一下课，就要冲到寿丰来开行政会议，我们行政老师很忙。"（IN20131230T3）又 T7 行政人员更深入地解释这部分："刚合并时我们在美仑校区还没搬过来，公文流程就要跑一两个礼拜，公文要坐校车过来，还可能会遗失，而且时效长、会延迟，连我们要办事情，要来这边，都要坐校车，一天可能就这样往返，时间就浪费在路程上，那根本不用做事了。"（IN20131231T7）

---

① 《东华大学美仑校区 2008 学年度第 1 学期第 1 次"校长与同学有约"座谈会会议记录》[EB/OL]。

　　而照理讲行政单位多半系为服务学校各项事务而设，但 T6 行政人员却有不同的感受："整并后行政助理多半跟着系移动，但我觉得学校一直在控管各学院系、所的行政助理人数不能多，却一直在扩充行政单位那些处室人员。比如我们现在有国际学生，他把国际学生都丢回我们系所，叫我们处理，那国际处要做什么？他们把工作又丢回系所，那他增加处的人力，只有在做对外招生，及当天入境时带学生到校内而已，可是系所助理业务量却暴增，所以整并后处室人员增加，分工更细，但有些实际行政事务却常丢回给业务部门，其他处室也都是如此，他们通常是发一封 E-mail，就等系所汇整资料。"（IN20131231T6）另外，在选课系统使用上，整并初由于两校区选课系统不同，寿丰校区是网络选课，美仑校区仍以人工为主（DO20131230），故学生在选课上经历了一段时间的不适应。T3 老师在受访时即指出："就是我们美仑校区的行政人员整个调过来，电脑选课后来慢慢都用东华系统，所以调来的行政人员才会很生气，说这个系统不好用，问谁谁又推，所以也经过那段磨合期。"（IN20131230T3）承上，"整并初期，由于新学校尚处于两校区同时运作状态，因此在行政作业上仍是相当紊乱，致浪费许多时间，也造成不少困扰；在业务分工上，因未厘清律定，故使行政人员莫衷一是，产生推诿情形；而在选课系统上，也因对新系统不熟悉，致出现不适应现象。"（RT20140313 研）

　　总结而论，该校整并初，所有工作尚在磨合阶段，因此各项行政管理流程必须规划妥当，方能使诸项工作推展顺遂，达到资源整合之目的，否则即失去了整并的意涵。从访谈中了解，受访者认为行政效率没有感觉变好，甚至变差了；交通车使用是分散校区的一个过渡时期，行政管理流程自然不顺畅；在行政工作流程上则仍是相当紊乱，目前仍有部分行政流程，因为业务分工未厘清，产生推诿情形。

二　广州大学整并后资源配置分析

（一）广州大学整并后组织结构重组

　　该校是由 4 所市属高校所合并组建而成，这 4 所市属高校原有 43 个内设机构，而整并后经报广州市政府编制委员会批准后，确立了 26 个内设机构，完成了机关、学院、教辅、后勤部门，定编、定岗、定责的

"三定"工作。① 由此显见，组织资源配置的良窳与否，将是影响组织运作顺遂的关键。

1. 校区配置

在资源配置上，高校整并后，校区的设置是硬体建设首要着手的项目，因为无论是单一校区抑或是一校多个校区都将导致不同的整并结果，亦会影响到后续软、硬体建设的规划。

整并前的 4 所市属高校，广州师范学院、原广州大学、华南建设学院（西院）、广州高等师范专科学校（广州教育学院）等，各分散于 5 个不同的地方；广州师范学院在桂花岗校区、原广州大学在麓湖校区、华南建设学院（西院）在广园校区（由于原广州大学和华南建设学院西院间距离相当近，为整合资源，广州市委和人民政府计划在两校之高尔夫球练习场间，新建一条 700 米长的通道，将两校区连通）、广州师范专科学校在龙洞校区、广州教育学院则在起义路校区，而校区分散、空间不足是该校整并初发展上的一大制约。市政府原规划通过资源置换方式，将原有校区调整为 3 个，即桂花岗、麓湖及龙洞校区，并将新组建之师范学院设在桂花岗校区（占地 154 亩），建设学院和工商管理学院设在麓湖校区（占地 445 亩），职业技术学院设在龙洞校区（占地 550 亩），校本部则设于麓湖校区，且计划在广州市白云区新征土地 700 亩建设新校本部。② 受访者 K5 老师及 K7 行政人员，对该校组建初，校区配置情形，提出看法："后来把几个校区划分成几个学院，比如外语学院就在这个校区，数学学院就在起义路那个校区，逐渐地开始分成校区，以校区为单位划分那个学院。"（IN20131222K5）"合并后是全部打散，不是原来在哪上班，就在哪上班，比如以前桂花岗是什么学科都有，现在则留下纺织、人文学院，其他的则搬到别的校区，人员再重新调整组合，所以他是按照学科和专业来安排的，并不是按照校区来安排的。"（IN20140106K7）换言之，"该校在校区配置上，系打破各校建制，按学科和专业来安排。"（RT20140415 研）

整并后，囿于相关因素考量最后将校本部设于广园校区（原华南建设学院（西院）校址），2003 年市政府为打造"学、研、产"一体，具

① 林维明：《学校工作报告》[M]。
② 《合并组建广州大学（新）的方案（送审稿）》[Z]。

国际化、生态化及资讯化的一流大学园区，斥资 20.6 亿元在广州市番禺区的小谷围岛及其南侧对岸地区，建设广州大学新校园，该校主体于 2005 年 9 月搬迁进入广州大学城，办学条件得到根本性改善，现仅剩大学城、桂花岗两个校区，大学城校区为校本部及主要的教学研究活动重心，桂花岗校区则规划为在职进修及培训之用，包括继续教育学院开展成人教育本专科教育、研究生处开办的在职教育硕士研究生教育、中小学教师与校长培训、经济与统计学院与公共管理学院和工商管理学院三个学院一年级本科生、广州发展研究院及产业学院两学院负责与社会产业的培训与研究合作、一些研究所、市政府设在此校区的一些培训机构等，占地面积 2127 亩（大学城 1975 亩，桂花岗 152 亩）（DO20140107）。①② 受访者 K5 老师，对该校搬迁至大学城后，提出她个人感想："2005 年全校搬迁后，打乱了以校区为单位划分学院的格局，就按完完整整学院来建制，比如外语学院在行政西楼，人文学院在行政东楼。我觉得大学城整体搬迁是个很重要的转折点，例如以前大家在分散校区，不好了解，现在都一起办公，就很好了解；原来几个校区老师都要通过交通车往返来走动教学，现在大学城中已经不是这样了，老师现在有相对办公室，也有相对的固定学生，变成明显的改变。"（IN20131222K5）

综言之，该校整并初系处于分散校区办学阶段，故学校是按学科和专业来安排校区格局；2005 年 9 月整体搬迁至大学城后，学校整合成实质的单一校区办学，也打乱了上述的格局，目前该校仅剩大学城和桂花岗两个校区。

2. 行政组织配置

（1）行政组织配置原则

在行政组织配置上，该校实行省、市共管，以市为主的模式。按照《中华人民共和国高等教育法》第 39 条含义，广州大学实行党委领导下的校长负责制。③ 换言之，大陆以党领校本质是不容改变的，实际上是要由党委书记与校长双重治校，领导阶层除执行中国共产党的路线、方针、

---

① 陈佳鸿：《以都市设计观点探讨校园规划的远景与机制——以成功大学光复校区为例》，台湾成功大学硕博论文 2008 年级。

② 《学校简介》[EB/OL]。

③ 《中华人民共和国高等教育法》[EB/OL]。

政策外，并坚持社会主义办学方向，及领导学校的思想政治工作和德育工作，此部分与台湾行政体制较为不同，亦即在行政组织系统外，另设有党委机构。杨景尧也指出，学校党委会的职权实际是凌驾校务委员会与校长之上，不但有权领导校务委员会，并有权领导校内的共青团、工会、学生会，与其他群众组织①，因此在探讨大陆高等学校行政组织时，自然必须一并了解大陆高等学校内党委组织的情形。受访者 K3 老师在访谈时，即特别就这个部分提出说明："书记和校长的管理模式在大陆是比较特殊的，它都属于学校系统，一个是党系统，一个是行政系统，以排名来说，书记会排比较前面，而校长则兼副书记。两者关系也是非常微妙的，如果一个书记强势，也是学术出身的，那可能在权力平衡上，会有一些问题，因为从权限来说他们都是一样的。一般来说，书记在党务部分，主要在办学主导方向，同时他也是发挥一个党委民主机制的保障，就是说比较大的事务需要党政联席会议，或党委会来讨论决定。除了精神部分，还有具体操作实务部分，学校有学校党委，涉及学校的一个决策事务，需要集体讨论，因为校长也是副书记，也是这个班子的成员。所以，党委书记最重要的就是把握方向，重大决策一定要透过党委书记；还有一个就是干部遴选部分，特别在行政干部遴选上都要透过这个机制。"（IN20131222K3）

　　2000 年 7 月 12 日该校组建整并隔天，广大党字〔2000〕9 号文即确定该校行政机构配置，包含党委办公室、纪委办公室（监察处）、党委组织部、党委宣导部、党委统战部、党委学生工作部（与学生处合署）、武装部（与保卫处合署）、校办公室（国际交流与合作处）、人事处、教务处、科研处、研究生处、学生处、总务处、财务处、保卫处、基建处、审计处、设备处、高等职业技术教育处、离退休干部管理处、桂花岗校区办公室、麓湖校区办公室、起义路校区办公室、龙洞校区办公室、成人教育处等。②③ 受访者 K4 老师在受访时即提到行政组织配置的原则："这是由筹备处来规划多少个行政部门，由于国内是讲编制，设多少个机构设多少个处，这个编办要批的，合并前要搞清楚，所以合并的时候就是先简单合

①　杨景尧：《中国大陆高等教育之研究》，台湾高等出版社 2003 年版。
②　禹奇才主编：《广大胸怀造就新的广大》，广东高等教育出版社 2009 年版。
③　《合并组建广州大学（新）的方案（送审稿)》［Z］。

并，四个处变一个处。"（IN20140106K4）而实际行政组织整并规划情形为何？受访者 K3 老师在受访时指出："刚整并时，校园还是分开没有并在一起，2002 年才开始要整在一起，但是行政人员则全部集中，原来华建西校区当作临时总部，然后所有行政人员就全部集中在一起办公，各个校区都有一个校区办，校区办隶属于校办，由他们来做管理。"（IN20131222K3）承上，"该校行政机构在整并前，即由筹备处依照学校实际需求予以编设；整并初则将校本部置于华建西校区，其余各校区则设校区办。"（RT20140415 研）

近期该校在行政组织配置上，党委机构并未有多大变动，而行政机构部分，最明显者为各分校校区仅剩桂花岗校区管委会，其他校区则为市政府收回挪为他用，另外如党委办公室和校办公室（合署）、总务处与设备处整合为后勤产业处和基建处（合署），实行一套人马两块牌子，又新增招生就业工作处、服务经济社会工作处等。因此，实际配置情形包括党委办公室校办公室（合署）（法律顾问室）、纪委办公室（监察处）、党委组织部、党委宣传部、党委统战部、党委学生工作部（与学生工作处合署）、教务处（教育教学评估中心）、科技处、社科处、研究生处（与研究生工作部合署）、人事处、财务处、实验室与设备处理处、后勤产业处基建处（合署）、保卫处（与武装部合署）、审计处、离退休工作处、国际交流与合作处、招生就业工作处、服务经济社会工作处等单位。[①]

在毕业校友整并上，根据维基百科资料显示：[②] 1993 年 1 月该市教育委员会发文《关于广州大学与私立广州大学衔接问题的批复》（穗高教〔1993〕1 号），同意原广州大学可与私立广州大学的关系衔接，以利于加强海内外校友的联系，并为该校进一步发展创造更有利的条件；1996 年11 月，在市政府支持下，原广州大学与私立广州大学隆重举行衔接大会，会中私立广州大学校友会同意与原广州大学校史相衔接。该校整并后，校友会于 2008 年 7 月 18 日经广东省民政厅批准设立，是直属于该校的一个民间团体，而在 1982 年经省民政厅批准成立的"广州大学广州校友会"正式更名为"广东省广州大学校友会"；依《广州大学章程》第 64 条规

---

① 《学校简介》［EB/OL］。
② 《私立广州大学》［EB/OL］。

定，学校设立广州大学校友会，学校支持校友成立具有届别、行业、地域特点的校友组织，校友会或校友组织依据有关法律法规及其章程规定开展活动；在该章程第 65 条亦指出，学校通过校友会及其他多种形式联系和服务校友，凝聚校友力量；[①] 2009 年 7 月 11 日广州大学校友会在该校合并组建 9 周年之际，召开了整并后首届校友代表大会暨校友会成立大会，并通过了《广州大学校友会章程（草案）》，选举产生第一届校友会理事会。在该章程中亦明确指出，该校友会成立之宗旨，在继承、发扬母校的优良传统，密切海内外校友之间以及校友和母校之间的联系，增进友谊、加强合作、促进交流，为母校发展、为祖国繁荣进步作贡献。[②] 目前该校校友会办公室与统战部合署办公，联系地址则在该校行政西楼后座 530 室。该校在几十年办学实践中，培养近 19 万各种专业毕业生，足迹遍布海内外，集中在广东省，密集在广州地区，为地方经济、社会发展作出了贡献。[③] 由此可见，该校毕业校友透过校友会的联系，拉进彼此间的距离，将整个力量凝聚起来，成为广大的一个重要支柱，也为广大未来发展贡献一己之力。

综上所述，该校实行省、市共管，以市为主的模式，并实施党委领导下的校长负责制，实际上即是由党委书记与校长共同治校。该项配置是于整并前，由合并组建领导小组规划与制定的，该校行政组织分成行政机构和党委机构，整并后在党委机构上变动并不大，但在行政机构上则随时空环境变迁有做部分更动；另因应整并初分散校区状况，故在华建西校区置校本部，其余各校区则设校区办，以利行政运作。在毕业校友整并上，该校整并后为积极整合各校友，除先前在市政府支持下，溯源与原私立广州大学的关系衔接外，更在学校的鼓励下校友于 2008 年正式成立"广州大学校友会"，作为校友与母校联系、交流的桥梁，为该校进一步发展创造更有利的条件。

（2）行政组织整并上之感受

在整并过程中，相较于学科整并的复杂化，行政组织的整并相对地单

---

① 《广州大学年鉴 2009》［Z］。

② 《广州大学校友会章程》［EB/OL］。

③ 《广州大学校友会概况》［EB/OL］。

纯多了！行政组织变革属于结构性变革，其内涵主要系以改变组织职位权力关系、合作协调机制、工作内涵设计或其他结构变数等。① 换言之，行政组织结构的改变，其影响层面小至名称的替换，大至整个结构制度的重制，都将牵动组织的每一个触角。

行政组织工作系以负责整个高校运行为要。该校整并后的行政组织，系将受整并各校原有行政机构依其功能及分工予以整合或裁并，例如，4 个教务处整并成 1 个教务处，而这里较特殊的还牵涉到前述所提大陆党委组织的运作，由于党委负责人与行政机构中的校长是不同的两个人，故高校行政组织运作是采用"党政二元"模式②，且两者间关系密切。整并后对行政组织整并的感受为何？受访者 K7 行政人员指出："整并后，原来4 所高校，4 套人马，像教务处、学生处、财务处、基建处等，各大高校都是麻雀虽小五脏俱全，只要将它们并起来就可以了，问题不大，但最大问题是人员安排。"（IN20140106K7）

综上所述，该校主要系将受整并各校原有行政机构依其功能及分工予以整合或裁并，并实施"党政二元"模式运作。又由于大陆高校制度中行政系统与教学系统是各自独立的，不像台湾的大学许多行政工作都是教授或副教授兼办。③ 相形之下，大陆高校行政单位有较大的独立空间，得以行使其职权，加以行政机构整并已由筹备处开会决定了，且已整并多时，故受访者对整并后的行政组织并无太多意见，不过也正如受访者所提，组织整并问题并不大，人员的安排才是关键。

3. 学科配置情形

（1）学科整并原则与概况

肖谦、侯清麟指出④，在进行学科整并时，必须充分考虑到 4 方面的整合：①整并同类学科，消除学科专业重复设置；②促进学科交叉融合，形成学科融合共生；③突出特色学科建设；④加强传统学科改造和提升。如此做法，即是要让学校整并后，学科能由单科性往多科性或综合性发展，并且依当时社会经济发展趋势，及学校实际需要来确定。

---

① 廖春文：《学校组织变革发展整合模式之探讨》，《教育政策论坛》2004（7）。

② 杨景尧：《中国大陆高等教育之研究》，台湾高等出版社 2003 年版。

③ 同上。

④ 肖谦、侯清麟：《合并高校文化要素的整合路径探析》，《当代教育理论与实践》2009（1）。

　　对该校整并后，学科整并原则为何？陈万鹏、林维明表示①，广州大学根据教育教学规律和广州经济社会发展的需求，按减少重复、突出特色、更新内容、拓宽口径的原则，及有利于发挥学校原有和潜在的优势，对相同、相近专业进行整并，重新组建教学单位。依此原则，共建立了6个二级学院，形成了科学合理、具有一定特色和优势、院系科（室）设置完整的教学体系和校、院、系三级建制、两级管理、以院为主的管理体制。从受访者 K4、K5 老师访谈中，亦谈及学科整并原则："当初的设计是相似的学科、系别就并在一起，以强为主，像老广大的建筑系，就到我们华建西土木学院来。我们有学院，学院下面还有系，你属于哪个系就去哪个系。"（IN20140106K4）"这学科的分布，刚开始就是按照有什么系就建什么学院，这是很不科学的，设了学院以后这里面的人员又分成若干系，基本上你学校有什么系就全部都放进来，类似的系就放在一起，反正先让你有位置坐，你负责什么就负责什么，教哪个校区的书就教什么书。"（IN20131222K5）

　　在实际学科配置上，事实上该校在未组建前，即已初步规划如何整并学科，从"组建广州大学（新）方案（送审稿）"内容上可见其当初规划情形：①师范学院：以广州师范学院为基础，并融入广州高等师范专科学校及广州教育学院的资源，重点在办好教育学、汉语言文学、英语、数学、物理学、化学、思想政治教育、历史学等专业；②建设学院：以华南建设学院（西院）为基础，重点在办好建筑学、土木工程、城市规划、给水排水等专业；③工商管理学院：以广州大学、广州师范学院、广州高等师范专科学校的有关专业为基础，重点在办好旅游管理、工商企业管理、市场营销、会计学、法学（经济法）等专业；④职业技术学院：主要为广州地区经济社会发展培养高级应用技术人才，大学直属系、部主要有基础部、社会科学部、计算机科学系、机电工程系、艺术设计系等。②另根据《广州大学章程》第 26 条规定，该校实行校、院（研究所或中心）两级管理的体制；学校规范和尊重学院（研究所或中心）或具有独立建制的单位自主管理，发挥其办学的本体作用。③综上，整并初的学科

---

　　①　陈万鹏、林维明：《以合并为契机，实现学校跨越式发展》，《中国高等教育》（半月刊）2001（12）。

　　②　《合并组建广州大学（新）的方案（送审稿）》［Z］。

　　③　《广州大学年鉴 2009》［Z］。

规划，系以原组建各校校区既有专业为基础，进行学科与专业之适当调整。受访者 K4 老师亦提到学科整并的实际做法："那其实很简单，领导喊融合，一宣布老广师的土木系和华建西的土木系合并，剩下就是两边领导来了，那弱的肯定听强的，强的就是正的，弱的就是副的。先简单合并，领导的级别不变，完了再成立学院，陆陆续续成立一些新学院，成立什么学院就选新的院长，剩下的就由院长来操盘了。"（IN20140106K4）

该校整并初期，共计设有法学院、人文学院、经济与管理学院、理学院、教育学院、外国语学院、土木工程学院、建筑与城市规划学院、信息与机电工程学院、生物与化学工程学院、艺术与设计学院、继续教育学院、旅游学院等 13 个学院，及 31 个本科专业、52 个专科专业、9 个硕士点；整并迄今，现则设有工商管理学院、公共管理学院、新闻与传播学院、美术与设计学院、地理科学学院、生命科学学院、土木工程学院、体育学院、国际教育学院、现代产业学院、经济与统计学院、教育学院（师范学院）、外国语学院、数学与信息科学学院、计算机科学与教育软体学院、化学化工学院、建筑与城市规划学院、马克思主义学院、教师培训学院、法学院、人文学院、音乐舞蹈学院、物理与电子工程学院、机械与电气工程学院、环境科学与工程学院、旅游学院（中法旅游学院）、继续教育学院、中加国际教育学院等 28 个学院，及 77 个本科专业、一级学科硕士点 27 个，有 150 多个可设置的二级学科硕士点，另有教育硕士、工程硕士、体育硕士、艺术硕士、汉语国际教育 5 个专业硕士学位点共 27 个领域（方向）、一级学科博士点 3 个、近 20 个可设置的二级学科博士点、博士后科研流动站 2 个；2010 年 8 月，该校被教育部确定为新增开展硕士推免生工作高校。[①] 该校在整并 10 多年间，由于学科扩充进展迅速，因此增加了近 1 倍以上的学科。

另外，从钟玉池的研究中了解[②]，该校自 2001 年组建学院以来，一直对学院进行调整，到了 2004 年学院做了较大幅度的调整，学院数量大幅增加，如法学院分拆成法学院、公共管理学院、社科部；教育学院拆成

①　禹奇才主编：《广大胸怀造就新的广大》，广东高等教育出版社 2009 年版。

②　钟玉池：《我国地方高校学院制改革研究——以 A 大学为例》，广州市华南师范大学博士论文 2008 年版。

教育学院、体育学院；人文学院拆成人文学院、新闻与传播学院；艺术与设计学院拆成美术学院、音乐舞蹈学院、艺术设计学院；生物与化学工程学院拆成化学化工学院、环境科学与工程学院、生命科学学院；理学院分成数学与信息科学学院、物理与电子工程学院、地理科学学院等。总体言之，学科会随社会经济进步需求、学校实际需要、整体发展考量及资源优化配置的原则，做必要性的整并与调整。

再者，在课程设计上，许朝信认为课程设计是教师为达成教育目标，对于课程要素透过精确之设计理念，而进行之慎思熟虑规划历程。[①] 换言之，课程设计之目的系借由教育目标的设定，来进行课程的规划，以使学生吸收到应有之知识。根据《中华人民共和国高等教育法》第34条规定，高等学校根据教学需要，自主制订教学计划、选编教材、组织实施教学活动；另依同法第42条之规定，高等学校设立学术委员会，审议学科、专业的设置，教学、科学研究计划方案，评定教学、科学研究成果等有关学术事项。[②] 该校组建后，学校按照教育部提出的《面向21世纪教学内容和课程体系改革计划》，并根据社会主义市场经济对各专业知识、素质、能力的要求，积极推进课程体系的改革，2003年颁布了《广州大学关于制订课程教学大纲的指导意见》明确规定，各专业人才培育方案中所列课程，均须制定符合规定的课程教学大纲；2004年再颁布《关于加强精品课程建设的实施意见》，进一步推进该校精品课程的建设工作。各项改革工作，执行情况良好，成效显著，已获得省、市精品课程、重点课程、建设部优秀课程65门次，2011—2012学年新增省级精品课程3门，人才培养模式创新试验区3个，省级重点专业2个，省级工程教育中心1个，省级教改项目3项，市级双语教学示范课程5门，市级教研项目14项等。[③④] 而在实际课程设计上，受访者K3、K4及K5老师对课程改革方面提出他们的看法："搬到大学城前，实际上就一直在讨论。合并后我们有几次课程调整也综合时间改革，教务处的行政系统也一直在变化，已经改了4次，现在是2012年版了。每个专业课程计划，是由老师来讨论

---

①　许朝信：《国小教师课程设计能力之研究》，台湾中正大学硕博论文2002年版。

②　《中华人民共和国高等教育法》［EB/OL］。

③　《本科教学工作水平评估自评报告》［Z］。

④　《广州大学2012年本科教学质量报告》［Z］。

决定要增加或删减，也有一些导向，比如教育国际化的指标是目前大学评鉴的指标，他就要求各个院系要开双语教学课程，还有国际课程；也有一些课程是不可以调整的，比如我们称为马克思主义理论课的政治课、体育课，这些学科比例是规定的，不能改。"（IN20131222K3）

"合并时我们本科才20多个专业，现在新专业就不断在增多，因为发展太快，所以教育计划每年都要修订，制订新生教育计划，不足的部分再慢慢调整和优化。像土木学院每年都要请外校几个专家，来论证我们的教育计划行不行，提建议。"（IN20140106K4）"我们现在也在谈教学改革。以前培养出来的学生，在文字上、理论上比较多，实际上就不行，一到工作当中就不管用了。因此，教学改革势必要围着人才培养的目标，如英语专业，你要培养什么样的人？几个方向你怎么培养？你的目标是什么？再根据你的目标，在人才计划中有些课程就需要适当地调整。又如学校提出卓越工程师计划，就理工科来说，就不能局限在课堂上，要具体落实在实际操作上，所以就提出多少时间要去实习。教学计划的调整是随着社会发展，人才要求的这种提高，这个我们已经改很多了。"（IN20131222K5）

受访者K8及K11学生虽未经历过整并过程，不过从访问中亦能探析他们对课程设计的看法："研究生没有选修课，选修课也是必选，其实都是必修课。本科的多样性会多一些，专业课肯定要学，有些比较枯燥，但还是要完成；而选修课程很多，只要根据自己兴趣，去修过就行了。"（IN20140106K8）"课程大体上分为必修和选修，选修课给我们学生的空间还是蛮大的，学科交叉还是挺多样的，尤其是本科。"（IN20140106K11）进一步询问，整并后在课程设计上，是否已达到资源整合优化之目的了？受访者K4老师、K6及K7行政人员都认为："那是啊！优化了啊！学科增加了，像基础课也做了调整。"（IN20140106K4）"开始时还是有一点没有做到，例如，有些个别的专业，你有开我也有开；过渡阶段会有，因为为了保持稳定，不可能一次到位，所以棘手的先放一放，等条件成熟后再来，因此基本上已达到资源整合。"（IN20140107K6）"可以说是基本达到了，课程全部整合在一起，教学计划也全部是一样的，资源全部按照人才培养的要求统一分配，没有说谁特殊。"（IN1030106K7）

　　最后，在学生社团整并上，由于学生社团活动是大学教育中重要的一环，也是学生课外活动的重心，因此鼓励学生多参与社团活动，对培养高校学生多元化能力，有其深远的教育意义。该校在整并后出台了《广州大学社团管理办法》规章，目的系要将学生社团活动与校园文化建设结合起来，开展出多样化的校园文化活动，打造出若干个颇有影响的科技文化活动品牌。① 以 2011 年为例，各类学生社团分成理论学习类包括党建理论研究会、知行读书社、马列读书会等；学术科技类包括辩论俱乐部、电子协会、房地产研究学会等；社会公益类包括法律咨询服务社、绿色动力协会、自强社等；兴趣爱好类包括乒乓球协会、原色映像动漫协会、话剧团等，共计 85 个。其中法学院的法律咨询服务社、公共管理学院的知行读书社、环境科学与工程学院的绿色动力协会等均长期坚持活动，故影响颇大。② 然而，整并后学生社团的运作情形为何？是否有达到资源整合之目的？受访者 K3 老师表示："整并后各个学校的社团就整合起来，羽球社跟羽球社，什么社就跟什么社。社团干部就自己去竞选，因为学生没有利益上的冲突，所以也没意见，大家投票即可，愿意参选的就去拉票。"（IN20131222K3）又受访者 K8、K9 及 K10 学生对社团活动的感受认为："我以前有参加一个叫行政管理的社团，还有一个不记得了！因为花样太多了，有时也不知道如何选。"（IN20140106K8）"广州大学社团是很多的，每年招新会员时都有很多，所以美其名曰'百团大战'。研究生也可以参加，不过研究生可能把精力都放在学术上吧！"（IN20140106K9）"研究生现在也有研究生专门的社团，像书画社、合唱团、校研会等等。"（IN20140106K10）

　　综上所述，首先在学科整并原则上，根据教育教学规律和广州经济社会发展的需求，按减少重复、突出特色、更新内容、拓宽口径的原则，以发挥学校潜在优势。在实际学科整并上，该校纳编了各校原有的系，而整并初仅将相类似的学科并在一起，并未精确地调整学科内容，除了是要突出学科特色外，另一则为安定人心，但学科也会随着学校实际需求、整体发展考量及资源优化配置原则，做必要性的调整。其次，在课程设计方

---

① 《本科教学工作水平评估自评报告》［Z］。
② 《广州大学年鉴 2011》［Z］。

面，该校根据相关规定，颁布了课程建设等计划，来推进课程建设工作，并随社会发展、人才培养之目标，来做调整，但有些课程是有导向的如国际化指标，有些则是不可以调整的如政治课、体育课，而学生的感受则认为本科选修课程很多样性；在资源整合方面，受访者则认为整并后基本上已达到了资源整合目的。最后，在学生社团整并上，整并后将各校社团整合起来，自己选干部，并依社团管理办法办理社团活动，而受访学生也认为该校的社团很多，不仅有本科生的，也有研究生的。

（2）学科整并上之感受

学科是大学组织的基本元素，是高校教学、科研和管理等各项工作的结合点。在大学整并过程中，从某种意义上说，学科重建的好坏是高校合并成败的关键因素，所以比较合并前后学科建设的各项指标即能立判分明。[①] 从相关的整并案例中，有些整并高校在学科整合和调整上采取了一系列措施，所以取得了一定成效；但并非所有高校在整并后，其学科优势即能自然地显现出来，亦不是其学科门类增多，学科覆盖面增大，学科之间就能有很好的融合，故仍须进行实质性整并才能了解学科整并后的缺失，据以改进。

由此观之，学科整并要能发挥整并优势，除了根据学校自身实际情况，更要观察社会脉络的发展。该校整并后，非常重视学科建设工作，把学科建设摆在学校工作的龙头地位，无论在经费挹注、法规制定，或是管理机构设置上[②]，都投入相当多心力，目的在提高科研水平。至于在学科整并情形上，受访者 K4 及 K5 老师的感受认为："在同一学院里面，不同专业之间，比如数理学院把化学、物理、数理都放进去，他们之间就有得争啦！后来又把数理学院拆分成物理学院、数学学院、化学学院。所以当初整并的时候是把相关的科系都放在一起，之后学院根据经济发展需要再将它们抽离出来重新组合，但有些科系还是没动的。"（IN20140106K4）"原先是建立 21 个学院，把一些相关的系就归到一个学院去了，例如人类学院就把中文、历史系到里头去，外语学院就只能是法语、日语、英

① 陈思静：《四川大学两次并校过程中学科建设情况的调查与分析》，《科协论坛》2007（12）。

② 《广州大学年鉴 2000—2002》［Z］。

语放在这里。后来随着学科发展又新增加一些学院，比如新闻学院刚合并时是没有的，而新闻系则是归到人文学院那里，2004 年才成立新闻学院，像类似新的学院又增加了，就是随着学科发展来的，有些学院太庞大，又把它分了，就是合了又分，分了又合。"（IN20131222K5）

　　整体而言，受访者对学科整并的感受并不多，可能系由于整并已久，学科发展已历一段时日，故没有较深的感觉。所以，他们认为刚开始整并时，是将相关的系归到同一个学院里头，但随着经济发展需要，又将一些学科抽离出来重新组合，也新增了一些院系，因此部分学科就是在分分合合当中。

　　4. 馆舍配置

　　在馆舍配置部分，本书所指包括各个行政大楼、教职员生宿舍、图书馆、运动场等馆场，及校园网络的整并建制，另包含膳食服务组建、物业管理服务、交通运输、水电维修服务等软体建设部分。该校在整并初期，由于各高校校地狭小，无法容纳所有整并后人员及设施，因此系处于以学院为主体的分散校区阶段，在此时期仅做了部分修建如广园校区教学教研楼工程建设、体育馆加层工程及办公楼卫生间改造工程、龙洞校区篮球场和教学楼改造工程及挡土墙维修工程、起义路校区综合楼工程、桂花岗南区饭堂改造工程等；[①] 2005 年 9 月整体搬迁入大学城办学，而新校园建有功能齐全、设施先进的教学楼、实验楼、行政办公楼、学生食堂、演艺中心、体育馆、学术交流中心等，并有完善的校园网络系统[②]，此外留下的桂花岗校区，靠近广州市区，校区分南区、北区、东区三个部分，南区主要有行政办公楼、图书馆综合楼、足球场等教学场所，以及学生饭堂、宿舍和南区教师宿舍区；北区主要有文科楼、学术交流中心以及北区教工宿舍区；东区主要有教学楼、排练场以及篮球场等。[③] 该校整建后充分地运用现有馆舍，达到资源的有效利用，为该校实质性整并打下更扎实的基础。

　　2003 年市政府斥资 20.6 亿元，在小谷围岛及其南侧对岸地区，建设

---

① 《广州大学年鉴 2000 - 2002》［Z］。

② 《学校简介》［EB/OL］。

③ 《校区简介》［EB/OL］。

广州大学城新校园；至 2005 年学校主体已大致完工，为顺利完成整体搬迁到大学城办学之目标，该校经经长办公会议研究，于 2005 年 6 月 3 日以《关于做好学校整体搬迁工作的通知》（广大〔2005〕83 号）函文各单位，争取在当年 8 月 20 日完成整体搬迁工作，以利 8 月 29 日按时开学。[①] 该函文内容指出：为全面指挥和协调搬迁工作的开展，学校成立了搬迁工作领导小组，设立了搬迁工作办公室，校属各单位亦应成立搬迁工作机构，指定一名领导具体负责搬迁工作，并明确专人作为搬迁工作联络员；各项工作分工要按照谁主管谁负责的原则，如学生搬迁工作由学生处牵头，会同后勤服务与科技产业集团制定方案并予以实施；该项搬迁计划自 4 月份即开始着手策划，先期主要针对硬体设备招标、各项需求的摸查调研与安排，6 月底由学生及实验室先行搬迁，各单位在 8 月底前即全数搬迁完毕；另外，由于大学城离广州市区有段距离，故订定了"2005—2006 学年新校园班车开行计划"，以方便教师、职员工自广园、桂花岗、麓湖等旧校区往返新校园上下班。整体搬迁后，在谈到馆舍配置情形时，受访者 K4 老师、K7 行政人员提出他们的看法："现在的问题是学生住宿条件不满足，其他还可以，所以现在就叫 4 改 6，原本是 4 个人住一间，现改为 6 个。"（IN20140106K4）"搬到大学城后，缺点就是交通不太方便，来回市区差不多需要耗费 3 小时。新的大学城校区没有建立教师员工宿舍，而旧的校区是原来广州市教育局建立的教师村，都分散在郊区，离大学城很远，而广州市政府在 1997 年 9 月 27 日以后，又决定不再采取福利分房政策，使得现在很多教师员工就需要置房、买车。"（IN20140106K7）

关于图书馆整并建制部分，图书馆作为学校教学、科研的主要支柱之一，为学校和地方提供重要信息服务，故其质量和所提供服务，受到教师和学生的关注。该校图书馆的前身可追溯至 1927 年的原私立广州大学时代，现图书馆系于 2000 年整并后，在整并 4 所市属高校原设置的图书建制基础上发展，各校馆舍总面积 29050 平方米，由于整并前，原来学院和系的图书资料室因缺乏必要的人力、物力、财力和技术投入，大量图书资料信息无法进行数字化和网络化传递，藏书量少、种类

---

① 《关于做好学校整体搬迁工作的通知》［Z］。

少，难以满足学生需要；当时各校图书藏书量，分别为广州师范学院有70万册、华南建设学院（西院）有17万册、原广州大学有27万册、广州高等师范专科学校和广州教育学院有37.5万册，总计151.5万册。①②

　　而为整备各项图书之整合，早于2005年1月15日该校党委书记陈○○同志，即于广园校区召开了新校园图书馆建设工作协调会，会中针对图书馆建设目标定位、内部装修、书目管理、弱电信息点建设、设备家具采购、建设工作班子等问题进行研究；③ 同年5月24日再经校长办公会议审议通过，于6月1日以《广州大学院（所）资料室整合方案的通知》（广大〔2005〕85号）函文各单位，函文内容指出：校属各学院（所）资料室全部并入图书馆管理，图书馆依学校院系设置情况，设立人文科学、社会科学、理学、工学和艺术5大学科资料中心；资料室现有专兼职工作人员，符合聘任条件者，统一参与竞争上岗；实施步骤分3个阶段进行，资料室内部清点阶段（6月1日—6月10日）、交接阶段（6月11日—6月15日）、搬迁阶段（6月16日—图书馆搬迁结束）；院（所）资料室整合工作由图书馆组织实施，设立资料室交接工作小组，各学院（所）协办。④ 藉此，各学院（所）原有资料室图书资料，予以集中至图书馆，提供资源共享服务。

　　2005年7月大学城竣工，图书馆整体迁入，10月新馆正式启用，现有馆舍由大学城总馆及桂花岗校区分馆构成，总面积近6万平方米，其中大学城图书馆建筑面积5.8万平方米，使用面积49361平方米，桂花岗校区分馆3000多平方米，生均馆舍面积近2.3平方米。至2012年底，现有入库纸质图书262.9万册，若将未入图书馆中央数据库的学校教师科研经费自购图书，以及各学院资料室自有图书计算在内，图书馆纸质图书总藏量达280万册。近几年，该校图书馆也着力推进数字化资源建设，购进了大量网络数据库、电子图书、电子报刊等电子资源，现有中文数据库21个，外文数据库36个，自建数据库10个，电子图书96万种，中文电子

①　纪纯：《广州大学合并后新图书馆的建设》，《农业图书情报学刊》2007（19）。

②　《学校简介》［EB/OL］。

③　《新校园图书馆建设协调会议纪要》［Z］。

④　《广州大学院（所）资料室整合方案的通知》［Z］。

期刊 1 万种，外文电子期刊 2 万多种，数字资源总收藏量达到 26720GB，图书馆馆藏总量在广东省高等学校图书馆中名列前茅，并且印刷型图书大约以年均 10 万册的速度增长，是大学城体量最大的单体建筑，亦是大学城高校中使用面积最大的图书馆单体大楼。①

目前图书馆设有文献资源建设部、流通阅览部、广州文献资料中心和桂花岗校区分馆等部门，拥有 22 个集藏、借、阅服务功能为一体的书刊阅览室，可提供阅览座位近 3000 个，电子阅览室 120 个机位；无线网络覆盖全馆，馆内实现无线上网，拥有以条码技术为手段的借还系统；2011 年 9 月确定筹建教育部科技查新工作站，全面开展科研立项、成果鉴定、奖励申报、专利申请，及博、硕论文开题等各方面查新，同时为校内、外科研人员提供 SCI、EI 等论文收录和引用证明；另自建特色信息产品"媒体眼中的广州"全文新闻数据库，成立信息研究所，成为广东图书馆行业中专题信息库之首，产生了良好社会效应。② 综上，该校除整并原各校资料室的图书外，另依学科需要每年添购不少图书，使得广州大学图书馆藏书量达 260 万册之多，又随着馆内设施不断地购置，解决了过去各校存在的缺失，满足了师生求知需求。

综合言之，该校整并初仍维持各校自行运作景况，后由市政府新辟大学城，学校才得以整体搬迁；现学校依功能之需，将大学城及桂花岗校区馆舍做妥适安排，务使资源不致浪费。另为完成新校舍整体搬迁工作，该校于迁居前即明确各项工作分工，并成立搬迁工作领导小组；但有受访者认为，由于学校整体发展迅速，生员人数增加，以致大学城校区学生宿舍不敷使用；而搬至大学城后，交通不便及未建立教师员工宿舍，亦为馆舍配置不足之处。在图书资源整并上，整体迁入大学城后，藏书量不但增加达 260 万册，且在广东省高等学校图书馆中亦名列前茅，更推进各项电子资源建设，购置网络数据库、电子图书和报刊、无线网络也覆盖全馆，提高了该校图书馆文献资料的利用率，为教学、科研提供了更优质服务；又搬迁图书馆是项繁琐工程，为整备各项图书之整合，该校召开了图书馆建设工作协调会，讨论各项软、硬体问题，并通过院（所）资料室整合方

---

① 《本馆简介》［EB/OL］。
② 《本馆简介》［EB/OL］。

案，设立资料室交接工作小组，完成图书室搬运工作。

5. 经费配置

诚如 Wan 和 Peterson 在其研究中所指出，在大陆四川大学的整并案中发现，大学整并本身是需要一笔庞大经费的，小至校门重建、网络页面大整修，大至学校软、硬体的相容，如行政体系软体系统的相容、选课系统的整合与两校相通的校园网络，及电话系统整合与架设等。在争取补助款方面，未整并前各校均可争取到政府补助款，在整并后当然亦能争取到政府补助，但其所能拿到的却是以一份计，而非如过去般的多份，问题是这一份，是否是必要的经费挹注？① 由此可见，经费补助对一所新组建高校的发展而言，是件相当重要的事。

目前大陆高校的经费来源，属教育部直接管理的，由教育部拨款；属省市自治区负责的，由地方财政中安排②，由于该校系为市属高校，因此大部分经费来源是由市政府负责。根据《合并组建广州大学（新）的方案（送审稿）》资料显示③：在未整并前，市政府对各校经费补助是分散的，以 1999 年经费为例，广州师范学院为 4581 万元、华南建设学院（西院）为 1386 万元、原广州大学为 2142 万元、广州高等师范专科学校为 1935 万元，合计为 10494 万元；预计整并后，对新学校的补助，2000 年增加至 12068 万元，2001 年增加至 13878 万元，2002 年增加至 15960 万元，2003 年增加至 18354 万元，按年均 15% 增长率递增；而且，为保证整并工作顺利进行，市政府更安排 5000 万元整并启动经费和每年不少于 1.5 亿元的征地、基建、设备等经费。由此显见，市政府对该校组建后的经费补助，还远超出过去补助各校经费的总和之上，这对新学校在投入教学、科研及各项基建发展上，助益匪浅。从受访者 K3 老师的访谈中亦得到证实："市政府为了合并还是有增加一些拨款，人均经费就比以前还要多了。"（IN20131222K3）

依《广州大学章程》第 66 条规定，学校经费的来源主要包括举办者财政拨款、事业收入、附属单位上缴收入和其他收入；学校积极拓展办学

---

① 吴金春：《从外国经验看台湾大学整并》，海峡两岸高等教育永续发展学术研讨会论文 2009 - 1。

② 李英明：《中国大陆研究》，台北五南出版社 1995 年版。

③ 《合并组建广州大学（新）的方案（送审稿）》[Z]。

经费来源渠道，筹措事业发展资金，鼓励和支持校内各单位面向社会筹措教学、科研经费和各类奖助学基金；学校可以建立教育基金会，发挥其在吸引社会捐赠、募集资金等方面的积极作用，增加办学资源。① 综言之，该校办学经费来源，不仅有来自上级补助款，更有来自于各类奖助基金，及向社会募集之经费。整并后，学校在本科教学经费的投入不断增加，如2003年在本、专科生业务费、教学差旅费、教学设备仪器维修费、体育维持费等4项经费投入为1600多万元，占学费收入比例25%；2004年为2000多万元，占学费收入比例达26%；2005年为2600多万元，比例则达31.02%。② 近年来，在教学经费投入上，2011年学费收入为1亿多元，经常性预算内教育事业拨款更高达2.13亿多元。因此，诚如前教育部副部长周○○在考察该校时所指出："像广州大学这样得到广州市政府如此大的支持和投入，在全国高校中不多见。"③ 另外，大陆高校体制还存在着所谓创收制度，它原系早期因高等教育上的经费不足，为筹措经费乃鼓励各大学自办企业公司自行筹资，现已成为大陆高校非常特殊的一种制度④，亦为各级学校经费的来源之一。

在新学校经费配置与运作上，受访者的实际感受情形为何？K3、K4老师、K6及K7行政人员在受访时提出他们的看法："过去由于政府的拨款实在是不足够，并且在90年代曾经提过高等教育的产业化，那政府认为实际上可透过提高一些多种经营，如产学合作、办学、招生增加等来增加创收，这样的话学校创收越多，收入就会不一样。当然，透过这种方式也能调动学校的积极性，因此基本工资是保障了，其他就按照相关政策内，各个学校来决定怎么发，在这种情况下，他就说合并之前大家是有差别的，合并之后大家就都统筹了，统筹就是尽量往高，所以总体上来说，收入是提高的。"（IN20131222K3）"经费的配置分为几块，一个是常规经费，就是每年学校每个学院按照人数给你多少实习经费、办公经费、党务活动经费、学生工作费等。另外一个学校还通过重点课程、重点专业建设，评上的话就有钱资助，若评上市或省里头，学校再采取配套。所以你

① 《广州大学年鉴2009》［Z］。
② 《本科教学工作水平评估自评报告》［Z］。
③ 同上。
④ 杨思伟：《比较教育》，台北心理出版社2007年版。

学科强的人，刚开始资源配置肯定是不公的，除了维持费用外，比如合并初期我土木系可以把全校 1/4 的资源拿来，因为这些底子好，我报重点课程项目、名牌专业、重点实验室、重点学科等，市里直接给钱，其他学院没有。"（IN20140106K4）"根据正常开展工作那一块，经费分成两部分，一项是正常运转经费，基本上保持稳定；另一项是专项，作改革用的。就经费来说，我们这个学校相对其他学校还是比较好。整并后，从总体投资角度来说肯定比原来增加，现在加起来有 7、8 个亿。"（IN20140107K6）"经费是逐年增加，因为我们主要是市政府拨款，另外学校也自己通过其他途径来创收，但这块是很少的。合并初期当时的经费是 1、2 个亿人民币左右，现在达到 8、9 个亿了，资金我是觉得还蛮雄厚的，所以我们的设备像办公桌、电脑等，来大学城后已全部更新，旧的都不要了，其他专项投入每年都增加，加上学校老师申请的专项科研经费，我个人觉得学校经费还是很充足的。"（IN20140106K7）

　　总体而言，由于该校为市属高校，因此其经费来源多由市政府财政安排，而市政府对其经费的补助还远超出过去补助各校经费的总和之上，这在其他高校中是不多见的情况；从受访者的实际感受上，大都认为学校在整并后整体经费是提高了，而除了是市政府拨款的常规经费外，另一个就是靠产学合作、办学、招生等途径来增加创收，还有一项则是学校通过重点课程、重点专业建设所获得的专项经费；有受访者指出，学科能力强的人所得到的资源就多，所以刚开始时在配置上肯定不公；也有受访者认为，创收可以调动学校积极性，整并后在经费上就都统筹了，彼此间的差别就不大了。

　　（二）广州大学整并后资源管理流程

　　1. 资源配置上之感受

　　学校是社会体系中的一环，亦是其缩影，囿于大环境资源逐渐枯竭，学校资源也受影响，故唯有进行最适资源配置，才能达成资源的互补及综效。该校自整并后，通过深化改革、整合和优化资源配置，形成了"整合资源、凝集队伍、明确方向、创新机制、规避竞争、突出特色"的建设思路，使得学科建设、专业设置和人才培养方案等，更加适应该市经济社会发展的需要。① 在谈及资源配置原则时，受访者 K4 老师指出："就是资产整合嘛！不是一次调到位，是慢慢调、逐步搬的。好的搬，那差的就不用搬了。"（IN20140106K4） 进一步谈论到实际资源配置情形，受访者 K4 老师举例说明："大概来说还是不平衡，以我土木学院为例，整并前没那么多钱，现在有钱啊！像教授每人都配笔记型电脑，学生通过拿到 300 万名牌专业，都不流失全拿来买学生用的设备仪器，把教学手段提高了。所以资源配置是不平衡的，在不同学院、不同专业间，这种不平衡就要去争取资源，你基础好的话就拿得多。"（IN20140106K4）

　　学校组建后，学生的各项需求必须受到学校的重视，因此在行政组织、学术组织、设备、资讯平台、场馆等各项资源配置上的感受情形如何？是否产生不适应或不完善的地方？对此，受访者 K8、K9、K10、K11 学生提出他们的看法："就拿图书馆里面，关于台湾的一些消息、资讯和文献的使用来说，我的研究方向是两岸政策，所以经常会关注一下，当我在图书馆这些平台上想去寻找一些最新的研究热点、文献，是比较难的，就算找到也是好几年之前的。我们有讨论过，得到的结论是，可能跟学校购买一些数据库有关，如果没有完全购买的话，是得不到这些讯息。我们也认为可能华师或中大在这方面做得比我们好，所以我们要想得到一手资料，就必须借助它们的一些信息平台。"（IN20140106K8）"我分别从我所学的两个专业来谈，学前教育方面，就是舞蹈室和钢琴的问题，这两部分主要都是借用音乐舞蹈学院的，没有自己的。琴房的话一般学前教育是 30 人左右，而它那里才 10 台左右钢琴，远远不够用；在舞蹈学院那边的琴房很多，却只给我们 3 间。然后在教育技术方面，我们的设备还是很久以前的，比如说我们的刻录机，现在还没有更新，要更新的话要到新闻学院，它们那里有最新的设备。所以，在资源配置上，我觉得是不够的，而且这些都会影响到我的学习。"（IN20140106K9）"这边的学生是全部住校，但是宿舍是不够用的，就把一部分学院的大一新生搬到了桂花岗，以前 4 人间改成了 6 人间宿舍，床改成现在的双人双层床，书桌也改成小书桌。研究生还是 4 人间，不过研究生也没有专门的研究生宿舍，是穿插在本科生宿舍里面。"（IN20140106K10）"因为我是理科类的学生，我平时

---

① 禹奇才主编：《广大胸怀造就新的广大》，广东高等教育出版社 2009 年版。

去的最多的就是实验室，我感觉实验室在大学城校区这边的实验配置，好像还是跟老校区差不多，但由于扩建之后学生多了，所以人均占有的资源使用量就相对减少了。听说学校目前还在完善当中。"（IN20140106K11）承上，"上述学生就图书资讯、宿舍、硬体设备及实验室等方面的配置，表达出其看法，普遍感受是不完善的。"（RT20140415 研）

在谈及新高校整并后，学校方面是否有订定一些规章制度，来有效管理学校的行政组织、学术组织、设备、信息平台、场馆等组织结构？受访者 K4 老师、K6 及 K7 行政人员在此部分，提出他们的看法："那肯定有，每个部分包括科研的、管理的，一系列都有。"（IN20140106K4）"那都有啊！有些是根据新形式发展增加的，有些在原来基础上完善，大规模修正是 2006 年为了教学评估所做的。因为合并最大问题就是制度规章的重新设置，必须完善，原来 5 套，现在变为 1 套，当然有一个主本，哪一个当头就以他的为主，规章制度哪个好就用哪个的，其实在大陆地区这种东西大同小异，差别不大，不会有太大问题。"（IN20140107K6）"有建立一些规章制度，也会不断地在修改。"（IN20140106K7）进一步询问在这些规章制度的运用上，若遇上问题如何解决？受访者 K4 老师及 K6 行政人员提出他们的看法："有问题就改啊！科研制度改很快的，每年改一次，学校通过就可以了。"（IN20140106K4）"就是遇到问题马上就做微调，如果个别问题就个别处理。刚整并时会有一些问题产生，但转了一年大概就知道了，就把它以文本固定下来，现在基本上来说我们尽量不去动它，不要经常调，所以目前制度方面就比较稳定。"（IN20140107K6）

在薪酬方面，根据《中华人民共和国公务员法》第 73 条规定，公务员实行国家统一的职务与级别相结合的工资制度，系按劳分配的原则；第 74 条规定，公务员工资包括基本工资、津贴、补贴和奖金，依规定得享受地区附加津贴、艰苦边远地区津贴、岗位津贴等，享受住房、医疗补贴，考核优秀、称职者享受年终奖金。[①] 由于该校未整并前，各校执行不同的工资津贴标准，组建后出现了一校有不同的工资标准，给管理上带来许多矛盾，为求薪资有利衔接、平稳过渡，该校通过修订完善岗位津贴方案，涉及全校所有人员，根据各类人员资历和任职年限，制定出相应的岗

---

① 《私立广州大学》［EB/OL］。

位津贴标准与分配办法，另外在此基础上，建立院校两级特聘岗位津贴制度，每年评选一次，全校教职工只要有实绩都可提出申请。① 该校在薪酬管理上，除了基本工资的保障外，更透过完善的津贴制度，以提高员工的工作积极性。而该校整并后，对薪酬方面的处理方式如何？受访者 K3、K5 老师及 K6 行政人员在受访时提出他们的看法："工资的高低，市政府是按你的职务给的，这是固定的，只是在校内的津贴部分是不同的，每个学校的创收不一样，所以他的津贴也会不一样，在发放津贴的部分是就高不就低，像旧广大、旧广师的经费来源都有些差别，像华建西的背后就有建设局、公路局那些，他们的收入会有些高。"（IN20131222K3）"合并后为了让老师更安心，原来每个校区工资不一样，例如，华建西的工资相对较高，其他学校相对低，就往中间向上调一点，所以合并后，大部分人员工资还是偏高，因此大家对整并就没这么反感了。"（IN20131222K5）"这个过渡其实是很微妙的，对行政人员来讲体会就很深，因为行政人员大体上都增加了；老师是按课酬，课酬是看课上多就多，课少就少。但人均来讲是提高的，整个学校的平均值是提高的。"（20140107K6）

在资源配置妥当后，学校方面亦须建立绩效评核制度或考核制度，来评估如薪资福利上、人员能力和工作分析上、馆舍使用上是否达到预期的效益。受访者 K3、K4、K5 老师及 K6、K7 行政人员认为："我们教师和行政人员都有德能勤绩（品德、能力、勤惰、绩效）4 个部分的考核，合并前就有，合并后再延续，原则上每个部门每年都有年终考核，每个人要先自评，要在你的系里面或部门宣读，像教学人员你有发表文章就摆出，行政人员就写出自己定型的评估，互评好或不好，比如一个单位有多少比例优秀，提出来大家无记名投票，现在比较民主开放，最高票的再报学院评估。这类似台湾年终考核，行政和教学都一样，你被评优秀，再多给你 1 个月薪资。"（IN20131222K3）"有，也是不断地完善。像对老师的评量，开始时看讲课多少，后来成立督导组，对教学质量进行监控，还有学生要给老师打分。"（IN20130106K4）"我们有个年终考核，一年考核一次，每人都要填表，内容包括讲多少课，发表多少论文，承担多少项目，要有个考核；分为优秀、合格、基本合格、不合格，不合格的人基本上

---

① 禹奇才主编：《广大胸怀造就新的广大》，广东高等教育出版社 2009 年版。

少。然后再由学院评，学校通过考核。"（IN20131222K5）"我们人事部门每年都有考核，考核素质，对你岗位做了哪些事情，哪些好，哪些不好。像教务、考务、排课做得比较辛苦的，我们以其任务完成与岗位的吻合度，完成了没有差错就可以了，若有人老是被投诉，那就有问题了。"（IN20140107K6）"这方面有很多，但考核制度是越来越严格，人员要求越来越高。而学校走的政策是人人有饭吃，人人有岗上，只是岗位会调整，但也会维护已有人员的权利，所以在这里除了自己自愿辞职不愿意干，学校从来不主动解职一个人，这方面还是很人性化的。除非他犯罪触犯刑法，被法院判徒刑，否则一般像有疾病也都会保留职位。"（IN20140106K7）

而学校在整并后，是否将绩效评核制度运用于评估学校办学绩效上，受访者 K3、K4、K5 老师及 K8 学生认为："我们现在是作为常规化、常态化的学校自评，目前是各个学院自己来报相关的东西，自从我们要参加教育部统一评估后，我们就制定了相应指标，所有学院都按照这个指标，常规化工作都要完成，照标准化来操作。从参评之后，日常规范我们都是这样做的。"（IN20131222K3）"我们刚好搬进来就搞评估，合并时才二十几个专业，发展到今天 73 个专业，若没有评估的督促，可能专业计划不规范，教师可能不到位，通过评估，专业及各方面基本上都要合格，所以我认为评估是促进了本科教学水平的大幅度提高；然后再通过申硕、申博，使我们的力量得到了提升，通过人才引进专项经费，大批引进人才，引进学院院长，把整体教师水平提高。"（IN20140106K4）"我们也有 5 年一次教学评估，是学校整体评鉴。现在在推各学院评鉴，目前有做研究生层次和一些专业评鉴。像教育学院有教育硕士属于专业硕士，前年就有教育部来做教育硕士评估。"（IN20131222K5）"2006 年时，全国大学进行过一次教学评估，这是从政府官员、教育界选出一些人，组成一个考察团到学校进行考察。一般都是考察教学成果、学校学风，这学风包括学生上课的考勤率、自修的情况。"（IN20140106K8）

学校资源整合后，在对教职员工的教育训练，或学生生涯发展上，有无制订相关计划？受访者 K3、K5 老师及 K8、K11 学生提出他们的看法："其实是有培训的，每个学院有教务、研究生、财务、科研等管理人员，所以每个部门出台新政策，都会向这些人学习。"

（IN20131222K3）"我们没有因为整并而特别做。但有一个入职培训制度，如果你是新入职的老师且是博士，以前没有教过书，你必须当半年的助教，硕士就是 1 年；另外，广州市人事局针对在职老师，也有一个教师继续教育制度，开会或学术会议都算，有专门课程要选。而针对整并部分，每个学校每个月每个礼拜二有两天作为学习时间，所有人都要参加，是由各个部门来组织，学校新部门新规章制度变化，当然有包括讨论稿、提意见等等，会透过这个时间来宣读与讨论。这个制度整并前后都有，只是整并后那时学习内容以整并为主，之后就常规化了。"（IN20131222K5）"我觉得应该是越来越清晰，也跟系别相关，像我们师范类，毕业了就是从事教育行业，老师或教育行政管理这些工作。"（IN20140106K8）"学校有个就业指导中心，而且在大一的时候还开了就业指导规划的通识课。"（IN20140106K11）

　　整体而言，学校资源并非永无止境，尤其新学校组建后，务必将有限的人力、物力等资源进行最适配置，才是整并的最终目标之一。综上，从受访者访问中得到，该校资源配置原则就是将资产做一整合，而资源配置感受上，还是觉得不平衡，因为不同学科、专业间的基础各不同，所得的资源便不一样，但学生在资源配置上感受普遍是不完善的；每个规章制度都会改变，大多是在原有基础上再完善，若出现问题就马上处理，现在则尽量不去修改；每位员工工资按其职别是固定的，差别在于津贴有高低，不过整并后大部分人员的工资都提高了；在考核制度上仍然延续过去，但被评不合格的人基本上很少；现在学校制定了相应的指标，每项工作都按标准化来操作；在检视办学绩效上，除做 5 年一次的学校整体评鉴外，还有做研究生层次和一些专业评鉴，现在则在推各学院评鉴；教职员工仍然维持旧有培训制度，学生生涯发展与所读系别有关，所以学校除了有一个就业指导中心外，还开了就业指导的通识课。

　　2. 行政管理流程

　　高校整并后，原有各校的组织结构亦将随之重置，这代表着原有各校的行政流程和管理模式，须被重新地给予思考和设计，亦即新的行政管理章程制度将取代各校原有的章程制度，来适应新的组织结构。而规则章程制定的目的，系为保障各项工作有章法可供依循、顺利开展，并能进一步理顺与其他工作的关系，提高办事效率，改善机关作风，因此为制定一套完善的规章制度，必须广泛听取各方意见与建议，以集中学校的主流价值观。

该校组建后，行政管理权限集中在校级，实行统一制度、统一发展规划和统一管理，各学院和直属部、系则为组织教学的机构。整并初，虽然仍有校区分散、管理难度大等问题存在，但经过充分调研后，制定了学校后勤社会化改革总体方案，各后勤实体与后勤管理部门签订协议，按企业化模式进行运作；另外也先后制定和出台了 160 个规章制度，对行政管理、教学、科研、财务、后勤、基建等方面工作进行了规范，[①] 使学校在管理上能够上轨道。为方便比较，本书仅就受访者所提部分行政管理流程列举探讨如下。

（1）在行政效率部分

合理的行政效率是指所投入的人力、物力、财力及时间和所得到的成果之间的比例关系，因此并不一定是越快行政效率就越好。在谈论学校整并后行政效率提升情形时，受访者 K3、K4 老师，K6、K7 行政人员及 K8、K11 学生的感受认为："这个有提高。"（IN20131222K3）"当然提高了！原来 4 套班子，现在变成 1 套班子。"（IN20140106K4）"提升了，因为每套管理强化了！在成本不变，产出多了。"（IN20140107K6）"行政效率在刚合并初是有问题的，当初并不是在一个校区，所以开会、公文往返是挺麻烦的。现在行政效率相对就提高很多，都集中在一起。"（IN20140106K7）"个人感觉还好。"（IN20140106K8）"可能接触的少，切身没有太大的感受。"（IN20140106K11）承上，"对于新学校行政效率的感受，除了刚整并时学校系处于分散校区阶段，较有问题之外，现在多数受访者则认为是有提高了。"（RT20140415 研）

（2）在交通车使用部分

该校整并后，校区仍然分散，尚未整并成单一校区，故校区间之往返，仍须借由交通车接驳。受访者 K3 老师在受访时，即指出当时状况："学校以校区为单位来划分学院，人员就混合了，你来自哪个学院，就要到哪个学院去上班，因为你的学生都在那里，然后各校区有免费、固定开放交通车，老师和行政人员也必须要在这样流动当中，所以增加了许多行

---

① 林维明：《学校工作报告》[M]。

政成本。"（IN20131222K3）承上，"整并初，上课、教学必须透过交通车来接驳，除徒增交通成本外，自然谈不上效率问题，故笔者认为统整为单一校区才能使效率更加提升。"（RT20140415 研）

（3）在行政工作流程部分

该校由于人员都来自不同校区及对环境的不熟悉，因此内心层面会产生些许抵抗心态，以致影响工作遂行，但整体搬迁至大学城后情况却有所改变。受访者 K5 老师在受访时，即指出："我觉得 2005 年大学城的整体搬迁，其实是一个很重要的转折点。这样分散校区的格局就打乱了，现在就按完完整整的学院来建制了，比如说你外语学院在大学城里就在行政西楼，人文学院你就在行政东楼，这也让原本大家都在分散校区，以前不好了解，现在都一起办公了，就很好了解了；原来老师通过往返交通车到几个校区来走教，但现在大学城中却已经不是这样了，老师现在有相对办公室，也有相对固定学生，变成明显的改变，也加快了行政流程。"（IN20131222K5）承上，"随着搬迁至大学城后，打乱了分散校区格局，整体集中办公、教学与上课，使得整个行政工作流程变得更为顺畅。"（RT20140415 研）

具体言之，学校整并后，打散原各校的组织结构，致使各种行政流程和管理模式，必须要再重新考量和设计，以适应新的有机体。该校整并后，受访者对行政效率感受均表示有提高了；在交通车使用上，除徒增交通成本外，自然谈不上效率问题；在行政工作流程上，随着搬迁至大学城后，整体变得更为顺畅。

第六节　两岸大学整并后组织文化分析

在后现代主义思潮中，多样化与多元化虽然能为社会增添自主性和活泼性，但若于中心价值未能确立的前提下，理想的实现可能会困难重重，因为当社会失去核心价值时，原来指导人们的行为准则将无所依存，纷乱及混淆的乱象也就在社会里流窜，反而平添社会的焦躁与不安。[1]　大学整并后，人员与新环境接触往往会产生文化交融情形，进而形成一有机整体，而由于各大学在各自发展过程中累积形成了根深蒂固的文化，所以组

---

[1]　徐明珠：《校庆活动之教育功能与意义》，《中国童子军》2006（43）。

织文化融合相较于其他部分，可说是最为困难的地方，因为文化的生成是需要时间的积累，并非一朝一夕即可达成，故整并后不同组织文化间的相互冲突是必然的现象，当然学校领导者在此亦扮演着相当重要角色，因此如何调和鼎鼐，使新组建学校尽速完成实质性整并，考验着领导者的智慧。本书采姚丽娜、方志华的看法①，将大学的整并分成实物性整并与非实物性整并，以下将从两岸大学整并后物质制度层面、精神文化层面及文化融合情形进行探讨。

一　东华大学整并后组织文化分析

（一）东华大学整并后物质制度层面

在组织文化融合当中，有关硬体设施部分本书将其归类在资源配置章节讨论，在此物质制度层面系指大学文化的外在标志，包括校名、校址、校庆、校徽、学校建筑风貌等方面，而这些文化要素是要能够进一步强化大学师生员工间的协同，及规范其对大学思想文化的理解。事实上，该校整并后，在"校长与同学有约"座谈会中，也曾有学生对此提出关心，他们认为学校既已整并，就该赋予这些外在标志新的意义；学校方面则表示，会依既定程序来处理，也希望任何议题都可以提出检讨，以朝更好的目标去修正。②

1. 校名、校址、校庆、校徽方面

（1）在校名部分

正如陈维昭所言③，名称往往是整并案第一个必须面对的问题，名称看似简单，实际却相当复杂，也往往成为整并的最大阻力。他还进一步指出，一般而言大小整并如北京医学大学并入北京大学亦以北京大学为名殆无争议；地区性整并，整并后以地区为名亦较少争论，如扬州大学、嘉义大学；水平整并，整并后大家都放弃原有名称采用新名称，如江西大学、江西工学院合组成南昌大学也较不成问题；最困难的是拥有悠久历史且实力雄厚之院校之间的整并，不但校内会有意见，校友的反应亦往往非常强

---

①　姚丽娜、方志华：《论合并高校的组织文化整合——以浙江海洋学院为例》，《浙江海洋学院学报》（人文科学版）2008（25）。

②　《东华大学美仑校区 2008 学年度第 1 学期第 1 次"校长与同学有约"座谈会会议记录》[EB/OL]。

③　陈维昭：《大学整并的理念与实践》，大学整并理念与策略研讨会论文 2002－12。

烈，不得不予以重视。

　　自从 1996 年"教育部"研议原东华大学与花莲教育大学两校整并以来，两校针对新校名问题始终未有共识，导致整并工作延宕许久，若按照上述陈维昭的看法，花莲教育大学应属于历史悠久的院校，而原东华大学则归于学科实力较强的大学，故两校在整并上是有其困难度。为解决校名问题，"教育部"指示两校须依据 2005 年 12 月 23 日"教育部"召开合校会议决议，以两校共同协商可被双方接受的校名为处理原则，唯原东华大学方面一直宣称不会更改校名，花莲教育大学也声明整并后将以"花莲大学"为名，双方各执己词，未达共识。① 受访者 T3、T4 和 T5 老师都提到："东华大学也有意愿要合校，但他们坚持要用东华大学的名字，我们这边是说合校可以，要用花师，要不然就改成花莲大学，或太鲁阁大学，或太平洋大学都可以，就是不要东华；他们那边，则坚持不是东华我们就不谈，然而也有很多年轻老师说，用东华又有什么关系？到后来就是说，如果要用东华，就要用新的东华大学，不是旧的，两边是可以平起平坐，不是我们被他并（或吃掉）。"（IN20131230T3）"校名也是有意见啦！像我就觉得东华，别人不知道你在哪里啊！你说像花莲大学，大家都知道，但他们认为花莲这个名词太 Local，太社区大学。我是觉得东华这边以前的老师都是从外地来的，他们不太认同这块土地，虽然在这里生活教书，但大部分都是生活在台北，他们觉得东华就是东华，是他们以前定的，后来我们是想太鲁阁大学，要不然就太平洋大学，有人就说太平洋大学在美国是野鸡学校，那太平洋也太大，那至少太鲁阁，校名有争执一阵子。"（IN20131230T4）"其实当初校名争议很大，就吵得很厉害啦！因为花教大坚持要有他们那个名字。"（IN20131231T5）不过，T6 行政人员在受访时，对于校名的命名提出她的感想："对我来说改什么都没差，只是有听老师他们说，因为师院虽然改成教育大学，但实质上他们不算真正大学，所以并过来应该用东华这个名字。"（IN20131231T6）

　　经过多次协商，于 2008 年 4 月 3 日第 8 次整并会议中，两校代表终于通过决议形成共识，整并后决定以"'国立'东华大学"（National

---

　　① 《东华大学与花莲教育大学合并计划书（修订版）》［EB/OL］。

Dong Hua University）为新校名。① 而原本配合花莲、台东两地地名，规划校名为"'国立'华东大学"（"华"为"花"之古字），后因与大陆数所以华东为名之大学重复，故改为"'国立'东华大学"，取《诗经·小雅》"皇皇者华，于彼原隰"，意思是说那灿烂的花朵呀，盛开在一望无际的平原上，寓于其中，在学校的宣传中，亦以"东之皇华"作为口号。②

综上所述，两校在整并议题方面虽有许多争议，但最大症结点仍在于新校名的选取上，由于双方各有坚持，所以经过多次协商后，最后才在"教育部"积极介入之下获得解决，也因此产生了一些心结。不过，从访谈过程中也发现，反对仅是少数人意见，多数人所持看法不是赞成就是没意见。

（2）在校址部分

在校址选定上，为体现不同教育理念，往往考虑的因素相当多，诸如交通因素、政府政策、地域资源的开发等，而有不同的区位拣选，故有些选择在风光明媚的山上，有些选在交通便捷的市中心，还有些则选择矗立海岸边，以展现学校特色，因此校址的选取，对培育优秀人才而言有其重要性。

该校整并初，将校本部暂定于寿丰校区，共有寿丰、美仑及屏东三个校区，各校区校址分别为寿丰校区（花莲县寿丰乡大学路二段 1 号）；美仑校区（花莲县花莲市华西路 123 号）；屏东校区（屏东县车城乡后湾村后湾路 2 号），三校址除屏东校区位于屏东县外，其余校址则位于花莲县。后该校为实现完整单一校区之宗旨，加上美仑校区邻近机场、噪音干扰及校区狭小等因素，故于 2011 年 12 月将花莲教育大学 3000 多名师生全数迁入寿丰校区③，目前即以寿丰校址作为行政管理中心及教学研究之用，从地理区位看来，该校址位于花东纵谷起点，远离市区，环境清幽宁静，校地宽广，又位于台 9 线旁以连结市区，是个适宜办学的好地点。另外，美仑校址作为创新研究园区，屏东校址则与海生馆合作设立海洋科学

---

① 同上。

② 《东华大学》［EB/OL］。

③ 《关于东华》［EB/OL］。

学院，实现研究和产业结合之目标。

由此可知，在校址选取上，该校是由 2 所学校 3 个校区所组成，故有 3 个校址，并以寿丰校区为校本部；2011 年美仑校区师生全数搬迁至寿丰校区后，成为完整单一校区，该校址作为行政管理中心及教学研究之用，是个适宜办学的好地点，以此为基础，朝着成为国际一流大学的目标迈进。

（3）在校庆部分

校庆之日代表一所学校诞生，不论对有悠久历史或新兴学校而言，都有其重要之意涵，全校师生藉由对校庆活动的准备、规划与实施，投入心力，不仅可提供师生与家长互动之机会，更能凝聚师生对学校的认同与归属，彼此相互了解，有助于办学的推动以及教学品质之提升。[①] 是故，校庆活动有其历史传承意义，除要向外界阐述该校治校理念，剖析该校发展历程外，最重要的是要传达教育精神与价值于外。

花莲教育大学历史悠久具有优良传统，致力于培育国民教育师资人才为主，原东华大学则是东部地区第一所综合性大学，两校于整并前，都有各自的校庆庆祝活动，日期分别为 11 月 19 日及 10 月 27 日，整并后于 2009 年 5 月 20 日经校务会议通过，将由两校校庆日期折中取为 11 月 11 日为该校校庆日期。[②] 受访者 T10 学生，对此也提出其看法：“校庆是一个很传统的活动，在东华这边是校庆和运动会一起办，可是这边太大了，除了大一有规定要参加外，其实其他人参与的意愿会低很多。”（IN20131230T8）

具体言之，校庆活动具有传达教育精神与价值于外之目的。该校整并前，原东华大学和花莲教育大学两校各自即有订定校庆日，整并后经校务会议通过，取折中日期 11 月 11 日为校庆日。不过，从受访者的访谈中亦得知，学校虽有举办校庆庆祝活动，但参与的意愿却不高，显见学校在活动的设计上应朝向更活泼与创新发展，以吸引更多师生参与。

（4）在校徽部分

校徽是学校团体的徽章，如同商标在企业识别系统中所扮演的角色一

---

① 徐明珠：《校庆活动之教育功能与意义》，《中国童子军》2006（43）。

② 陈玉叶：《“国立”东华大学学生对学校整并现况之调查研究》，台湾东华大学硕博论文 2010 年版。

样，它不仅承载着学校的经营理念，更期盼透过象征意义来传达学校历史传统，和未来发展的精神给社会大众。因此，校徽对外代表学校，对内更是引领全体师生向上的力量。

该校校徽系融合原东华大学及花莲教育大学两校原有校徽的特色而成。在花莲教育大学校徽意涵部分，以"师铎""莲花"为其设计题材，师铎象征百年树人的教育精神，"莲花"与校名做关联性结合，明显易辨识，充分传达花教大致力培育未来优秀师资的意义，就造型而言，圆形代表圆融、团结，象征花教大团结一心，致力于培养优秀师资而努力；就色彩表达的意念而言，绿色代表健康、朝气、富有生命力，蓝色则代表深远博大，表现现代化的气质，粉红色代表亲切有智慧，以这三种颜色说明花教大的学校文化及特质；其以拟人化的莲花 Logo 为花教大的吉祥造型，象征花教大为教育界中之谦谦君子，卓然自清地位培育优良师资而努力。① 在原东华大学校徽意涵部分，中间为绿色的四瓣花，分别象征自由、民主、创造、卓越四个校园精神，底下的书本象征教育，代表大学的教育功能与开卷有益，左右两边也象征海岸、山脉，代表东华是位于花东纵谷的学术殿堂。②

该校新校徽是由艺术学院设计，并于 2009 年 5 月 20 日在校务会议中获得通过，不过有些学生批评该校徽未对外公开征图，过程"不够民主"，虽学校解释这项决议，系有学生代表 11 人参与投票，若觉得不适当，可于下次校务会议中提案③，但这也使得校徽是否具代表性，产生疑异。而其意涵部分，基本上仍以原东华的圆形校徽为主，圆圈内有打开的书本，以及书上有一朵花，中间彩色的"花"原为花教大的吉祥造型，花型为"莲花"，象征"花中君子、出污泥不染"，也与东华大学的"华"相同，底下的书本、书写中英文校名的圆环，沿用原校徽设计，圆形环绕设计，意谓全校团结的理念。圆形内上半部是结合花教大过去之意象，以吉祥花舞之动态造型，代表阳光与积极，圆形内下半部结合原东华校徽的意象，以小树苗结合书本和山川造型，代表学校立足于有山有水的

① 《东华大学与花莲教育大学合校经验分享》[EB/OL]。

② 陈玉叶：《"国立"东华大学学生对学校整并现况之调查研究》，台湾东华大学硕博论文2010 年版。

③ 《东华大学新校徽，未推出先招嫌》[EB/OL]。

东台湾（山川），同时也隐喻着学校负有积极培育国家人才的使命（小树苗、书本），而图形内填满绿色则代表知识宝库，同时亦有如鹏鸟展翅，以此象征学校未来将积极地发展。整体设计的理念，代表着该校将以一个全新的团队，开创出一个自由、民主、创新与卓越的大学，并用心让全世界看到东台湾。① 该校校徽沿革，如图3—4所示。

花莲教育大学校徽　　　　原东华大学校徽　　　　东华大学校徽

图3—4　东华大学校徽沿革图

综言之，该校校徽结合原东华大学及花莲教育大学原有校徽的特色而成，其设计理念意谓着新东华立足在有山有水的东台湾，富有阳光般积极热情的态度，来培育国家人才的使命，并有如鹏鸟展翅一样，再创新猷，活跃在世界学术殿堂上，该校校徽是由艺术学院设计，并经校务会议通过后公告实行，但这样的设计却是没有透过公开征图方式所产生。

2. 学校建筑风貌方面

学校是实施教育的场所，是培育人才的地方，故在一所学校中，学校建筑的概念应是以学生实际需要为主要考量，它除了能传布教育功能外，更是一项潜移默化的课程，因此如何将教育理念融入建筑规划中，以达成教育目的，是个相当重要的课题。

该校整并后，以寿丰校区为主校区，该址原是一片广大的甘蔗田与芒草花丛，筹划期间以国际竞图方式曾吸引16组岛内外知名事务所参与设计，经"比图"结果，再选出5组，最终系由以后现代主义大师 Charles Moore 即赖朝俊建筑师事务所与美国洛杉矶的 Moore Ruble Yudell 这一组作品设计入选，以此方案为底，融合其他建筑师的设计创造出了具人工河

---

① 《关于东华》［EB/OL］。

道与湖泊的校园，成为现今的校园景观。① 而关于整体校园建筑风貌规划
原则，该校除吸取岛外大学的经验外，并配合本身条件和需求，拟出学
术、交通、社交与成长等四个策略进行。在学术策略上：将可进行学术整
合的院系（所）规划在邻近区域，便于进行资源与人力整合；在交通策
略上：对校内所有道路行车动线、车辆管制等予以明确规范，以维护师生
上课的宁静与安全；在社交策略上：基于人际互动考量，在设计建筑物时
预留宽敞的活动空间，方便师生停留交谈、互动；在成长策略上：整个校
园规划完成后，必须严守每个区域的建筑规范，以免破坏整体观瞻。故为
保持校园建筑物一脉相传的风格，在校园规划案中订立《"国立"东华大
学校园规划设计准则》，针对建筑物的高度、颜色、退缩线等予以规范②，
因此塔状建筑也成了该校所有建筑的共同特点。

　　在实际规划上，依据《"国立"东华大学校园规划与建筑准则》规
范，校区基本上依坐北朝南方向设计，唯中轴线由北略向西偏约20°而至
南略向东偏约20°，以避免太阳东西向之直射，校园规划主要以区域型态
为主，依大门、行政大楼、图书馆、学生活动中心及体育馆所形成的中轴
线分布，并以图书馆作为校园整体的核心；教学行政区依图书馆为中心之
中轴线，以东为理工及综合学院为主，以西则以人文、社会、管理学院为
主；沿中轴线之外围为师生生活机能区；交通动线则以围绕校区的外环
道、教学行政与生活机能区间的中环道，及教学行政区中的内环道系
统，作为区域间联系之孔道，教学行政区与生活机能区之间由一条河道连
接三个湖区作为区隔，河道与湖区兼具景观、雨水综合引流与防洪之功
能。整并后，另加入如原住民民族学院及环境学院位于原规划之综合学院
区，教育学院位于原规划的社会学院位置，唯其坐落之选择均维持校区发
展准则之范围内，建筑物高度除图书馆与行政大楼为6层楼建筑物外，其
余均在4层以内，并约略以图书馆为轴心，向外校园外缘渐次降低。③

　　综合言之，学校建筑应以学生实际需要为主要考量，并将教育理念融
入建筑规划中。该校系以原东华大学校园为基本蓝图，在于完成新建教学

---

① 牟宗灿：《东华十年》，花莲东华大学2004年版。
② 牟宗灿：《东华十年》，花莲东华大学2004年版。
③ 《关于东华》［EB/OL］。

大楼及学生宿舍后，达成单一校区目标，学校建筑系以国际竞图方式产生，并按学术、交通、社交及成长等四个策略进行，使得校园整体更呈现出教育性、人性化、开放化与多样化的发展趋势，另外为保持校园建筑物一脉相传风格，订立校园规划设计准则，以维护建筑风貌。

（二）东华大学整并后精神文化层面

学校精神文化是全体师生员工在共同奋斗中所形成的独特气质，它不仅烙印在所有师生员工身上，更是社会认同的主要标志。[①]　由于整并前各校均有其原有之组织文化，但相较于物质文化层面在组建后较容易改变，精神文化层面则较难变动，故文化整合亦是以精神文化整合为重点。

1. 校训、校歌方面

（1）在校训部分

校训是办学思想（理念）的浓缩和行为导向，是一所学校的灵魂，其目的在鲜明地折射出不同的文化背景与价值取向。整并前，花莲教育大学的校训为"公正恒毅"，寓意处事要公平公正、不偏私，有恒心与毅力，才能把事情做成功；原东华大学则未订定校训，仅以"自由、民主、创造、卓越"为创校精神。

该校整并后，亦不定校训，仍以"自由、民主、制度、卓越"为创校精神，因为这是大学所要追求的最高理想与目标，时时提醒所有东华人，在校园里可以沉浸在学术自由、校园民主氛围，在大家所认可的制度与规范之下，共同创造人类未来的新知识，并且追求卓越，当初创校校长牟○○博士曾长期在美国从事教育，他认为 20 世纪 90 年代创立的新大学不应该这般陈腐，立校精神总要有些新思维。如今在该校校门口浮塑着"自由、民主、创造、卓越"几个大字，既是凝聚了他的创校理念，也是该校的立校精神，而原本的"制度"于 2000 年在各项典章制度渐次建制完成下，经全校教师研商及校务会议通过后，将其改之为"创造"。[②]　牟○○进一步解释这 8 个字所代表之意涵，"自由"系指学术的独立与自由，使教师能自由地探索未知学术领域，并确保学生在学术规范中拥有充分学习自由；"民

---

①　肖谦、侯清麟：《合并高校文化要素的整合路径探析》，《当代教育理论与实践》2009（1）。

②　牟宗灿：《自由、民主、卓越与制度——谈校风的建立》，花莲东华大学 2004 年版。

主"是自由校风的支柱，应由教授群以合议方式来主导学术；"创造"蕴含着智识创新与想象力启发，目的系希望东华人发挥创造精神，共创可长可久的校园文化与学术成就；"卓越"则指该校的开创强调卓越性，除校园规划建筑设施要求完整、优雅、效率外，学生招收亦设定高标准。①

　　具体而论，该校成立后，并未订定新的校训，而系以"自由、民主、创造、卓越"作为创校精神，其所代表的含义是希望该校致力于建立学术自由风格、校园民主氛围、发挥创造精神、并追求卓越标的，这八个字是经过全校教师研商及校务会议所通过的。

　　（2）在校歌部分

　　校歌是学校精神文化内涵的集中呈现，其功用在彰显办学历史、办学传统、办学宗旨和办学形象，在受到时代背景与社会风气影响下而表达出不同的意义元素，透过歌曲的旋律能使师生和学校融为一体，以激起其爱校的情操。

　　该校校歌系延续自原东华大学校歌，名为"东华颂"，1999 年原东华大学创校校长牟○○博士有鉴于该校创校多年，规模具备，唯仍未有属于自己的校歌，乃委请当时中国语文学系颜○○教授作词，及教育研究所崔○○教授谱曲，歌词的内容大体上可分为三个部分，第一部分是"校训内涵"，第二部分是"东华精神"，第三部分则是"生命参与"，因此乐曲主题旋律的设计，亦以此为主轴，而歌词在语言形式上，融合现代诗与古典诗的语汇、意象，以示"放眼古今"的襟怀。在段落的分割以及旋律的结构、节奏的规则，都做了大体的布置，例如，排句与散句、长句与短句的交错运用，韵脚的和谐与转换，总是让它在规律中蕴含变化，庄严又不失活泼，兹将歌词的内容呈现如下：②③ "自由是平野飞鹰，民主是众鸟和鸣。创造是沧海变化之洪波，卓越是群山特立之巍峨。看吧！看吧！我在东台皇皇其华。放眼古今，胸罗天下。东华呀！东华！我们不是过客，是这里的主人。梦想啊！梦想！梦想是饱满的种子，种成累累的青春。"

---

　　① 牟宗灿：《东华十年》，花莲东华大学 2004 年版。

　　② 颜昆阳：《我在东华我歌东华——校歌〈东华颂〉歌词创作过程及其意涵》，花莲东华大学 2004 年版。

　　③ 崔光宙：《我在东华我谱东华——〈东华颂〉谱曲回忆》，花莲东华大学 2004 年版。

然而，根据陈玉叶在其硕士论文《"国立"东华大学学生对学校整并现况之调查研究》中指出[①]，针对该校 564 名抽样的学生当中，发现学生对于新校歌的知觉程度偏低，其平均数仅高于 2.1 分（得分 1.8 分以下为低等程度，得分介于 1.9—3.1 分为中等程度，得分 3.2 分以上为高等程度），依此陈玉叶认为造成学生对校歌满意度与行动力偏低之原因，可能是整并后的新学校仍沿用原东华大学之校歌，未因整并而进行调整或改变。

综合言之，该校整并后仍延续原东华大学的校歌为新学校校歌，未因整并而进行调整或改变，或有公开征集校歌的程序，该词曲是由该校教师所创作，歌词内容大体分为"校训内涵"、"东华精神"及"生命参与"三个部分，乐曲主题旋律设计，亦以此为主轴，不过有相关研究也指出，由于该校校歌是沿用原东华大学的校歌，因此从学生的问卷中对新校歌的满意度与行动力是偏低的。

2. 办学理念方面

办学理念是大学在长期办学实践中所积淀、凝练、发展形成的，它指导着学校办学方向和发展模式，并支配全体师生的价值观和行为模式，是学校价值追求和内在灵魂。[②] 该校历经整并后，所发展出的教育理念，系以研究学术、培育人才、提升文化、服务社会、促进国家发展为宗旨，在期许成为国际一流学府之际，秉持自由、开放、和谐、卓越及朴实等原则，追求学术之卓越，并建立优良的校园风气与健全的校园规章，同时更培养学生具备宏观的国际视野与应对国际事务的能力，及在东部纯朴的民风陶冶下，孕育出东华人特有的朴实敦厚的精神。[③] 换言之，假若学校在发展过程中，能够整合形成明确而科学的办学理念，必将对凝聚人心、化解矛盾，有所助益，否则将不利于学校长远发展，而领导者在此历程中，亦应扮演起火车头角色，运用变革技巧协助组织内部成员推动各项事务，以落实办学理念。

根据《"国立"东华大学中长程校务发展计划书》内容所指，该校办

---

① 陈玉叶：《"国立"东华大学学生对学校整并现况之调查研究》，台湾东华大学硕博论文 2010 年版。

② 姚丽娜：《从冲突理论视角看合并高校组织文化建设》，《管理观察》2009 年版。

③ 《关于东华》[EB/OL]。

学理念为：（1）配合主管机关教育政策，担负"国立"大学之责任；（2）运用地方资源，规划有特色之系所，另务实科技研究，推动花东地区整体建设；（3）凝聚校园规范，培育具国际视野之人才，及加强推广教育，提升生活品质；（4）培育兼具人文、自然与社会素养，且具丰富跨领域知识之学生。① 而现任校长吴○○博士自2012年2月1日就任以来，按照上述办学理念，在其治校理念上也提到了几项重点：（1）建构完善的学习环境：如建立具东华特色之核心课程，培养学生核心价值概念及国际观。（2）强化优质教师教学、研究能力：如建立具东华特色之教师考评制度及评量系统。（3）落实积极社会服务：如与东部地区各类产业连结，推动产学合作计划。（4）积极推动国际合作：如与知名大学、研究机构、产业界推展实质合作；扩大交换学生、教授、招收国际学生。（5）相信学生，自主管理：如学校简介DVD即由老师带领同学制作；宿舍管理亦委请同学负责，显示他们是有能力的。②

　　基上所述，该校整并后，在办学理念上主要系以身为花东地区一所综合大学，应担负起培育术德兼修之人才，规划有特色之系所，并推动地区产业之建设发展为责。而新任校长亦在此理念下，构建其治校理念如完善学习环境、强化教师教学和研究能力、落实社会服务、推动国际合作、相信学生自主管理能力等。该校在明确理念指导之下，逐步开阔学校的未来发展。

　　3. 发展目标方面

　　目标是一所学校根据其办学理念，所提出在一定时间内欲达到之预期成果，这目标往往亦具有维系组织各方面关系发展的核心作用，故学校组织订定未来发展目标，是有利于学校的整合和升华。是以，大学整并后，必须对其原有目标进行整合，但千万不可仅重专业而忽视通识教育；亦不可仅强调人才统一要求，而轻忽多样化的个性发展③，否则将与当代科学发展的综合化趋势相悖。

　　根据《"国立"东华大学中长程校务发展计划书》内容所指，该校未

---

　　① 《东华大学中长程校务发展计划书（2010学年度至2014学年度）》［EB/OL］。

　　② 《关于东华》［EB/OL］。

　　③ 肖谦、侯清麟：《合并高校文化要素的整合路径探析》，《当代教育理论与实践》2009（1）。

来发展目标系朝向几个方向：（1）营造温馨之校园气氛，形塑多元之校园文化：包括美化校园环境、关心教职员生一切事务、鼓励学生和老师参与多样性社群活动、维护学生校外住宿安全等；（2）创造优质之学习、教学与研究环境：包括充实教学和研究设备、发挥图书及资讯服务功能、奖励教研优良之教师、鼓励学生参与国际与校外比赛等；（3）提升教师专业发展，建立特色之教师社群：包括鼓励教师成立教学或研究社群、定期举办社群成果发表会、倡导院（系）际合作等；（4）以学生为本位，增强学生学习深度与广度：包括训练学生自治能力、鼓励跨领域学习、奖励在课业上或其他方面之成就等；（5）结合当地自然与人文资源，发展东台湾特色：包括落实执行东台湾深耕计划、拜访花莲县产官界寻求合作机会、加强产学合作办理进修推广教育等；（6）接轨国际学术，拓展全球视野：包括推动各学院系所与岛外签订对等合作协约、鼓励老师学生至外头研习、进修、留学或游学等。① 由上，该校在发展目标上，主要包含营造优质校园环境、强化教师专业发展、增进学生学习深度与广度、结合当地自然与人文资源、和国际学术接轨，及发展成卓越综合型大学等。

而承续校级发展目标，各学院亦依其属性，订定各学院之发展目标，如管理学院系为培养能整合多元知识，具有决策分析能力，以及拥有国际视野的杰出经营管理与学术研究人才；原住民民族学院系为培养具国际观之民族事务人才、创新且具专业伦理之族群民族研究人才、理论与实务兼备之族群事务人才；艺术学院系为培养兼具创新、表演、研发之各类艺术专业人才；花师教育学院系为培育兼具分析力、综合力、执行力的教育专业人才；海洋科学学院则为培养具国际视野并关怀自然生态之海洋专业人才、基础理论与产业应用兼备之海洋自然科学人才。②

职是之故，该校根据学校办学理念和精神订立了未来发展目标，包括营造优质校园环境、强化教师专业发展、增进学生学习深度与广度、结合当地自然与人文资源、和国际学术接轨，及发展成卓越综合型大学等方面。承续校级发展目标，各学院则依其属性，再订定各学院之发展目标，以培育优秀人才。

----

① 《东华大学中长程校务发展计划书（2010 学年度至 2014 学年度）》［EB/OL］。
② 《教学单位》［EB/OL］。

4. 办学精神方面

台湾由于大学院校数量在短时间内急剧扩增，加上全球经济不景气，使得内部财政日益困顿，对大学的补助款逐渐紧缩，连带影响学校教学、研究、学术发展及校务运作。而办学精神是反映一所学校深层思维理念和价值理念的地方，亦是关系着整并大学文化整合与发展进步的核心问题，该校整并前，原东华大学系以理工领域为主，花莲教育大学则以教育类别见长，故两所学校在办学精神上会因其型态、特色之不同而有所差异。

该校整并后，面对现实环境的变化，时时在自我检讨、评估，及调整学校的行政与学术结构，以为因应。因此，为追求与建立特色校园文化及风格，仍然秉持原东华大学初创时自由、民主、创造、卓越的立校精神，这几个浮塑大字矗立在校门口，非常醒目，其所代表的意义：自由指"独立思考与人格自主学术自由之信奉"；民主指"相互尊重与整体和谐校园民主之追求"；创造指"青春活水与日新盛德社会革新之动力"；卓越指"精益求精与止于至善永续经营之理想"。[1][2] 故"自由、民主、创造、卓越"八个字，代表着该校的校风、校园精神，及校务发展目标，更可谓是其校训。

综合言之，该校整并后，仍沿用原东华大学"自由、民主、创造、卓越"8个字为该校办学精神，其意涵系指要致力于学术自由风格建立，使教师自由地探索更多未知学术领域，确保学生在学术规范中拥有充分学习的自由；重大决策都需要教授、行政人员及学生依决策内容及性质，充分参与决策的制定；所有成员要发挥创造精神，共创可长可久的校园文化与学术成就；学生招收都设定高标准，并坚持高水准的研究成果和高品质教学，全面追求学术的卓越。

（三）东华大学整并后文化融合情形

1. 在组织气氛部分

大学整并后，除学校规模扩大外，学科方面亦趋于齐全，资源更加充足，故新的校园组织文化亦须重新建构与融合，而一所学校组织文化的形成，并非一蹴可及，是经由创建与发展漫长过程当中，长期积累演变而

---

① 牟宗灿：《自由、民主、卓越与制度——谈校风的建立》，花莲东华大学 2004 年版。

② 《东华大学中长程校务发展计划书（1999 学年度至 2103 学年度）》［EB/OL］。

成，这种特殊的校园文化，在无形中也成为学校整并后的一种关键因素和整并阻力。而组织气氛是一种无形抽象概念，让人一接触即能感受到的主观印象，所以对新整并大学来说，在延续及推动校务上，影响甚深。该校整并后，重新商议了校名、校徽、校歌、校庆等表征文化，然而这些东西是否真能促进组织文化的融合吗？T3、T5 老师和 T7 行政人员在受访中均明白指出："不会啦！东华校歌是什么我都不知道，至少花教大是什么还知道，那校徽也是经过争取过来的。"（IN20141230T3）"没有耶！我觉得都没有变化，跟私立学校不太一样，就是公家机关，反正我也不理你，你也拿我没办法。"（IN20141231T5）"还好吧！只知道校徽有改，但感受不深。"（IN20141231T7）受访者 T8、T9、T10、T11 学生，在受访中则一致以大笑来表达他们的看法："校歌是什么？"（IN20141230T8，T11）不过，受访者 T8 学生，对这个部分另外表示："我觉得校歌没差啦！就我来说一开始都会有点不适应，有点怀念花教大，久了以后就感觉没差了！现在比较有不一样的就是校庆，因为以前花教大很小，你会觉得很热闹很有向心力，大家可能没有怎样就很容易认识到或参与到，可是现在这里就由自己选择，校庆不想去逛就没有过去，参与意愿会低很多。"（IN20141230T8）受访者 T4 老师则持不同的看法："会啊！我个人认为改成花莲大学更好，因为东华大学人家不太知道你在哪里。"（IN20141230T4）承上，"多数受访者对此均不太认同能促进组织文化融合，有受访者则认为校名较能引起共鸣。"（RT20140313 研）

　　由于该校整并后，校徽曾做了一些修改，即是将花教大的莲花 Logo 置于原东华的校徽之中，显见双方在整并折冲的过程中，都希望保留各校原有之精神或元素在其中，因此进一步想了解这样的组合，对组织气氛融合是否有助益！T5 老师在受访中认为："我觉得那只是少数人对这个会特别有意见，你若去问那些学生，他们其实都没有太大感觉，不太会 Care，画不要画得太难看就好，当然有些人会嫌校徽丑啊！但也都不会有特别的感觉。"（IN20141231T5）诚然，"在访谈过程中感觉 T5 老师是个个性蛮开朗的人，他认为校徽只是个表征，只有少数人才会受其感召而产生特殊情感，但蛮多的人其实像 T5 老师一样，对学校事务是属于沉默的一群。"（RT20140313 研）

　　对于整并后，两校在组织气氛融合上，情形如何？T3、T4 老师及

T8、T9 学生在受访时指出："因为花师教育学院大都是花师人，大家都很熟，我也很少到其他系所，像之前有兼行政开会时，在电梯遇到，都会彼此介绍聊一下。我想行政主管应该都还好，行政助理他们在业务上也都会问或联络，而我们老师除非有课的交流，否则老师跟老师，我想互动很少，这里都是我们教育学院的，那理工是理工，很少在一起。"（IN20131230T3）"我们在学术上的融合，是因为校长的风格所致，而彼此之间的隔阂还是有啦！那是需要时间啦！可是大家就慢慢有点忘记这个了。"（IN20131230T4）"记得整并当时，我们是花教大大三学生，并过来后我们自己一班，东华他们自己一班，班级是分开的；正统来说应该是合成一班，可是我们没有交集啊！所以之前拍毕业照时也是我们拍我们自己的。"（IN20131230T8）"刚开始时，有可能是不熟啦！感觉系上的助理对花教大助理在讲话口气上比较不友善，例如说这个我们有公告，你自己要看啊！但是现在就习惯不会了。"（IN20131230T9）T4 老师另外举出例子，来说明如何促进组织气氛融合："整并后，组织气氛会慢慢融合的，像我们艺术学院就会有什么展览、开幕啊！校园里头就增加了很多公共艺术啊！我们音乐系有交响乐团、管弦乐团、爵士乐团，都有什么表演，就突然不一样了。原东华大学这边以前没有，就很安静啊！他们有人也认为，有艺术学院在就很不一样耶！"（IN20131230T4）

此外，个人对组织的感受情形亦会影响其对组织文化认同的强弱，T3、T4 老师及 T7 行政人员在受访时即有不同体会："搬迁至寿丰校区有一个缺点，就是校区太大了，人情味变淡了，以前在美仑时，我们系办公厅跟学生宿舍很近，一天到晚都会碰面相遇，不管哪个系，碰面都会打招呼，老师跟学生就像家人；在这边学校凝聚力不强，校园很少看到人，下课大家都不见了，学生要找老师也不在。"（IN20131230T3）"我觉得文化上融合还蛮难解决的，我是没有问题，我不是说我很喜欢原东华大学的文化，就看格局啦！有些人就是没那个格局，却还是一直坚持自己意见，一个人加上两个人变成很多人，就变成一种气氛，仔细看这就是文化上的问题。"（IN20131230T4）"我觉得两边学校文化差别在于向心力，向心力是跟人际关系有关，在花教大大家把它当作自己的家，在东华这就是工作场所。"（IN20131231T7）

整并前，两校原各有不同的学科发展专长；整并后，学校如何针对原有专长加以整合，成为学校发展的竞争优势。T4 老师、T6 行政人员、T8 及 T9 学生的看法认为："会啊！哪个都会仔细啊！"（IN20131230T4）"学校只有在去年叫我们写四年计划，就是要推什么计划去执行，让别人更知道东华，但后来因为没有经费，就不了了之，不过仍有保留院的特色计划。"（IN20131231T6）"感觉那是指老师吧！"（IN20131230T8，T9）在谈论大学组织变革概念时，Robbins 在"静水说"和"激流说"观点中提及，领导者作为一个策略执行者，应突破现况，引领组织向上之作为，由此显见领导者在组织变革中的重要性，尤以对组织文化之融合具有领头羊作用。对此，T3、T4 老师都有从事过行政工作的经验，即提出其看法："黄校长为了说对等，所以开行政会议时，一次在这边开，下一次在花教大开，开什么会都两边开，就是为了大家和谐。"（IN20131230T3）"新校长的理念比较走社会实践，走务实性的，刚开始有些老师不太舒服，因为要动起来，可是久了又觉得这样比较有趣、生动、有动力，其实大家为了忙教学与社区结合这个部分，也都忘记以前的恩恩怨怨，久了其实要合作，就是要跨院、跨领域的合作，一个人单打独斗做不起来。"（IN20131230T4）

综上所述，该校整并后，必须对新的校园组织文化重新建构与融合，凝聚新的文化气氛，以建立一所具有学研特色与竞争力的团队。由于该校整并时间不长，因此在组织气氛融合的历程中，产生了许多问题，从受访者访谈中可探析，多数受访者均不太认同校名等表征能促进组织文化的融合，只有少数人才会受其感召；初期时，同事或师生间的组织气氛融合并不佳，而校区太大及个人格局太小是可能的因素，但也有人表示透过如校长领导风格、各项公共艺术展览和表演，能慢慢促进组织气氛融合，现在情况就好很多了；该校虽有提出构想要推动学科专长发展，却碍于经费问题而无疾而终，未有进一步进展，感觉师生似乎亦不太了解该校发展的优势；该校采取如两校区召开行政会议，或实践社会服务等做法，引领学校成员进行组织文化融合，而这些作为实有正向效果。

2. 在文化差异部分

文化差异是两个不同个体或族群，由于认知、行为、思想与价值观等之不同，在跨文化沟通过程当中，导致沟通障碍、误解或甚至冲突之发生。Wan 和 Peterson 在其 *A case study of a merger in Chinese higher education*：*The motives，processes，and outcomes* 一文中曾指出，从四川大学与成都科技大学的整并中，发现两校职员的本位主义颇为浓厚，因此造成相当程度的文化冲击与抗争。[①] 在该校整并上，亦有相同文化差异情节发生，T3 老师从学院更名一事、校庆啦啦队比赛上、教师升等上、系所评鉴上提出她个人看法如下：在学院更名一事上，"整并后选择将教育学院改名花师教育学院，主要原因有二：第一，我们对过去毕业校友有交代，让他们的情感有归属；第二，用花师教育学院的话，以前花师的人及校友会慢慢认同东华，对东华也有好处。"（IN20131230T3）在校庆啦啦队比赛上，"合校后的第一年校庆，由于在美仑时有个特色，就是校庆啦啦队比赛，那一年我们幼教系得到第一名，黄校长晚上来看时，吓一跳说，比赛时全系老师都在场，我告诉校长不只幼教系，很多系老师都在，因为这对我们花师来说是个很重要的日子。但当我们回到东华表演给他们看时，却发现怎么小猫几只，表演很好也不会给你掌声，好像我们是陌生人。"（IN20131230T3）在教师升等上，"合校后学校总是希望提升嘛！那提升时，当然有些就不平等。在升等上，早年东华这边，很多是人治的，所以申诉案很多，听说你虽然有 6 位外面教授通过，但到校教评，只要有一个人说你不好，或没人认识你，就下来了。这不像我们，你通过了，分数到了，就 OK 了！这边有很多做法跟我们以前不一样，所以两边还是有待磨合啦！"（IN20131230T3）在系所评鉴上，"学校认定我们要做研究型大学，有很多学院就认为，花师现在最完整过来就剩下教育学院，但他们会说教育学院的研究又不如人，怎么跟他们比，等于是我们把他们的研究拉下来了！最近还听系主任讲，教育学院很像被人家贴标签，就是研究做得不好，听说在系所评鉴前，学校要用我们先自评，找人家来看，就是我们不好。前阵子还说，如果招生不好，就开始要缩编，好像是教育学院被点名，所以让很多老师心里有点不平衡和没有安全感。"（IN20131230T3）承上，"T3 老师从学院更名、校庆啦啦队比赛、教师升等、系所评鉴等方面体会出两校文化间的差异，或许仅是冰山一角，但最重要的还是需靠两边师生多加

---

① 吴金春：《从外国经验看台湾大学整并》，海峡两岸高等教育永续发展学术研讨会论文 2009 – 1。

磨合，才能产生认同。"（RT20140313 研）

　　由于两所学校原有各自的发展历程，且整并时间并非很长，故在文化间会有许多差异性产生，T3、T4、T5 老师及 T7 行政人员与 T10 学生即指出："原东华比较讲究个人主义，自己忙自己的，那花教大这边就是团体，大家尽量可以做什么，就一起来。"（IN20131230T3）"我觉得东华那边比较理性，花教大的人比较感性，比较讲裙带关系，那碰到像经费分配，感性也会变理性，开几次会就知道了。"（IN20131230T4）"所以你看我们连校徽都改了，我们原来的校徽再加上一个 Logo，就改成现在这个样子，就是因为他们不喜欢我们原来的校徽，其实整并一定都会有这种文化认知上的差异。"（IN20131231T5）"我觉得两边来自不同学校，以前文化也不一样，传统教育学院应该比较封闭，主要以教学为导向，东华是综合大学，做研究，就比较开放。"（IN20131231T7）"我觉得在美仑时，有时老师不在花莲，会来一通电话，请你帮他拿东西，学生是可以去开老师的柜子，拿一些文件，所以是比较信任学生的；可是在这里他们认为这是老师的东西，不管你是助理也不能去碰，除非打电话给老师，给助理听，真的确定老师说可以了，你还是要由助理去拿。所以花教大比较讲人情，这边比较讲规定。"（IN20131230T10）

　　受访者 T6 从行政管理文化上的差异提出她的观察："整并后，花教大有很多行政人员都离职了，因为工作量变大，花教大体制和我们不太一样，他们是上面统筹做，他们只要做部分，再交给上面去汇整，但到我们这里几乎是助理一手包办，我们以前就是这样做了，所以不觉得怎样，像采购需要我们自己去找厂商和核销，可是他们以前只要找总务处就能处理了；另外排课也是我们要自己找老师排教室，自己 Key 课，再交由教务处汇整开会，在花师大是教务处统一排课、Key 课，它们只要给老师名字、课程，其他都是教务处自己打，就差很多，所以他们进来就觉得什么都要自己做、自己来。"（IN20131231T6）受访者 T6 再提出另一个观察："再从会计部分来说，花教大来的行政人员比较死板，什么东西不能报，什么不能做，会很照规定，审查比较严苛，但这在之前东华是可以的，有一些弹性。在公文上，东华主管是整份看完，有问题贴指示贴告诉你，请你回去修改，但花教大主管是一有错就叫你立刻回去修改，再交上去，一看到又有错就再退，那份公文一直看不完，行政效率就变差了。"

（IN20131231T6）承上，"学校成员比较两校文化间差异，认为花教大感觉较感性、群体、封闭、讲人情，原东华则较理性、个人、开放、讲规定，故会产生一些文化上的不适应。"（RT20140313 研）

　　整并后，在学生间文化差异的比较情形为何？受访者 T3 老师及 T9、T11 学生提出他们的看法："现在已经慢慢好了！前两年很明显，学生之间，连计程车司机都说，载到花教大的就是很有礼貌，载到东华就不一样，因为他们这边比较欧美派，很尊重学生。另外，像以前我们在学校可以规定学生打扫教室、校园，这边没办法。"（IN20131230T3）"在考试成绩出来后，大家多少都会看一下，我们自己同学跟他们之间谁比较强，感觉上好像我们比较强。"（IN20131230T9，T11）承上，"由于学生来自不同学校，因此文化间仍有差异产生，不仅校外的人有此感觉，就连学生间也会互相比较强弱，现在情况则较整并初好。"（RT20140313 研）

　　进一步了解两个不同组织文化融合后，有否因为文化差异导致意见不合或冲突现象之发生？T3 老师、T7 行政人员及 T10、T11 学生提出他们的看法："在行政上，刚开始时冲突很大，像我去 Outside meeting，他们会问我为什么要叫花师教育学院；在学术上，当时我们都会请现在副校长郑○○过来，他都会问我们教育学院老师做研究方式有什么不一样，他再从理工的角度告诉我们，我们也会请外面的人过来，但是还是很少呢？比较起来还是我们教育学院跟教育学院，理工跟理工。"（IN20131230T3）"没听说有什么纷争。"（IN20131231T7）"我觉得学生会他们比较经常在吵，就是偏向行政的常会有摩擦，一开始好像是为了选学生会正、副会长，还有讨论规章之类的事吧！就会有你们东华不了解我们花教大这类的偏见，现在情况就比较好了。"（IN20131230T10）"整并初，两校在课纲上面差蛮多的，因为我们是学分制，他们是学程制，由于不了解所以才有冲突产生。还有刚进来时我们是大四，系上在谈毕业初审问题，有讨论到学分认抵部分，系上认为我们要修 100 学分，28 学分是通识，10 学分可以修外系的课。但他们在争吵，为何 10 学分是拿一些外系的课来认抵你自己数学系的课，后来经过沟通之后，他们说好那没关系，因为两边差太多了。"（IN20131230T11）承上，"该校整并初，在组织文化融合过程中，是有一些冲突与不合发生，如学院改名上、学生会行政事务上、学分认抵上，不过随着时间演进，现在情况好多了。"（RT20140313 研）

整体而言，文化间的融合必然会有冲突的发生，由相关的整并案例中亦得到证实。该校整并后，由于原两校有各自的发展历程，且整并时间并非很长，故受访者从学院更名、校庆啦啦队比赛、教师升等、系所评鉴等方面，体会出两校文化间的差异情形，而整合其差异点，花教大感觉较感性、群体、封闭、讲人情，原东华则较理性、个人、开放、讲规定；其次，学生间文化仍有差异产生，不仅校外的人有此感觉，就连学生间也会互相比较强弱，现在情况则较整并初好；最后，整并初是有一些冲突与不合发生，如学院改名上、学生会行政事务上、学分认抵上，不过随着时间演进，现在情况好多了。

二　广州大学整并后组织文化分析

（一）广州大学整并后物质制度层面

物质文化又称载体文化，本书在此部分除了物质文化外还包括制度文化层面，融合的方式即是要藉由对大学文化外在标志的认同，进一步强化所有成员对新有机体的理解。

1. 校名、校址、校庆、校徽方面

（1）在校名部分

校名是一所学校的代表符号之一，学校命名有以人名，有以地名，更有以历史典故命名，均存在着各式各样不同之含义，它更是凝聚人心的重要基石，当新高校成立后，新校名的命名若未能寻求共识即时给予解决处理，旷日费时，除徒增困扰之外，将使新组建高校成员无法对新学校形成共同归属感。Wan 和 Peterson 在其研究中即表示，大陆四川大学和成都科技大学于 1994 年的整并案中，光校名就议论了四年，最后藉由政府的介入才尘埃落定，结果校名改成四川大学，而校门却开在成都科大，而在并校前两校受访者即一致表示校名会影响学校排名、声誉和招生。[①] 由此可见，校名是学校对外的代表身份，是个人体现自我概念的重要来源；对内则是凝聚学校成员认同与向心的一种象征。

---

① 吴金春：《从外国经验看台湾大学整并》，海峡两岸高等教育永续发展学术研讨会论文2009 - 1。

　　该校之命名根据组建《广州大学（新）方案（送审稿）》中所指出，① 即以"广州大学"为名。而该校之名称，诚如一位大陆教授所言：广州大学是个金字招牌，既有历史底蕴（与 1927 年成立的私立广州大学衔接），又有现实意义（1984 年成立的公立广州大学是其中之一），还有国际国内声誉（广州拥有 2200 多年城市历史，是 30 年来发展最快的城市，是改革开放的桥头堡，任何一所以著名城市命名的大学均可成大器，如北京大学、伦敦大学等）。② 因此，以广州大学为名，更能体现整并的意涵，也较能为该校教职员工所共同接受。对此部分，受访者 K3 老师及 K6 行政人员在受访时亦提出其看法："这个很简单。因为师范学校、华建西、师专都是单一的，只有广州大学是综合性的，同时以一个城市来命名，容易被大家所记住，并且广州大学在 1927 年就有最早的历史，其他学校相对比较短，所以决定以广州大学命名，在选校名上比较简单没有太多争议。"（IN20131222K3）"广州大学是一个品牌效益，虽然当时的广州大学办学层次不高，但这个校名简洁、认可度比较高，对后面发展比较有利，最后大家综合各方面因素均衡一下。"（IN20140107K6）

　　综上所述，该校在校名选定上，由于整并各校除广师和华建西为本科层次外，其余各校均为专科层次，但总的来说办学层次仍低，所以透过整并来提升各校办学层次，原是各校所乐见，加上综合各方因素与看法，因此并未有太多争议，再从几个方面来看：第一，以广州来命名，不但简洁、认可度高，更容易被大家所记住；第二，与 1927 年成立的私立广州大学衔接，具有历史底蕴；第三，整并的高校当中，1984 年成立的公立广州大学是综合性的高校，具有现实意义；第四，广州市拥有两千多年城市历史，享有国际国内声誉。新校名的确立，促使该校在很短时间内即能融合各校力量，再透过如整体搬迁大学城、本科教学工作水平评估等事件，使得学校办学实力大增。

　　（2）在校址部分：

　　学校的选址在思想上，是为体现一定的价值取向，以孕育出一流的人才，自古即受到相当重视，如著名的湖南岳麓书院等五大书院设在依山傍水之地，

---

　　① 《合并组建广州大学（新）的方案（送审稿）》[Z]。

　　② 刘晖：《两岸大学整并政策之分析——以组织文化融合为例访谈大纲》（未出版之原始资料）。

而在德国选择偏僻的小城镇建大学则几乎已成为传统。[①] 由此显见，校址的选择关乎学校未来走向与人才孕育，是新建高校所必须考量的条件之一。

　　该校整并前，原规划在白云区新征一块土地以建设新校址，但后来该项计划因故未实施；整并初，学校师生分散在 5 个校区上课，各校区校址分别为桂花岗校区（广州市越秀区解放北路桂花岗东 1 号）、麓湖校区（广州市越秀区麓湖西路 41 号）、广园校区（广州市白云区广园中路 248 号）、起义路校区（广州市越秀区起义路 144 号）、龙洞校区（广州市天河区龙洞筲箕窝渔沙坦西坑大街 1 号），以广园校区为校本部，且 5 个校址地理区位均靠近广州市中心。[②] 2003 年 1 月市政府为配合广州城市发展计划及广州市高等教育未来发展需要，设立了一个全新的大学城，该城区位于广州市东南部，坐落在番禺区的小谷围岛及其南侧对岸地区，西邻洛溪岛、北邻国际生物岛、东邻长州历史文化保护区并与琶洲生态公园隔江相望，岛上有多处具历史意义的文化资产，除广州大学外，另有华南师范大学等 10 所大学，[③] 而该校校本部校址，选在今番禺区大学城外环西路230 号，从地理位置上看，新校址位于大学城西南端，临近珠江，由于远离尘嚣、环境清新，更能陶冶出广大师生的文化气息，又有京珠高速公路、南沙港快速路、广州地铁等以连接市区，交通便利；2005 年 9 月整体校区搬迁至此，现即以此为发展基础，另桂花岗校区由于较接近广州市区，故作为在职进修及培训之用。[④]

　　综上所论，该校组建初，5 个校区校址及地理区位均靠近广州市中心，并以广园校区为校本部；2005 年整体搬迁大学城后，校本部校址改至大学城校区，该地点远离尘嚣、环境清新，是个陶冶情操，读书治学的好地方，师生的教学、研究均集中于此，也奠定了该校的发展基石。

　　（3）在校庆部分

　　陈佳仪指出校庆具有必要性、重要性、可行性及推广性，传统概念中

　　① 姚丽娜、方志华：《论合并高校的组织文化整合——以浙江海洋学院为例》，《浙江海洋学院学报》（人文科学版）2008（25）。

　　② 《广州大学简介》［EB/OL］。

　　③ 陈佳鸿：《以都市设计观点探讨校园规划的远景与机制——以成功大学光复校区为例》，台湾成功大学硕博论文 2008 年版。

　　④ 《学校简介》［EB/OL］。

总认为，校庆仅是例行性公事，如今随着教育市场趋向自由化，借由校庆将学校行销出去，形成一股潮流。而透过校庆活动安排，一方面可凝聚内部团结、对学校产生认同；另一方面亦可宣传学校理念及特色，更甚者达到传播、募款等巨观面的目的。① 该校组建后，曾对校庆日期做过讨论，然而始终没有定论，受访者 K3 老师及 K7 行政人员在受访时即指出："我们是有以合并日 7 月 11 日办过 5 年、10 年的庆祝活动。不过，我觉得这是广州大学在目前的确做得不太够的部分，但是它会在这期间让各个学院邀请校友回来，有的学院是做得不错，可是那天大家也赶着要放假啊！很多学生也走掉啦！"（IN20131222K3）"校庆问题至今学校还是很纠结，究竟是以哪天为校庆，以哪个学校作为校庆源头和起点，现在学校还没有正式文件。合并之前各校有自己的校庆，但是合并后我们从来没有搞过校庆，不过我们有搞过 5 周年隆重庆祝大会，开个会请领导讲话、邀请嘉宾及所有师生共同参与，可是那不是校庆；10 周年则搞个展览，没开什么会，然这始终是我们的缺憾，主要是大家对历史认同发生了分歧。我们也曾经举行过专家论证关于校庆的日期，最后也都认为以 1927 年 3 月 3 日私立广州大学作为源头，因为广州市政府曾发过文同意我们，希望我们连在一块，而私立广州大学有很多毕业生都在海外，也都迫切希望能够认祖归宗。"（IN20140106K7）

　　基上所述，该校在整并前，各校均有自己的校庆日，但整并后，由于没有取得共识，因此学校未正式订定哪一天为校庆日，这也是受访者在受访中感到遗憾的地方，不过学校却曾以当时整并日举行过一些庆祝活动，但由于整并日正好遇到暑假期间，师生们都急着要放假，故没有受到很大重视，也失去了庆祝意义。是以，对校庆日期寻求一个共识与想法，是该校亟待克服的问题，笔者认为如从历史观点，以 1927 年 3 月 3 日成立的私立广州大学作为源头，亦不失为一个好方法。

　　（4）在校徽部分

　　校徽是学校的代表图腾，形之于外的表征，是学校形象识别系统的重要元素；一所学校的校徽代表着该校所孕育的文化内涵和精神特征，亦是建构学校成员对学校凝聚向心的所在。换言之，校徽是学校对外最易识别的表征，蕴含

---

① 陈佳仪：《国中校庆行销对学校的影响——个案研究》，《研习资讯》2008（25）。

着学校许多教育理念和办学精神，校徽的设计应以简单明了、浅显易认，能够代表学校的图形为要，不可过于复杂或华丽而失去了图案所要显出的意涵。

广州市古称羊城，依据《广州大学章程》第 72 条第 2 项规定，徽志是由"GU"与"羊"字以及英文字 Guangzhou University 组合而成的图形，"GU"为 Guangzhou University 的缩写，"羊"代表广州，"GU"与"羊"字组合，构成火炬与红棉花开的形状。① 是以，该校的校徽是由一个凸显羊角的羊字及该校的英文字母所组成，结合了造型与文字符号特性，图形虽简单但简明易懂，让人一眼即能看出图案所代表的意思。就造型而言，圆环内书写中英文校名，圆形象征同心、和谐与完美，具有团结、圆满、融合与共荣的意涵，代表全校团结一致；另从色彩表达的意念而言，以绿色为底，而绿色具有生长和生命力，代表新学校生生不息，与时俱进。而诚如刘晖所言②，校徽是在广泛征集和讨论的民主基础上确定的，包含羊城、英文广州大学字母等丰富资讯（如图 3—5 所示）。③ 受访者 K3 老师在受访时，亦对该校校徽的产生过程提出解释："校徽是有作用的。合并之后，那个暑假就设计出来了，到了 9 月一开学，学校就提出几个版本，并对每一个校徽蕴含的含义去做解释，让大家投票，最后订出来。"（IN20131222K3）

综合言之，该校的校徽是融合了校名和地名所构成类似火炬的意象符号，图形简明易懂，圆形象征全校团结一致，而颜色采用绿色，代表着新学校生生不息，与时俱进，更重要的是它于整并初期是在广征民意的基础上做出的决定，因此是个最没有争议且受大多数人认可的标志。

2. 学校建筑风貌方面

建筑概念是要把"与精神对立的无机物改造成为由精神创造符合目的的环节"，学校建筑一般通过建筑本身的造型、格局、颜色与周遭环境间之关系，来表达一定思想内容及价值追求。④ 依汤志民对学校建筑的看法，认为是为达成教育目标而设立的教学活动场所，包括校舍、校园、运

---

① 《广州大学年鉴（2009）》［Z］。

② 刘晖：《两岸大学整并政策之分析——以组织文化融合为例访谈大纲》（未出版之原始资料）。

③ 《校徽》［EB/OL］。

④ 姚丽娜、方志华：《论合并高校的组织文化整合——以浙江海洋学院为例》，《浙江海洋学院学报》（人文科学版）2008（25）。

图3—5 广州大学校徽

动场及其附属设施。而与其相关的教学设施建置，则是为提供学生完善学习环境，辅助其获得最大学习成就，以创造高教学质量。①

该校整并初，将学校行政中心置于广园校区，其他院系则分散于各校区，原各校区的建筑风貌除作部分修建外，大致仍维持原样，未做进一步更动；在大学城新校区部分，系由市政府统筹、设计与建设，进驻的广州大学仅须提出功能需求，配合规划设计，不需直接参与建设管理，大大减轻该校负担，市政府为此共斥资不少经费，规划用地面积1975.6亩，其中教学区1389.7亩，生活区585.9亩，分两期建设，而整个设计方案，充分利用现况水资源形成中心湖，创造以水为主题的空间特色，在建筑配置上更以此为中心发展，系属于蓝图式美景的建筑风格。② 该校建筑主要包括行政东（西）楼、教学楼、实验楼、演艺中心、体育馆、足球场、篮球场、体育场、游泳池、图书馆、网络中心、商业中心和学生公寓等。

然而，该校根据教育部颁发的《关于同意组建新的广州大学的通知》函文中明确指出："广州大学实行省市（广州市）共建、以市为主的办学体制，全日制在校生规模暂定为20000人"，这项办学定位照理说是符合

---

① 汤志民：《学校建筑与学校规划》，台北五南出版社2006年版。

② 陈佳鸿：《以都市设计观点探讨校园规划的远景与机制——以成功大学光复校区为例》，台湾成功大学硕博论文2008年版。

当时该校的实际情况，因为整并前，各整并学校仍存在着各种形式的大量专科专业和专科层次的高等职业教育，研究生教育规模还很小[1]，唯随着经济不断发展，产业结构不断调整，大陆通过这几年扩招，使得高等教育办学规模不断地在增大，故此批文实已间接制约了该校的整体发展，目前该校有全日制本科生25500人，各类博、硕士研究生3074人，共计约有29000人左右，若加上教职员工，实际人数已超过30000人，在这样过多的人数增长下，原有校园空间配置已不敷所有师生使用，故必须在现有校地再增盖新校舍，以符应现况，然此举势必影响到该校整体校园风貌，这也是该校亟待解决的另一个难题。另该校迁至大学城后，也诚如刘晖所指出[2]，在物质文化方面所能展现的空间和内涵很小，主要是因为大学城是政府统一设计与规划；其次是学校对于物质文化究竟为何种风格，没有形成共识；最后是办学经费局限。他也表示曾参加过一个由广州美术学院教授设计的"广场方案"，其大气磅礴，有广大的精神内涵，让他既兴奋又激动，但之后由于领导者意见不一以及经费预算过大而搁浅。

整体而论，该校搬迁至大学城区后，由于学校建筑风貌是由市政府采用"政府主导，统一建设"的模式，完全由政府单位统筹、设计与建设，该校本身未直接参与建设管理，因此整体建筑风貌所能展现的内涵与空间其实很小，无法真正体现出该校的教育精神，加以近年来随着学校办学规模不断地增大，使得建筑空间已不敷使用，这将直接影响到建筑风貌的改变。

（二）广州大学整并后精神文化层面

在高校整并后，精神文化层面首要面对的冲击在于学校定位与培养目标，原各高校在其各自环境中由于地域性、认同性的不同，逐渐发展出自我定位及人才培养的目标，如广州教育学院系以培养在职中学教师和教育行政干部为主；广州市建筑总公司职工大学则为建筑企业专业管理人员岗位培训学校，因此必须根据新学校的实际和未来发展需要，打破各校原有的定位，进行整合和升华。

---

① 禹奇才主编：《广大胸怀造就新的广大》，广东高等教育出版社2009年版。

② 刘晖：《两岸大学整并政策之分析——以组织文化融合为例访谈大纲》（未出版之原始资料）。

1. 校训、校歌方面

（1）在校训部分

校训是一所学校传统文化精神的延续，是办学宗旨的概括，是全校师生员工共同信守的格言，是大学文化、价值观和精神的集中体现，亦反映着学校的品格与追求，故其存在价值意义深远。[①] 整并前，各校校训依其发展目标的不同各有差异，如广州师范学院以"亦学亦师，与时俱进"为校训；广州教育学院（广州高等师范专科学校）以"又红又专，为人师表"为校训；原广州大学则以"奋发、严谨、实践、创新"为校训（DO20140107），[②] 其所代表之意涵除为呈现各校文化精神的个性化表述外，并对教学体系的建构发挥重大的引导作用。

该校的校训为"博学笃行，与时俱进"，其中博学笃行是保留自私立广州大学校训而来，此四字乃语出《礼记·中庸》第二十章的"博学之、审问之、慎思之、明辨之、笃行之"，而"博学"意谓着首要广泛地猎取，培养充沛而旺盛的好奇心，若好奇心丧失了，为学欲望将随之消亡，博学遂为不可能之事；"笃行"是为学的最后阶段，既然学有所得，就要努力践履所学，使所学最终有所落实，做到知行合一，全句意指广泛学习且确切实践所学。刘晖更深入地阐述，"博学"强调知识的基础性和学生的综合素质，"笃行"则强调学以致用、创新意识和实践能力；而与时俱进其意则为与时代一同前进。[③] 该校组建目的系为广州市经济社会发展提供较好的创新人才和科技支持，达到"科教兴市"的战略，是以其校训精神乃要广大学生须不断跟随时代脚步学习，并将所学贡献于社会，发挥"立足广州，服务广州"使命。受访者 K3 老师在受访时，亦提出其看法："校训是透过一个民主机制大家讨论来决定，主要是要整合大家的价值观，提升大家对这个新学校的认同感和接受度，所以它是有作用的。"（IN20131222K3）

综上所述，该校校训为"博学笃行，与时俱进"，其中部分来自私立

---

① 姚丽娜、方志华：《论合并高校的组织文化整合——以浙江海洋学院为例》，《浙江海洋学院学报》（人文科学版）2008（25）。

② 禹奇才主编：《广大胸怀造就新的广大》，广东高等教育出版社 2009 年版。

③ 刘晖：《两岸大学整并政策之分析——以组织文化融合为例访谈大纲》（未出版之原始资料）。

广州大学，其意涵是指广泛学习且确切实践所学，与时代一同前进，并对该市经济社会发展提供创新人才和科技支持。而受访者也指出，该校训是在透过民主机制广泛讨论下所决定的，因此是在整合所属成员的价值观，来提升对新学校的认同感和接受度。

（2）在校歌部分

根据维基百科中指出[1]，校歌是宣告或规定代表该校的歌曲，是用于展现学校的治学理念、办学理想等学校文化内涵，一所学校可能不只一首校歌，同一首歌曲也可能被不同学校定为校歌，也有学校未指定校歌；其来源有些是专门创作，有些则是继承自被继承者的歌曲，更有部分借用已有的歌曲。当然，最重要者校歌代表着一所学校历史和文化的传承，其功能在于唤起师生对学校的情感认同，进而对学校形成向心力，由于高校整并后，其组织文化尚待重整，若能编制一首足以汇集整并前各校不同的文化精神，及共创未来的希冀，将有助于促进文化的融合。该校整并后，尚未有编制或选用代表该校的歌曲，所以目前仍在征集中。[2] 受访者 K5 老师及 K8 学生在受访时也指出："最遗憾的是，合并了 13 年，校歌部分是没有，就我个人来说，这个非常重要，要尽快弄，但我们不是主办部门，所以也急不来。"（IN20131222K3）"我到现在都还没有听过我们的校歌，专门上网去查也都找不到。"（IN20140106K6）

综合言之，该校在这方面迄今仍未有属于自己的校歌，于受访过程中有受访者也指出这是件非常重要的事，所以该校实有必要尽速完成。

2. 办学理念方面

理念是领导的指标，如同一位掌舵者欲往的方向，办学则是结合众人之力的事业，因此办学理念实应兼具理想与实务，尤以贵在能落实，方能达成理念之实现，而且理念也需要不断地强化，并在实践中分步实施。刘晖指出[3]，该校整并后，数十年来学校如同国家一样经历了巨大历史变迁，有一条清晰而持续的主线，即"服务地方经济社会发展的基本理念，与培养高素质应用型人才的人才规格"，支撑着这个学校，亦即学校的办

---

① 《校歌》［EB/OL］。

② 刘晖：《两岸大学整并政策之分析——以组织文化融合为例访谈大纲》（未出版之原始资料）。

③ 刘晖：《转型期的地方大学治理》，厦门市厦门大学硕博论文 2007 年版。

学理念围绕着该市的经济社会而发展，为该市发展培养更多创新人才。

该校在现任书记庾○○先生担任校长时，经深入研讨、集思广益的基础上，厘定了"教学立校，科研兴校，人才强校，服务荣校"的十六字办学理念，此理念在宏观上表征着顶层设计和组织功能的四个要素，中观上确立办学定位和发展战略的四个维度，微观上是指导学校管理的四条路径。[①] 禹奇才进一步分析[②]，在教学立校上，该校提出了"优质教育的概念"，即是要创造良好的条件，为学生提供优质教育，将学生培养成社会所需的高素质人才；在科研兴校上，该校提出了"建设教学研究型大学"的中长期发展目标，即致力于大兴科学研究和学术研究之风，把学科建设作为提升学校核心竞争力的关键；在人才强校上，该校提出了"建设高素质人才队伍"的人才工作目标，即把人力资源作为支撑学校实现发展最重要的战略资源；在服务荣校上，该校提出"面向经济社会发展主战场"的战略性调整，即努力为该市经济社会发展提供人才支持和智力保障，大力提升该校的影响力和社会地位。

整体而言，该校组建后，以"教学立校，科研兴校，人才强校，服务荣校"十六字为办学理念，其含义即是要确立以教学工作为中心地位，繁荣学术研究提升学科建设水平，增强师资队伍的整体素质和教师的主体地位，及以服务为学校赢得社会的赞誉，这如同一条清晰而持续的主线，引导学校进行各方面的改革与发展，且一直围绕着该市的经济社会发展，为该市的进步培养更多创新人才。

3. 发展目标方面

对于一所刚刚整并组建的高校而言，找寻或顺应外在形势，调整自我发展目标，是件至关重要的事情。该校组建时，正值大陆高等教育大规模扩张启动阶段，其坚持以邓小平理论和"三个代表"重要思想为指导，深入贯彻落实科学发展观，全面贯通党的教育方针，并根据该市社会经济形势发展，先后制定了学校具体发展目标。刘晖即指出，该校经过十年快速发展，目标也不断地在变化，决策层认为学校应当讲求一种战略性发展思路，以此决定办学的顶层设计，重学术科研以制高，重

---

① 禹奇才主编：《广大胸怀造就新的广大》，广东高等教育出版社2009年版。
② 同上。

服务地方以致用，两条腿走路，一体两翼，与时俱进，为人才培养任务服务。① 因此按总体建设目标要求，拟订了"分三步走"的近、中、长期发展战略构想。

（1）第一步为"十五"时期的"整合资源、强化建设"阶段

该校以合并为契机，不断加强制度建设，理顺教学行政管理关系，提供必要的体制保障；大力整合资源，实现学科专业结构整体优化，提高对地区经济社会发展的适应度；加快专业的"专升本"建设，实现办学以本科为主，提升人才培养层次；力争出色完成本阶段关键性三大任务（大学城新校园建设、申报博士学位授予单位和迎接教育部本科教学工作水准评估），为往后发展创造基本条件。

（2）第二步为"十一五"时期的"突出重点、夯实基础"阶段

该校采取一系列强有力的改革与建设措施，以评促建、以评促改、以评促管，出色完成"迎评"任务；进一步发展优势特色学科，扩大研究生教育规模；在深化本科教育教学改革与校内管理体制改革、推进"人才强校"工程、加强对外交流合作、加强校园文化建设等，采取创新性得力措施，促进办学水准和品质的全面提升，为建设高水准教学型综合性大学奠定良好基础。

（3）第三步为"十二五"及其后一个较长时期的"全面提升、形成优势"阶段

该校按凝炼特色、争创一流的思路，进一步发展优势特色学科群；建立起成熟科技创新机制；建立起从本科到博士以及专业学位教育成熟、协调的大学教育体系，研究生教育规模有较大增长；凝聚、培养一批在社会上有较大影响的学术大师和教学名师；在创新本科人才培养模式上的探索、实践取得全面进展；该校在教学、科研、服务和引领社会等方面取得较大成就；在管理体制、对外交流与合作、校园文化建设、党建与思想政治工作等方面，全面形成高度适应教学、科研需要的保障条件；经长期不懈努力，该校总体建设水准大幅提升，基本实现高水准教学型综合性大学的建设目标，并为今后建设发展成为教学研究型大学奠定良好基础。

---

① 刘晖：《两岸大学整并政策之分析——以组织文化融合为例访谈大纲》（未出版之原始资料）。

　　刘晖进一步表示①，近期"十二五"规划的目标又有了新想法：到 2015 年，人才培养品质明显提高，为社会培养大批高素质创新性应用型人才；人才培养的科类和层次结构继续得到优化，研究生教育规模有较大增长；博士学位点、重点学科、实验室等优质学科资源有较大增长；科研水准、社会服务能力显著提高，应用基础研究和自主创新能力不断增强，基本建成教学研究型综合性大学。到 2020 年，该校科学发展模式基本形成，有特色地方综合性大学建设取得重大进展，基本建成水准较高的教学研究型综合性大学，进入全国高校百强行列。

　　综上所论，该校根据该市社会经济形势发展，设定总体建设发展目标，拟定"分三步走"的近、中、长期发展战略构想，为建成水准较高的教学研究型综合性大学而努力。

　　4. 办学精神方面

　　办学精神是一所大学区别于其他社会组织所特有的相对稳定的群体心理定势和精神状态，是维系大学组织特性、信念追求的重要方式，承担着大学自我认同的重任，在引领大学发展同时，实现自身传承与再造。② 该校组建前，教育部在《关于同意组建新的广州大学的通知》中提及，广州大学（新）系一所以本科教育为主，同时积极发展专科层次的高等职业教育，也承担研究生培养任务。换言之，该校组建后，将成为一所涵盖专科、本科乃至研究生教育的综合大学。

　　因此，该校整并初，仍然存在各种形式的大量专科专业和层次的高等职业教育，研究生教育规模还很小，办学条件受限，整体办学水平不高，与该市经济建设发展水平也不相称。近十多年来，为达成总体建设目标要求，该校提出以发挥"跳起来摘桃子"的办学精神，抓机遇、促改革，以远大志向和科学先进理念，采取超常规举措，走出了一条地方大学跨越式发展之路③，是以，必须努力学习敢冲、敢拼的干劲，才能在不佳的环境中开创出一片天地，亦即要尝得果实的甜美，只要肯奋力跳跃摘取，就能如愿以偿。最明显之例子即是迎接 2006 年教育部对本科教学工作水平

---

　　① 刘晖：《两岸大学整并政策之分析——以组织文化融合为例访谈大纲》（未出版之原始资料）。

　　② 禹奇才主编：《广大胸怀造就新的广大》，广东高等教育出版社 2009 年版。

　　③ 《我们这十年》[N]。

评估工作，该校自 2002 年 12 月即成立"迎评"评估领导小组；2004 年 9 月成立教育教学评估中心，并将 2004 年订为"教学改革年"、2005 年订为"教学质量年"、2006 年订为"教学评估年"；2006 年 10 月校领导班子提出，要对"迎评"工作"升温、提速、加压"，必须落实"五个一"工程（即一元化领导、一把手工程、一票否决、一个标准、一抓到底），最终获得教育部专家组给予的"六个一流"高度评价。① 受访者 K6 行政人员对这办学精神亦有如此的说明："跳起来摘桃子：意思是要敢想、会做、巧干。"（IN20140107K6）

　　整体而言，该校整并初，整体办学水平并不高，为达成总体建设目标要求，该校发挥敢想、会做、巧干的办学精神，最明显之例子即是"迎评"工作，最终获得专家组给予的"六个一流"高度评价，藉由这样的办学精神，而走出了一条属于该校的跨越式发展之路。

　　（三）广州大学整并后文化融合情形

　　1. 在组织气氛部分

　　从高校整并的实践上来看，在人员编配、干部调整、资源整合、管理制度等形式的统一在短时间内即可完成，但欲培育具特色的高校文化，无疑是整并后长期的任务，尤以在组织气氛营造上，必须特别用心，因为它是一所学校给人的最直接感受，亦将会影响着组织成员的行为动机及其表现。该校在此方面，除开展"大学人文精神和科学精神"为主题的论文征集活动，来总结校园文化建设成果外，并定期举办"广州大学学校文化建设论坛"，共同探讨学校文化建设，更发布《广州大学文化宣言》，以推动学校文化内涵建设。② 简言之，其目的系希望透过强化校园文化建设，努力营造良好环境和氛围，进一步促进学校精神文化的融合！

　　该校整并后，重新商议了校名、校徽、校歌、校庆等表征文化，然而这些东西是否真能促进组织文化融合？受访者 K6、K7 行政人员及 K8、K11 学生在受访中明白指出："校徽很少发挥作用，由于人的思想观念多样化，像北大、清华也很少人会去戴，所以在校内仅有少数人会戴。校庆也以隆重低调俭朴方式举行，但也不太注重。"（IN20140107K6）"我觉得校庆对组

---

　　① 禹奇才主编：《广大胸怀造就新的广大》，广东高等教育出版社 2009 年版。

　　② 《我们这十年》［N］。

织文化融合影响蛮大的，因为校庆日没订下来，代表我们的历史就没有完全弄清楚，或清楚了大家不愿承认，这是个蛮麻烦的事情。作为档案馆的工作者，我认为这是一个很重要的问题，一个学校如果对自己历史都不认可，就很容易出现认知上的偏差，我究竟从哪里来？我的前辈是谁？就会导致只认现在，不认过去，而一个大学要办好，不可能仅凭现在，他都是很多代积累下来的。但是目前学校也逐渐开始认可，以1927年私立广州大学作为我们的源头，但是也还没有一个正式文件。"（IN20140106K7）"校徽我们还是比较熟悉，因为到处都能见到。"（IN20140106K8）"这肯定会的，它好像是潜移默化的。"（IN20140106K11）承上，"多数受访者认为，这些表征文化能够潜移默化地促进学校组织文化融合，增强师生对学校的归属感和认同感，只有少数人认为这些东西很少发挥作用。"（RT20140415研）

对于整并各校在组织气氛融合的情形如何？受访者K4及K5老师的看法："刚开始肯定是有被并过来的感觉，就是校区情结，但是时间很短暂。"（IN20140106K4）"大学城的整体搬迁，打散了校区之间地缘的隔离，也就是原有的校区情节，现在都集中在一起，没有原来我是那个校区的心理暗示，设备一样，就觉得很公平，而且设备也是全新的东西。"（IN20131222K5）进一步了解，学校是否曾采取什么措施或方法，来营造组织气氛融合？受访者K3老师提出其看法："整并初期，原本是分校区，大家上班都在各个校区，平常也不见得都见得到所有人，所以透过歌咏比赛，让整个学院都来参加，集体在同一个地方参加比赛，这样就可以在一起了。"（IN20131222K3）承上，"整并初是有所谓校区情结感受，不过时间很短暂，而整体搬迁大学城后，就没有校区情结了。"（RT20140415研）

整并前，各校原各有不同的学科发展专长，在整并后，学校如何针对原有专长加以整合，成为学校竞争优势？受访者K3老师及K6、K7行政人员的看法认为："这是有的，像土木工程、建筑，这都是华建西独有的专业，其他学校没有，所以它变成了一个特色学院，它土木原有研究生，建筑没有，但它还是比较强，就作为学校重点发展学科。"（IN20131222K3）"目前学校发展还是以教学为主，研究只是小部分的事情。重点专业还是重点发展，现在在土木这块，强的更强，我们很多指标都通过它来提升，还是有意识地在培植；那在师范类现在跟原来比，在社会的影响地位肯定弱化了，这有两个原因，第一在综合性院校中，关注度没原来单科性院校那么高；第二是它们自身的原因，因为现在全国教师名额开放了，各项优质资源都可以进来了，但教师编制已基本饱和，不需要那么多师资，可是还是在培养，只好优中选优了，从综合性院校来说，对个别师范类会有所弱化。"（IN20140107K6）"有啊！合并之后对学科进行了分析，有些强、有些弱，对于强的学科就扶强，不断地发展，我们原有 2 个博士点，现在有 3 个博士点，前两个工程抗震原是华建西的强项、应用数学是广师的强项，硕士点就更多了。但合并后存在一个问题，教育学和心理学一直是属于教育学院的，发展得很快，特别是心理学，但对学科教育学来说就存在一定冲击，合并之前它是培养师范生很重视的一块，现在变成综合大学，学科教育学就被分散到各个专业学院，发展就不太明显，甚至有可能缩小地盘。"（IN20140106K7）由上可知，"该校对各校原有学科优势有进行分析，像土木、建筑、应用数学等较强专长持续培植，而像师范类由于变成综合大学后，专业学科分散到其他学院，加上师资培育来源的多元化，致使学科优势逐渐被弱化了。"（RT20140415 研）

领导者的领导作为是引领组织向上的力量，亦是促进组织文化融合的最佳舵手。一所学校往往因为领导者积极的作风，塑造学校美丽愿景，促使组织间成员的关系更加密切和亲近。受访者 K3 及 K5 老师就这么认为："广大成立后，书记和校长均来自跟这些都没有利益关系的人选，相对来说，他不是要特别强势，不然就是协调能力要特别强，需要协调各方面的一些矛盾，这样才有办法融合不同校区的文化。"（IN20131222K3）"我觉得广州大学能够整并这么成功，一个很关键的因素就是校领导，2003 年来了一位奥校长，首先提出优秀评鉴，他的一句名言'跳起来摘桃子'，就是鼓励大家需要搞优秀，因为底子太薄，就是以跨越性发展求其善，至少可以得其善；再来就是从博士点来说，带着一批人去冲这个博士点，2007 年时，我们上了一批一级学位，授权博士和硕士点，让学校发展出现另一种状况，学校正能量在发挥时，很多事情都慢慢地没有了。他那时做了很多对广州大学发展起了很重要、很决定性的决策，而且善于抓住每一个机运，从这一点来讲，我觉得合并这么短时间可以取得这么大的成绩，这跟他是分不开的。整体来说，他的领导风格还是以行政领导为风格，在推的过程中，有一些不认识他或是没有参加相关会议的人，会觉得他有些冒进，因为他比较强势，但在整并学校中，可能过分的民主会很难推行，而他也有很特殊的背景，他从别的地方来，且是教育部系统的，和大学校长系统比起来拥有比较强的人脉，他也发挥了个人社会关系的一些作用，促成几件事情之后，大家也比较认可他的能力。"（IN20131222K5）承上，"受访者认为由于领导者能够积极与强势地整合各方势力，抓住每一次机运，使得学校能够在短时间内发展如此迅速，并使彼此间关系更加密切和亲近。"（RT20140415 研）

综而言之，该校整并后，多数受访者认为，校名等表征文化能够潜移默化地促进学校组织文化融合，增强师生对学校的归属感和认同感，只有少数人认为这些东西很少发挥作用；整并初还是有校区情节的感受，不过时间很短暂，有透过歌咏比赛来促进，但整体搬迁大学城后，就没有所谓的校区情节了；该校有对各校原有学科优势进行分析，像土木、建筑、应用数学等较强专长持续培植，而像师范类由于变成综合大学后，学科优势就逐渐被弱化；该校能够在短时间内发展如此迅速，在于领导者能够积极与强势地整合各方势力，抓住每一次机运，使得大家在其领导下关系更加密切和亲近。

2. 在文化差异部分

文化本身是一个极其复杂的社会现象，它是人在社会实践过程中，逐渐形成的特定文化氛围和传统，故高校作为一种特殊的社会组织，由于有各自不同的办学理念、历史背景与学科特色，所以在漫长发展过程中都有自己独特文化存在，因此当两个或多个高校组合，这些相异且根深蒂固的文化相处共存时，相互之间就容易产生摩擦、碰撞与冲突。姚丽娜认为，要调和组织文化冲突可从几方面着手：首先，高校管理者应当树立科学的冲突观，容忍恰当的冲突水准，使组织保持旺盛生命力；其次，合并各方应加强沟通，逐步适应；最后，采取正确的对策和步骤，包括合并启动初期各校文化的认识与冲突预警，合并中文化的适应和认同，合并后文化的共建和创新。①

在该校的整并上，文化差异情形为何？受访者 K7 行政人员在受

---

① 姚丽娜：《从冲突理论视角看合并高校组织文化建设》，《管理观察》2009 年版。

访时，以教师中层干部安排问题为例，提出其看法："教师涉及中层干部安排问题，那更难的就是大家的情感和价值认同问题，因为原先大家就有一个归属感，归属于某学校，合并之后变成一家，大家在工作当中比如这个院长做了下任院长，那他自然会倾向于使用其原所属那所学校的老师和人员，那自觉或不自觉地就会存在一些校区意识，这个意识在合并初期还是相当普遍的，导致的结果是大家会产生一些心理上的隔阂。"（IN20140106K7）受访者 K4 老师却提出不同的看法："不叫文化差异，文化没有差异，但是情节上少量存在，主要是当时在一些学院里面，就来自不同学校，会有一些讨论，力量相差不大时，就有少数几个专业里面，以谁为主的情形，像老广大土木系过来才几个人，直接就被消化到里面去了，没这个现象。所以他们是被并进来时的一种感觉，可能以前有些学校有自己特殊的地方，例如专业效益好、搞好创收，但是合并以来就没有了。"（IN20140106K4）承上，"由于整并各校原有其各自文化存在，碰在一起后不自觉地就会出现情节问题，自然就产生一些心理上的隔阂，这是整并后的一种感觉。"（RT20140415 研）

　　由于该校整并已超过 10 年以上时间，新进学生亦大约在学校整体搬至大学城后才入校，因此询问学生之间是否仍存在文化差异情形？受访者 K8、K9、K10 及 K11 学生均表示："现在已经没有所谓的文化差异了！有的话也是意见不合，那是个别问题了。"（IN20140106K8，K9，K10，K11）进一步了解两个不同组织文化融合后，有否因为文化差异导致意见不合或冲突现象之发生？受访者 K5 老师及 K6、K7 行政人员指出："由于校区文化不同，所以在这里会有一些文化冲突。有些校区可能民族性更强烈一些，有些大家习惯有什么事就先讲，有些是习惯行政主导的，整并后在适应上可能就有一些问题，现在叫他发言，他又不知道怎么表达自己的意见。但是经过几个关键点整合，我觉得差不多是要 10 年的时间磨合，这个算短的，也算较成功的，原因是人员退休或什么的，还有外来的人过来，换了新地方，换了校长等等。"（IN20131222K5）"这个没有太大差异和冲突的产生。"（IN20140107K6）"自从 2006 年本科教学工作水平评估后，学校里面已经没有校区情节这个问题。"（IN20140106K7）

　　综上所述，该校整并后，受访者认为文化差异产生是整并后的一种感觉，自然产生的一些心理上隔阂；由于该校整并已超过 10 年以上时间，新进学生亦大约在学校整体搬至大学城后才入校，因此现在已经没有所谓的文化差异了；经过几个关键点整合，尤其是 2006 年"迎评"工作后，目前已无太大差异与冲突产生，更没有校区情节问题。

第七节　两岸大学整并后组织运作效益分析

从系统理论观点，大学属于社会体系中之一环，是一开放系统，受内、外在环境之影响甚深，所以大学本身必须维持内部稳定及适应外在环境变迁，才能促进学校持续生存与发展，故整并后的组织运作效益亦是学校在内、外在环境运作之下的成果，而组织运作效益或可称为组织效能，它是一种抽象与含糊的概念，又由于学校组织复杂且多元化，欲对学校组织加以界定或测量是有其困难度，且截至目前，仍尚无举世公认的标准。[①] 话虽如此，然本书为进一步了解两岸大学整并后，是否已达成前述整并之目的或目标？故仍将从两岸大学整并后学校各项效益评估，及学校对外关系两方面进行剖析与探讨。

一　东华大学整并后组织运作效益分析

（一）东华大学整并后学校各项效益评估

大学整并之重要目的之一，系为夯实学校参与国际竞争的学科基础，发挥多学科的综合实力，优化学科布局，以形成新学科优势和特色，进而全面提升大学的教学科研水准和各项竞争能力。[②] 也因此，一般在衡量学校整并成效时，多数与学科的调整或整合成功有关。

1. 在学术研究方面

学术研究之宗旨是为钻研和探索未知事物的真相，并将重要的理论和事实，推广应用至现实生活中，以促进人类生活更臻于完美。在学科建设上，该校成立后，主要为台湾培养高级学术人才、专业科技人才、师资培

---

①　张庆勋：《学校组织行为》，台北五南出版社 2006 年版。

②　肖谦、侯清麟：《合并高校文化要素的整合路径探析》，《当代教育理论与实践》2009(1)。

育及办理国民基本教育，目前拥有 8 个学院、35 个学士班、41 个硕士班、17 个博士班，以及 12 个硕士在职专班等，另外包括台湾东部产业发展等多个研究中心，以及创新、生物科技两个育成中心，其中系所设置与发展除了考虑国际学术潮流外，尚兼顾人文及科技研究，结合当地自然与人文生态，提升当地化区域整体学术研究水平，和当地社区形成紧密互动关系；此外，该校亦积极购置相关图书仪器设备，并推动以团队合作方式相互支援、整合，争取举办各项大型学术研讨会，与岛内外大学及学术研究机构的合作和交流，及广邀岛内外杰出学者莅校演讲、访问及进行短期研究等，来促进学术研究发展，除了提供教师良好的学术研究环境外，也逐步制定各项奖励和补助学科研究相关办法，如《"国立"东华大学推动学术发展补助办法》、《"国立"东华大学办理学术合作作业要点》、《"国立"东华大学学术研究奖助办法》，以鼓舞教师发表其研究。①② 整并后，学校在各项科研成果上都有不错的表现，也较整并前有显著成长。

在期刊论文发表上，SCI、SSCI、A&HCI 等期刊论文发表篇数，2007年度 241 篇（未整并前）、2008 年度 257 篇、2009 年度 348 篇、2010 年度 336 篇、2011 年度 389 篇、2012 年度 384 篇。在专题研究计划部分，"国科会"补助各类计划案件数，2007 年度 190 件（未整并前）、2008 年度 246 件、2009 年度 247 件、2010 年度 267 件、2011 年度 257 件、2012年度 267 件。在建教合作计划部分，承接各方面的委办计划件数，2007年度 57 件（未整并前）、2008 年度 52 件、2009 年度 74 件、2010 年度 79件、2011 年度 84 件、2012 年度 75 件。③④ 换言之，在资源整合情况下，学校创造出优质的学术研究场域，自然能够提升研究成效。

在教师学术成就上，亦展现了不错的成果，如获奈米国际型科技计划生医领域"绩优计划奖"、荣获 2013 年"联电经营管理论文奖"杰出奖、2012 年"中央研究院"年轻学者研究著作奖、"教育部"颁赠三等教育文化专业奖章、2012 开卷好书奖、"2012 国际杰出发明家学术国光奖章"、21 世纪卓越智者名录、美国纽曼华语文学奖、2011—2012 年医学与

---

① 《财务资讯公开专区》[EB/OL]。

② 《东华大学专任教师 SCI、SSCI、A&HCI 期刊论文发表统计》[EB/OL]。

③ 《财务资讯公开专区》[EB/OL]。

④ 《东华大学专任教师 SCI、SSCI、A&HCI 期刊论文发表统计》[EB/OL]。

健康照护世界名人录、第一届"杰出资讯储存奖章"、产业科技卓越贡献奖、中国材料科学学会杰出服务奖、2009 年 Innovate Asia 创新设计大赛指导教授奖、该校教授发表之论文 *Preparation and Application of N – hetero-cyclic Carbene Complexes of Ag（I）* 在台湾化学界从 2000—2010 年被引用次数排名 20、特聘教授获牛津期刊 *Forum for Modern Language Studies*，统计截至 2011 年 11 月、12 月连续两个月论文引用率排名第一名等。[①] 基此，学术研究是一所大学发展相当重要的基石，也是展现学校竞争力最佳的方式，T3 老师及 T8 学生对此的感受如下："我们教育学院会鼓励自己的老师要提升自己的研究，像以前我们的研究读书会都很积极在做，每个月一个老师，其他就固定礼拜几没有课，大家坐下来看最近的发表构想是什么？做到哪里？其他老师就给予意见，那这样整个提升学术风气，因为在这个学校主要就是强调研究啊！所以我们也要自我期许怎样把研究提升，不要让别的学院看到我们就说教育学院是研究弱势，我们要自强。"（IN20131230T3）"我觉得要看老师有没有跟其他人合作，来东华这里因为场地、经费的关系，资源变化较多，会有差的。"（IN20131230T8）承上，"受访者认为，整并后新学校是属于发展研究型学校，而且在新环境中资源变得比较多，对研究会有所助益，因此教师要自我提升学术研究水准来因应。"（RT20140313 研）

在推动国际学术交流上，首先为因应高等教育国际化，提升该校之国际学术交流并推动国际教育事务，该校于 2012 学年度正式成立"国际事务处"，陆续订定"推动国际学术合作交流补助办法"、"国际交换学生出国甄选办法"及"办理学术合作作业要点"等多项措施，藉以提供补助与行政资源；其次，持续与国际知名大学签署或建立学术交流与合作协议，提供该校师生至海外研究与实习的机会，合作的大学共有 78 所，分布于亚、欧、美洲等地，未来重点将朝向建立双联学制的合作；再者，积极推动国际学生交流，该校每年开放超过 135 位国际学生交换名额，交换国家有捷克、波兰等地，透过交换学生计划，让学生体验不同文化，截至 2012 学年度，计有 503 人来该校交换，并荐送 321 名学生参与交换，未来将至更多国家和地区进行访问与招生，特别是蒙古、印度及中国澳门等

---

① 《教学单位》[EB/OL]。

地，列为重点招生地区；最后，为鼓励教授与研究生参与交流，推动实质合作，订定《"国立"东华大学推动国际学术合作交流补助办法》，2013年度共补助 6 个团队至境外实质交流。①② 而整并后，该校在学术成就方面或知名度上是否有所提升？T5 老师在访谈过程中却表示："没有啊！这都不会有什么影响？"（IN20131231T5）

综上所述，该校在学术研究方面，除了注意国际学术潮流外，更重视与当地社区形成紧密互动关系，提升在地化区域整体学术研究水平。此外，亦推动以团队合作方式相互支援整合，促进与其他学术机构的合作与交流，制定各项奖励和补助学科研究办法，以鼓舞教师发表其研究。在学术成果上，期刊论文发表篇数及各类专案研究计划案，于整并后均逐次增加，教师学术成就方面也有不错成绩，而在推动国际学术交流部分，除成立专门机构外，并陆续订定各项法令措施，藉以提供补助与行政资源，也积极推动与各国交换学生计划，让学生体验不同文化。从受访者的访谈中可了解，整并后资源变得比较多，对研究产生助益；但受访者却表示，学校在学术成就方面或知名度上没受到影响，显见学术成就或知名度提升并无法一蹴可及。

2. 在教学表现方面

所谓教学表现是指教师在各项教学行为上的表现情形。黄儒杰在其研究中也指出③，教学表现大体上可概分为四个层面：（1）教学计划指依据学习目标、学生需要、教材内容及教学策略等，进行教学前的计划和准备；（2）教学互动指教师引导学生学习的状况；（3）教学气氛指教师所营造有利于学习的气氛；（4）教学省思则指教师省思自己的教学过程及学生学习状况，寻求更好的教学策略，增进教学效果。据此而论，教师教学表现除可从学生学习成就上得到观察外，亦可从教师整体的工作行为上来发掘。

该校为激励教师教学表现，将教学目标设定朝几个方向发展，包括追求教学卓越，期能达到台湾一流大学之列；订定《教学优良教师遴选与

---

① 《东华大学校区合并搬迁计划》［EB/OL］。
② 《财务资讯公开专区》［EB/OL］。
③ 黄儒杰：《新手与资深教师成就目标导向、自我调整策略及其教学表现之研究：以台中县市幼稚园为例》，《教育研究与发展期刊》2009（5）。

奖励办法》，由网络学生问卷调查统计为主，再经遴选会评选后，予以公开表扬教学特优教师；定期举办教学研讨会，促进教师教学经验交流，另将成立"教学发展中心"，以推广优良教学经验；全面实施教学评鉴，涵盖课程教学意见调查、教学与研究单位评鉴、教师与研究人员个人基本绩效评估、期中教学意见反映，与毕业生离校建言等措施。① 此外，除了鼓励教师精进教学技巧，并提供相关咨询与资源之外，为推动教学措施，成立了教学卓越中心，并于 2007 年正式成为该校一级行政单位，持续改善教学品质；另订有教师教学评量追踪辅导办法、定期教师评鉴及教师讲座、不适任淘汰等教学评选机制，来考核教师教学品质，并设有教学助理制度、教学咨询服务、学生回馈教学机制、传习方案、教师社群交流等措施，对教师之多元教学有所助益；而两校整并后，原有两套不同之教师评鉴制度，现已采单一评鉴办法，并以过渡期方式，明订花莲教育大学之教师自 2011 学年度起接受该单一评鉴办法之评鉴；另设有校级、院级（含共同教育委员会）及系级等三级课程委员会，各级委员会均订有明确的办法或要点，据以规划、检讨及调整课程架构与内涵（DO20131230）。由上显示，该校整并后对于教师教学表现更加重视，并藉由各种方式以促进教师的专业表现，为教学品质把关。

　　此外，该校从 2005 学年度起即连续 9 年获选"教育部"《奖励大学教学卓越计划》奖助，并被评选为"教学卓越大学"，整并后于 2013 学年度更获得 4000 万元奖助，较前一年度成长 6%，历年之计划奖助金累计已达 4.76 亿多元；② 该计划从第一期（2005—2008 年）"基础建设期"；第二期（2009—2010 年）整并后的"贯彻推广期"；第三期（2011—2012 年），完成系所整并，及所有单位纳于单一校区运作，并随大学教育潮流趋势，达成"以学生学习成效"为绩效目标的卓越教学；第四期（2013—2014 年）则将由过去建立教学卓越大学的目标，进一步朝向"建构一完整大学：以永续创新为核心价值，培育兼具专业素养、特色风范、服务国家社会、放眼全球的卓越东华人"之理想前进，并透

---

① 《财务资讯公开专区》[EB/OL]。
② 《东华优势》[EB/OL]。

过 8 项人才培育策略，开展出 9 大分项计划（含总计划）共 27 项子计划。① 因此，在新一期卓越计划上，教学表现乃以"热情传习、发挥所长"为核心，使教师不仅投入专业研究，更进而享受教学。在其他教学成果上，如获选"2013 全台大专院校专业课程英语授课教师澳洲暑期研习计划"、北二区教学资源中心—教学卓越暨奇莱分区—教师成长社群召集人、"教育部"网络通信人才培育先导型计划—优良教材奖—特优等。② 但在教师教学质量上，是否比未整并前有特别提升？受访者 T3 老师及 T8 学生提出他们的看法："老师应该还是维持他原来的作风，那可能老师会要去提升，是因为现在老师会有研究压力，他可能会把自己在研究上的东西跟学生分享，我不觉得有很明显提升。"（IN20131230T3）"看老师个人，因为原本的老师来这边也是一样，这边的老师教我们也都蛮热忱啊！"（IN20131230T8）承上，"受访者认为教师教学质量的提升与否，不因学校整并而有所改变，这取决于教师个人。"（RT20140313 研）

整体而言，该校在教师教学表现上，包括订定《教学优良教师遴选与奖励办法》，定期举办教学研讨会，全面实施教学评鉴，成立《教学卓越中心》以持续改善教学品质等；另订有教师评鉴、教师讲座等各项教学评量机制，来考核教师教学表现，其中教师评鉴制度原有两套不同评鉴制度，现已采单一评鉴办法，明订花莲教育大学之教师自 2011 学年度起接受单一评鉴办法之评鉴。此外，该校自 2005 学年度起连续 9 年获选《奖励大学教学卓越计划》奖助，并被评选为"教学卓越大学"，因此在教学成果上亦得到不错的成绩。而受访者认为在教师教学质量上不因学校整并而有所改变，这取决于教师个人。

3. 在学生学习成效方面

学习成效是判断学习成果的指标，其结果乃是为了让学习者知道自己学习状况，并作为学习者与授课者改善的依据。③ 换言之，学习者与授课者之间透过学习成果，来评估与判断教学情形，以了解学习者在学习过程当中，是否有受到其他因素之干扰，以致影响学习成效。

---

① 《关于东华》［EB/OL］。

② 《教学单位》［EB/OL］。

③ 林杰毓等：《网络学习方式、学习评量方式与医疗人员网络学习成效之关系》，《人文暨社会科学期刊》2006（2）。

　　该校为提供学生充实、便利的学习环境，除备有丰富的图书资源、教研实验设施外，无线网络还全面涵盖整个教学区，更建置数间新颖的多功能互动教室及添购 E 化教学辅具，便利营造丰富多元的双向教学情境；而为提升学生进入就业市场的竞争力，及建立以学生为本位之完善课程架构，自 2005 年起在原有学系框架下，开创具弹性、前瞻性及整合性的"课程学程化"制度，该制度将学系依基础学域定位，并结合市场脉动，设计相关专门课程形成模组，各学系再结合不同模组形成学程，如基础学程、专业学程等，再辅以多元选课机制，修辅系、双主修比原有学系学分少了 20 学分至 40 学分负担，让学生可依个别兴趣或生涯规划自由选课，这是第一个融合台湾本地与外地课程制度优势，且合乎时代需求的课程设计。① 其次，设有 E - learning、线上同侪辅导等网络教学平台，使学习者超越时间间隔与空间距离；再者，制定"学习成效成绩预警"标准，透过制度化系统，主动为学习成效不佳学生提出立即性预警，并配合"同侪辅导机制"，有效辅导有学习困难之学生，而学生本身也可建构自己专属的"电子学习履历"，管控与记录大学生活中每一项学习历程，亦得以阶段性地调整未来学习计划与生涯规划；另鼓励大学部成绩优异学生继续修读硕士班课程，只要五年即可取得学、硕士学位，让学生拥有更多机会与优势；最后，为提供学生生涯探索之协助，除进行生涯量表测验、办理各类职涯讲座与相关活动外，各学系还结合课程学程化架构，为学生量身订做各系专属之"生涯进路图"，让学生清楚掌握未来毕业后之生涯进路发展。②

　　基于上述，该校藉由充分的师资、课程与设备之规划与安排，希望学生在校期间能够培养出更多元能力，并学习到可以带得走的实力。近几年，学生在学习成果上亦相当的丰硕，包括学术上荣获各类升学奖学金（如"中央研究院"周鸿经奖学金、大学统计奖学金、优秀学生留校奖学金等）、各类博硕士论文奖、"2014 台湾创意教学 KDP 国际认证奖"优等奖、"2013 E 化系统创意应用竞赛"、"2012 奈米国家型科技人才培育计划成果嘉年华—奈米创意教学教材竞赛"多媒体组银牌奖、2011 年度

---

① 《关于东华》［EB/OL］。
② 《财务资讯公开专区》［EB/OL］。

"《德智体群美五育理念与实践》教材教法设计"征选比赛—国中教师组优选奖、台湾金属热处理学会 2011 年会员大会暨论文研讨会口头报告优等奖；竞赛上获得第 11 届林君鸿儿童文学奖——童话创作奖第二名、参加公共电视校园采访中心校际影片观摩赛获优等奖、文化基金会艺术组第一名，及各项体育竞赛奖如铁人三项、独木舟越野国际挑战赛、篮球赛、排球赛、羽毛球赛、马拉松接力赛等。①

因此，在询问学生学习成效上，有否因为整并而达到提升？T3、T4 老师及 T6 行政人员与 T8、T9、T10 学生的感受各有不同："也没有特别明显，我觉得合校第一年学生成绩不是很好。但我们发现改成学程制之后不好，学生学的东西不够扎实，不像以前要 148 学分，后来改成 134 学分，至少我们专业东西学得很多，这样分了以后，学生会认为我要当老师，我修这个课，其他我觉得不重要就不修，那以前这些都必须要修，我们专业很扎实，特别是实习学分，以前从大二开始到大四，我们有 10 学分的实习课，现在变成 4 学分 4 小时在大四，所以学生出去教学的实务经验差很多，我觉得课程变成多元化，但学生真正的实务能力没有加强，这是我比较担心的。"（IN20131230T3）"就我们学院是比较好，且学生就业率和对系的评价比较高，因为整并后，制度都改了，有各种制度，使得老师们要努力教学，有竞争力啊！如果教不来的老师就退休，而且学生变得比较有权力，以前评鉴都当参考用，现在如果不好的老师，有的学生会叫所有人给他打 E，这样就变成 3.0 而不是 2.9，他就惨了，有一个老师就是因为专业上的问题，就赶快退休了。"（IN20131230T4）"整体来说，是现在学校有经费补助学生去做企业参访、移地教学或活动等，因为学生是出去为学校宣传活动，在以前是没有的，所以相对来说学生也会比较踊跃参加，有补贴交通费、报名费，他们也很开心。"（IN20131231T6）"我自觉没有差，看自己的读书态度。"（IN20131230T8）"感觉跟整并没有关系耶！不会因为整并而让同学更积极，就是原本是怎样就怎样，而且毕竟每个老师也都希望学生学得好，另外你本身也要为自己未来就业做一些思考啊！"（IN20131230T9）"我觉得成效要看效果耶！效果其实是看自己读书，例如说你来这边，尽管你的资源再多，你不看书的话，那效果反而变

①　《教学单位》［EB/OL］。

差。"（IN20131230T10）

　　在增进学生学习成效上，T3 老师以她们系所为例，提出她们的做法："在设备、课程上，尽量站在学生立场，我们有师资、艺术创意和家庭教育三个学程，尽可能让学生毕业后，有带得走的东西，有理论实务的东西可以带出去，那他竞争力就强，找工作就好找，所以学生考上教职比率也很高，像今年就有好几个大五学生实习完后就应届考上老师。"（IN20131230T3）除了在提升大学生学习成效之外，T3 老师对研究生也有一些期许与要求："我们现在也在盯着学生，能够多投稿，希望研究生的研究能力能提升。"（IN20131230T3）承上，"T3 老师是原花教大老师，仍存有传统教授师培的风格，因此在对学生学习要求上，会与一般大学的老师有所不同。"（RT20140313 研）

　　而在入学注册率及毕业就业率上，亦是评断一所学校良窳的重要依据。该校在大学部学生注册率上，2008 学年度 91%、2009 学年度 94%、2010 学年度 93%、2011 学年度 93%、2012 学年度 94%、2013 学年度 90%，均达 90% 以上，显示该校在莘莘学子心目中有不容小觑的地位；又学生毕业后，该校仍会不定期提供校友各项就业资讯，亦欢迎毕业校友前来咨询自身生活、生涯发展上的困惑，此外也鼓励校友善用母校教学资源，如活用网络教学平台，不受时间、空间的限制即可作为"在职进修"的利器。在毕业生就业率上，2008 学年度 55%、2009 学年度 50%、2010 学年度 54%、2011 学年度 50%，均达 50% 以上。① 由上可知，该校在入学注册率达 90% 以上，毕业生就业率则达 50% 以上，已逐渐开展其知名度，并成为东台湾一所重要的高等教育学府。询问学校整并后，在招生方面是否提升？T4 老师认为："这个就不太知道。但我们艺术学院啊！现在招生根本没有问题，很多人要来读这个系，所以那个甄试考试，报名的时候我们艺创系是全校第一名，来了 700 多个，我们艺术系报名也有 500 多个，可是我们甄试只要录取十几个啊！后来我跟学校说，你要多给我们名额，学校说除非别系名额不够，他丢出来，你才可以多出名额，那我说我现在不是为我们艺术学院，是为整个全校，你多 10 个学生你就可以多几百万，你知道吗？那我们是不是要成立一个系或是什么的，然后多收这些

---

① 《财务资讯公开专区》[EB/OL]。

学生，我只是抛出去这个，我不必烦恼说其他系招不到学生，我们系学生多得是。"（IN20131230T4）承上，"艺术学院整并后在系所上是有做过些调整的，故受访者 T4 老师虽不了解该校的招生排名为何？但在招生上就其学院而言是有所提升的，也显见该学院的学生来源充足。"（RT20140313 研）

　　综言之，该校在学生学习成效上，除提供各项软、硬体设施与设备外，为提升学生进入就业市场的竞争力，开创了"课程学程化"制度；其次，设立各项学生学习辅导机制，以促进学生学习成效；最后，鼓励学生续读硕士班课程，只需五年时间即可取得硕士学位，此外进行生涯量表测验，办理各类职涯讲座与相关活动，各系订做学生专属的"生涯进路图"，让学生掌握毕业后发展。而受访者对学生学习成效上是否提升的看法不一，但总的来说整并后整个资源环境是变好了，可是学生学习成效的优劣，还是需看学生本身的学习态度；在增进学生学习成效的做法与要求上，尽量能站在学生的立场，让学生毕业后有理论实务的东西可带走，另在入学注册率达 90% 以上，毕业生就业率则达 50% 以上，显见该校的知名度已逐渐开展。

　　4. 学校整体成效方面

　　大学整并即是希望学校能透过整并而达到资源整合之目标，以厚植永续发展之利基。该校整并已超过 5 年，且于 2011 年 12 月起从多校区变成单一校区，各项资源做了完整的整合，对学校整体的发展而言，无疑是一项助益。

　　在询问该校整并后，就整体成效方面，包括行政、学术、教学、学生学习成效及办学环境上，是否有所提升？受访者 T3、T4、T5 老师及 T6、T7 行政人员与 T8 学生在访谈过程中均表示："我觉得组织太庞大了，整体效益好像还是没有提升。不过，在还没整并前，我们花师幼教系的成绩大概在全台前三名，合校的第一年，因为人家不知道东华大学是什么？在哪里？是'国立'还是私立的。所以在招生上整个掉下来，只赢南华大学，但第二年就冲到第一名，主要是那时 Cheers 杂志有访问全台最好的系所，东华大学只选上幼教系，这个出去很多高中生在选系所时就会参考，另外还有我们招生策略算的分数成功。"（IN20131230T3）"其实变成综合大学后，这所学校以前那种理工比较冰冷的感觉，就较能被地方所接受，因为以前东华大学跟他们没有关系，连地方政府也都不太来往，那现在是校长比较积极，要跟外面做社会实践，一方面整个社会的观感就是应该要合，你们谈不拢都是你们不对，社会上的舆论也会关心你们合。那像校区怎么办呢？不能荒废在那，校长就赶快弄，把它变成一个科学园区，租给高中、观光学院，或找一些企业去进驻什么的，维持得收益还不错，这是整并后衍生出来的问题。"（IN20131230T4）"没有，整体看没有感觉，还是一样。但整并我想对学校还是好的，理论上来讲是比较有规模经济啦！它可以节省成本，例如说有一些系所，本来两系变一系，那助理、系主任、校长支出，这些费用都减少，基本从这个方向来看，就可看出它其实省下很多人事成本。像嘉义大学我就觉得效益不好，因为它还是几个校区啊！顶多只是省校长钱而已，那其他还是各是各的，反而还要增加交通车的钱，我认为它其实并没有达到一个真的节省很多成本的规模经济。"（IN20131231T5）"应该有吧！我觉得整体办学环境变好，行政效率变好，有些学生说是因为学校漂亮才来读的。"（IN20131231T6，T7）"效益我不知道有没有提升，但我知道资源是提升了，像在纯数部分，这边有分统计组和数学组，两校合起来，这边有更多的老师可以解决你的问题，以前花教大统计的老师不多，可是这里统计的老师实力也算蛮强的，你可以选择就更多。另外课的选择也变多，而且这里很常办演讲，以前在花教大就很少邀请学者来演讲。"（IN20131230T8）承上，"大部分受访者的感受均表示整体的成效方面是有所提升了，少部分受访者则没有感觉到有所提升，但都肯定整并对学校是好的，有帮助的。"（RT20140313 研）

　　该校整并后，是否有采用什么方式来促进学校组织目标或竞争优势的发挥？受访者 T3 老师、T6 行政人员及 T8、T9 学生认为："没有耶，就是配 合 学 校 啦！只 要 不 是 苛 求，那 我 们 就 会 尽 自 己 的 能 力。"（IN20131230T3）"只是强调人数不足要宣传招生，而学校也为此有组团去国外招生。"（IN20131231T6）"应该都是指老师吧！"（IN20131230T8，T9）承上，"从受访者访谈中，似乎感受不到该校有运用什么方式来达成组织目标。"（RT20140313 研）而询问该校整并后，在大学排名上是否有因此提高？T4 老师的看法认为："排名我觉得有降耶！因为以前是理工时，比较轻快一点，他们都是拿 SSCI 的那种，所以在评量时会比较高；

我们人文社会教育艺术啊，就比较不走那种，以前评量是那种方式，现在又不一样了，所以不一定。"（IN20131230T4）承上，"受访者认为整并了教育、人文及艺术等类别后，由于这些类别在期刊论文的刊出率较不容易，故会导致整体排名有所下降。"（RT20140313研）

进一步提出，整并对该校组织未来发展及竞争力提升上是否具正向的？T3、T4老师及T6行政人员与T8、T11学生的看法都认为："往大方向应该说是好的，学生多、校园大、环境好、设备也好，什么都好。但我是觉得学程制有它的缺点，稍微修正以后可能对学生是好的，他可以多元地去修，但我很怕现在学生修课是轻松、好玩、All pass最好，不像以前吃苦耐劳的学生；而且，他们的念书方式改变了，不像以前我们可以安静地念，他们要的是简单，或是教学媒体，所以静不下来看书，这都是我比较担心的。他们搜寻资讯能力是增加了，不过实务不够，这种不扎实。我觉得最重要的还是人，你要不要努力，你要不要争取你未来的实力。"（IN20141230T3）"我觉得是比较正向的，对整个花莲资源整合，对整个台湾，不管两校在合并过程中，吵吵闹闹或是到目前还有怎样的问题，其实都是对的啦！"（IN20141230T4）"是的，对学校的发展是好的。"（IN20141231T6）"我认为合并是好的，教学上其实大同小异，就是生活上会有点不适应啦！所以很重要的，就是要注意学生的生活环境。"（IN20141230T8）"我自己是觉得有提升啦！"（IN20141230T11）承上，"所有受访者一致认为，整并对该校未来发展及竞争力提升是正向的，虽然整并过程有些波折发生，但大方向是正确的。不过，学生还是需要靠自身努力，来争取未来的实力。"（RT20140313研）

整体而论，该校成为单一校区后，各项资源做了完整的整合，对该校整体的发展而言，无疑是一项助益。从访谈中了解，大多受访者认为该校整并后整体成效是有所提升了，部分受访者则没有感觉到有提升，不过都肯定整并对学校是好的，有帮助的；似乎感受不到该校有运用什么方式来达成组织目标；该校加入教育、人文及艺术等类别后，由于这些类别在期刊论文的刊出率较不容易，故导致大学排名应该会有所下降；所有受访者一致认为，整并对该校未来发展及竞争力提升上是正向的，整并期间虽有发生一些波折，但大方向是正确的，但有人也提醒新学校环境变好了，唯仍需靠学生自身努力，以争取未来的实力。

（二）东华大学整并后学校对外关系

1. 与地方社区互动关系上

依"教育部"《大学教育政策白皮书》中所提，大学教育在民主化及全球化冲击下，传统精英式教育已无法满足多元社会需求，故须推展终身教育观念与规划全人教育体系；另为回应社会环境变迁与需求，大学教育的结构与型态，亦应逐渐朝普及、开放、回流与多元趋势发展，而社区是居民生活及休闲活动的地方，推动社区学习风气，不仅可增进社区认同感，还可促进团体意识。① 故大学须与社区结合，竭能地辅导或协助社区学习团体的组成，善尽责任，满足社区民众不同需求，使社区居民有再学习的机会，进而全面促进其对生活品位的提升。

该校在与地方社区互动关系上，其发展目标系在运用东部地方丰沛自然和人文资源，提高东台湾区域整体学术水准与当地社区形成紧密互动关系，活络文化、科技、艺术等相关产业，缩短东西发展差距。因此在实际做法上，除积极致力于东部社区教育之推广与服务外，并办理各类短期进修研习课程，提升地方人力资源，同时开放校内各项资源，如图书馆、体育园区、集会及研习场所等设施，供地区民众使用，以达资源分享；师生亦努力投入地方教育、文化、社区等工作，实地参与、协助并指导各类活动。② 该校前校长黄○○先生在美仑校区 2008 学年度第 1 学期第 2 次"校长与同学有约"座谈会中即指出：发展大学城一直是该校多年来的理念，所以校园内诸多设施不只开放给该校学生使用，志学村（寿丰校区所在地）的村民亦有使用的权利，例如游泳池的收费，完全比照该校学生价位办理；图书馆亦可自由进出与借阅书籍；该校所举办任何活动、讲座亦欢迎村民参与，且学校内也有许多社团与科系对社区发展、弱势族群关怀付出诸多心力，该校绝对不会如过客一般地利用当地资源却没有贡献。③ 再者，在 2009 学年度第 1 学期第 2 次座谈会中，该校教务处也提

---

① 《大学教育政策白皮书》［Z］。

② 《关于东华》［EB/OL］。

③ 《东华大学美仑校区 2008 学年度第 1 学期第 2 次"校长与同学有约"座谈会会议记录》［EB/OL］。

出："学校所有课程在任课教师同意下，均可开放提供校外人士申请选修。"①

对此，从 T3 老师的访谈中亦得到证实："美仑校区师生搬迁至寿丰校区后，空出之校舍即出租给其他单位使用，达到资源有效运用。寿丰校区与社区的互动上，像有课程推展有机食物，并成立绿色厨房，此食物来源是学校附近或花莲县内的有机农户的农产品；寒假观光季节，学校会开放部分校区供观光客露营；原住民学院学生开辟农地种植小米，会请耆老或相关人士到校参与活动；开放图书馆或游泳池给社区或地方人士申请使用；也鼓励社会人士到校旁听选修等。"（IN20131230T3）由此可见，该校整并后，除更加投入当地化文化产业发展外，亦加强与社区民众紧密而互动的关系，善尽社会服务及责任。T4 老师在谈论学校愿景时也提到："学校因为新校长来之后就有很大的不同，现在校长比较注意社会实践的部分，他认为说你学科学、学艺术、学教育或心理学，不要说纯粹学术，来到这个地方，要研究花莲为什么这么多地震，为什么米这么好吃，这都是很生物科技的东西，他觉得就是要走这个，跟这边的资源、社区结合，跟这边的生活内涵结合。所以，我们现在就大量地跟企业，跟当地社团做联结。"（IN20131230T4）

总结而论，该校在与地方社区互动关系上，系在运用东部地方丰沛自然和人文资源，来提高东台湾区域整体学术水准，及与当地社区形成紧密联结。有受访者在访谈中亦提到，美仑校区空出之校舍即出租给其他单位使用，寿丰校区则有推展有机食物课程、成立绿色厨房、开放校区给观光客露营、开辟农地种植小米、开放图书馆或游泳池给社区民众申请使用、鼓励社会人士到校旁听选修等；另外就是要走社会实践路线，跟地方资源和生活内涵结合起来。

2. 回应政府社会需求上

大学设立的目的之一，系为培养高级学术及专业科技人才，以配合国家社会经济发展之所需，在面对终身教育新思潮冲击下，和未来"学习社会"新时代来临，大学宜作通盘规划，采取因应与调适措施，才能在

---

① 《东华大学美仑校区 2009 学年度第 1 学期第 2 次 "校长与同学有约" 座谈会会议记录》〔EB/OL〕。

未来社会中求生存和发展。根据"教育台湾"《大学教育政策白皮书》中所指，大学应从几方面发展，来回应政府与社会需求：（1）适度扩增在职进修管道，具体做法包括针对专业领域提供在职人士硕士学程之名额，增设大学 2 年制在职进修专班，增加各大学办理推广教育学分班。（2）建立认证机制，具体做法包括对校外学习成就认可的推动，及成立专责认可机构。（3）鼓励大学院校办理回流教育，加强办理在职人员推荐甄试，及学位、证书或学分证明的推广教育，改变招生策略及调整学生结构，实施员工进修教育假制度。[①] 由此可见，在现今科际整合的社会中，教育推广能够迅速整合教学、研究及社会因素，因此大学应多办理各项在职进修教育，以回应政府社会的需求和冀望。

台湾东部受限于交通因素，无法同西部民众一样，就近取得各种进修管道，加以现代产业多元化脚步，各种产业更需知晓各种相关领域的知识，故该校为推动终身学习之理念，主动对地方民众问卷调查对相关教育之需求，以规划适当课程办理推广教育，同时积极致力于整合现有教育资源，于 1998 学年度起接受委托办理各专业硕士在职进修班及暑期教育学分班等，提供在职人士再一次学习管道。该校整并后，更纳入花教大的一些系所专班，扩大服务，尤其对东部地区公教人员在职进修与研习的推动最具成效，服务范围南北长达近四百公里。其次，配合台湾经济建设及发展需要，主动与各级政府、公民营企业及学术研究机构洽商，举办建教合作计划，并举办参观、访问、座谈会及说明会等，提供专业学术知识之咨询、服务及研究心得，以提升产业技术水准。[②] 最后，为鼓励以永续方式利用生物资源，达成保育本地生物多样性及促进人类永续发展之目标，通过"生物多样性推动方案"，另为建立台湾海洋生物物种之基本资料库，遂成立海洋生物多样性研究所。综上所述，大学必须担负社会领导者角色，配合政策目标发展，并与其他教育单位、工商企业机构，及公共部门展开合作，提供在职人员接受更多高等教育机会，以引领社会进步与发展。对此，T3 老师在受访时也指出："为回应政府社会需求，学校会办理各种非师资培育之学分班，及师培相关回流教育或训练，并积极推广学校

---

① 《大学教育政策白皮书》［Z］。

② 《财务资讯公开专区》［EB/OL］。

师生参与国际学术研讨会、国际姊妹学校缔结、国际学生或境外学生招生、产学合作推广等。"（IN20131230T3）

整体而言，大学应从适度扩增在职进修管道、建立认证机制及办理回流教育，来回应政府社会需求。该校整并后，主动对地方问卷调查规划适当课程办理推广教育，办理在职进修班及暑期教育学分班，提供在职人士再一次学习管道；举办建教合作计划，提供专业学术知识之咨询服务，提升产业技术水准。受访者亦提到，该校会办理各项进修、推广教育及国际交流，以提供专业学术之服务。

二　广州大学整并后组织运作效益分析

（一）广州大学整并后学校各项效益评估

在新自由主义影响下，重视高校组织运行的效能、效率及卓越的经济思考层面，成为高校整并后，衡量一所高校是否具有竞争力的重要参考指标。

1. 在学术研究方面

追求学术研究卓越的成就感，是高校整并的另一目的。该校整并后，无论在结构、管理、设备及经费上都得到官方大力支持，使得该校的素质与水平更大幅改善。在学科建设上，坚持"科研兴校"办学理念，提出"建设教学研究型大学"为中长期发展目标，并以重点发展与区域经济社会文化进步相适应的学科专业。实际做法方面，整并初专门成立一个学科建设工作委员会，制定了《重点学科建设纲要》等一系列规范性文件，亦制定了《科研机构管理实施细则》，以规范各类科研机构；并于2001年召开第一次学科建设工作会议，通过科研工作奖励管理条例、科研项目管理办法等，统一了学科建设的指导思想，也极大地调动教职员工参与科研的积极性；[1]再者，透过资源整合、明确方向、加大投入等建设思路，顺利推出创新研究团队，发展重点学科及重点实验室，并将三项工作有机结合，协同发展；最后，为促进科研工作可持续发展，启动实施了科研基金新苗计划、创新团队项目等，加强对教师引导和培育。藉由建立完善科研机制，科研水平快速提升，目前该校拥有国家特色专业5个，国家实验教学示范中心1个，国家精品课程3门，国家级人才培养模式创新实验区

---

[1]　禹奇才主编：《广大胸怀造就新的广大》，广东高等教育出版社2009年版。

1 个，国家人权教育与培训基地 1 个，具国家建筑设计和古建筑设计甲级资质的建筑设计研究院 1 个。①

在科研成果上，2003—2006 年间该校发表学术论文 5784 篇，被 SCI、EI、ISTP 收录 437 篇，出版专著 192 部（2003—2005 年）；2006—2010 年获授权专利 111 项，发表 SCI、EI、ISTP 等三大检索论文 836 篇；2011 年获授权专利 163 项，发表 SCI、EI、ISTP 等三大检索论文 405 篇；2012 年获授权专利 205 项，发表 SCI、EI、ISTP 等三大检索论文 500 篇；至 2013 年 11 月获得各类科研项目 7000 余项，其中承担 "973" 项目、"863" 项目、国家杰出青年基金、国家自然科学基金项目、国家社科基金项目等国家级课题 450 余项，省部级课题 1200 余项，合计获得外来研究经费 10.3 亿元；同时获得各级各类科研成果奖 240 多项，其中获得国家科技进步奖二等奖 4 项；"泛函微分方程及其相关问题" 研究团队入选 2012 年度教育部 "创新发展团队计划"。②

在教师学术成就上，该校拥有中国科学院院士 2 人，中国工程院院士 1 人，国家杰出青年基金获得者 2 人，国家有突出贡献中青年专家 3 人，国家高校教学名师奖获得者 1 人，国家 "百千万人才工程" 第一层、第二层次人选 2 人，全国高等学校教学指导委员会委员 14 人，享受国务院政府特殊津贴专家 27 人，曾任国务院学位委员会学科评议组成员 2 人，全国优秀教师 3 人，全国模范教师 2 人，省级教学名师 5 人，省、市优秀专家 32 人，珠江学者 2 人，省 "百千万人才工程" 国家级人选 1 人、省级人选 28 人，省、市 "宣传思想战线优秀人才" 50 人；2010 年，周○○院士更获得首届 "南粤创新奖"。③

在推动国际学术交流上，该校整并后按照巩固与开拓并举原则，通过组织出访和接待友好来访，先后与 30 多个国家或地区 100 多所大学和科研院（所）建立了教育与科技合作关系。2002 年中法两国教育部和广州市政府积极扶持，在该校创办了全中国第一所中法旅游学院，开创中外合作办学的人才培养新模式；2008 年与台湾淡江大学合作成立 "工程结构灾害与控制联合研

---

① 《学校简介》［EB/OL］。
② 禹奇才主编：《广大胸怀造就新的广大》，广东高等教育出版社 2009 年版。
③ 《学校简介》［EB/OL］。

究中心",创新两岸高校科研合作新模式;同年,专门成立国际教育学院,大力拓展留学生教育;2011 年与台湾屏东教育大学联合成立"教育政策研究中心",积极搭建对外科研合作新平台,又与加拿大枫华国际教育投资集团合作举办中加国际教育学院;2012 年与美国卫斯理学院签署举办孔子学院合作协议,积极推广汉语教育和中华文化,与香港科技大学签署合作办学意向书等。① 简言之,经过十年努力,该校不仅在办学规模、质量和水平上发展迅速,更在服务内涵上得到了提升。然而,该校整并后,在学术成就方面及知名度上是否有所提升? 受访者 K3 老师及 K6、K7 行政人员在访谈过程中表示:"都有很大的提升,像我们发表的论文数,每年都在增加。"(IN20131222K3)"学术成就肯定增加了,而且明显,硕点、博点都增加了!"(IN20130107K6)"合并以后在学术成就上明显地提高一大步,效果很显著。"(IN20130106K7)承上,"受访者一致表示该校在学术成就及知名度上,因整并而得到了很大的提升。"(RT20140415 研)

基上所述,该校在"科研兴校"办学理念引导下,提出"建设教学研究型大学"为中长期发展目标,并以重点发展与区域经济社会文化进步相适应的学科专业。整并初,专门成立一个学科建设工作委员会,制定了一系列规范性文件,另顺利推出创新研究团队,发展重点学科及重点实验室,且在此基础上,启动实施了科研基金新苗等计划,加强对教师引导和培育。因此,在科研成果上,成果丰硕;在教师学术成就上亦成效不凡;而在推动国际学术交流上,先后与 100 多所大学和科研院(所)建立了合作关系,并专门成立国际教育学院,大力拓展留学生教育。受访者在访谈中,均一致表示该校学术成就及知名度,因为整并而得到了很大的提升。

2. 在教学表现方面

教师教学表现会随学校整并后,资源的进一步整合和增加,而有所改善,其原因系由于教师可运用的研究器材与设施更完善,学生可选择的课程更加多元。该校组建后,坚持在"教学立校"办学理念指导下,将教学作为中心工作和第一要务,为提高教学质量和办学层次,整并初除制定教学管理文件外,并成立了教学指导委员会、教学督导委员会和教材建设委员会,各学院亦分别成立教学指导等分委员会,更于 2001 年 7 月 15

---

① 《学校简介》[EB/OL]。

日—16 日召开了第一次教学工作会议，加强对教学工作的指导和监督；同时，投入大量经费于加强课程建设、实习基地建设及购置教学、科研仪器设备上；2002 年颁布《关于加强教学工作，强化教学管理，提高教学质量的若干意见》，要健全领导、教师听课制度、教学督导制度和教师课堂教学质量评价制度，以形成教学质量评估体系；2004 年起再全面推进教学内涵建设，形成"重质量、重基础、重实践、严管理"（简称"三重一严"）的教学工作规制，确保教学工作规范，有序运行。① 简言之，该校透过一些控管机制及策略来提升教师教学品质，而教学水平的提升，对促进学生学习成效及高素质应用型人才之培养，将提供相当大的助益。对此，受访者 K9、K10 学生亦指出："我们每年都要匿名评课，评定最受欢迎教师。"（IN20140106K9）"现在学校还有一个校内督导机制，就是聘请一些退休教师组成督导团，去评一些新教师。"（IN20140106K10）承上，"该校为评核教师教学品质，除聘请退休教师组成督导团外，并有学生匿名评课措施。"（RT20140415 研）

　　在教学成果上，该校坚持以教学质量为生命线，积极推进教育教学改革，自 2000 年整并以来，主持教育部教改立项 3 项，广东省新世纪高等教育教学改革工程立项 13 项；获教育部全国教育科学"十五"规划课题 9 项，广东省教育科学研究项目 11 项；获国家级教学成果二等奖 2 项，国家级"教学质量工程"项目 14 项，省级教学成果奖 22 项，新增省、市"质量工程"23 项；被批准为全中国大学英语教学改革示范点及大学生文化素质教育基地（联合）；首批专业学位研究生教育综合改革试点单位；获得推荐优秀应届本科毕业生免试攻读硕士学位研究生资格；并于 2006 年接受教育部本科教学工作水平评估，成绩评定为优秀。② 诚然，该校在明确理念导引下，建立了较为完善的教学管理和监控保障体系，因而取得了一批标志性成果。但该校整并后，在教学质量上是否比未整并前，有特别的提升？受访者 K6、K7 行政人员在受访中提出他们的看法："原来选择余地小，现在把优质资源整合在一块，教学品质肯定增加。"（IN20140107K6）"整并后在教学品质也是很显著提高，特别是本科教学

---

① 禹奇才主编：《广大胸怀造就新的广大》，广东高等教育出版社 2009 年版。

② 《学校简介》［EB/OL］。

评估，教育部专家给予了很高的评价，通过合并让我们整个脱胎换骨，质的提高。"（IN20140106K7）承上，"受访者一致认为，整并后将资源整合在一起，故教学品质也跟着提升了。"（RT20140415 研）

综上所述，该校在"教学立校"办学理念指导下，初期制定了教学管理文件，成立了各类教学委员会，同时投入大量经费于课程建设、实习基地建设及购置教学、科研仪器设备上；2002 年颁布《关于加强教学工作，强化教学管理，提高教学质量的若干意见》，要健全领导、教师听课制度、教学督导制度和教师课堂教学质量评价制度；2004 年起再全面推进教学内涵建设，形成"重质量、重基础、重实践、严管理"的教学工作规制，确保教学工作规范。从受访者的访谈中亦得知，该校除聘请一些退休教师组成督导团评核教师教学品质外，并有学生匿名评课措施，因此取得了一些标志性成果，另由于将优质资源整合在一起，所以整体教学品质因而提升。

3. 在学生学习成效方面

学生学习成效，是衡量一个学习者学习成果的指标，亦是评估教学品质的重要项目之一。而高校的根本任务，即是根据国家经济社会进步为导向，努力培养高素质应用型人才，因此采取各项有计划的措施和对策，引导学生参与各种层次类型的科学研究与学术活动，以达到学习的目的，是一项必要的途径。

该校组建后，全面推行素质教育，主要按照"厚基础、宽口径、强能力、高素质"的人才培养规格，注重学生基本理论与实践的结合，强化学生综合素质、知识应用能力和实践能力的培养，如 2004 年颁布《广州大学制定人才培养综合方案的指导意见》即明确要求，各专业主干课程，原则上必修课不超过 112 学分（含集中性实践教学环节 20—30 学分），选修课不少于 48 学分，至少选修 18 学分的通识类课程；本科外语和计算机教学争取四（五）年不断线；大力推进实验教学改革等。其次，成立学生工作领导小组，制定系统的规章制度和措施，并定期召开学生工作例会，建立与完善有效的学风建设运行机制，使学生将学风建设要求从外在规范、被动接受，转化为内在需求和主动践行，藉由学风建设的加强，调动了学生学习的积极性，亦取得了显著成效；另外，该校也利用学科门类齐全、综合实力增强的优势，营造有助于提高学生思想道德、文化、心理素养和创新能力的校园氛围，培养了学生的科学精神、人文精神和创造能力。最后，该校发展方向系以紧密结合地方经济建设和社会发展需要，努力培养高素质应用型人才为要，因此建立了《广州大学普通全日制学生科技成果奖励办法》、《广州大学本科生课外拓展学分认定及实施办法》等一系列鼓励学生参加创新实践活动的规章制度，构建了"教学计划、课外科技活动、社会实践活动三位一体"的创新教育体系，同时建立创新实践基地和训练基地、教学实验室、扩大专业图书馆等，为培养学生创新精神和实践能力提供优越条件。①

在学生学习成效上，2003—2005 年学生参加全中国及广东省各类学科、科技竞赛，有 1000 人次共获 566 个奖项、公开发表论文 457 篇；大学英语教学改革成果突出；学生参加国家级、省级学科竞赛和全中国"挑战杯"大学生课外科技作品竞赛屡创佳绩，获得全国和省级学科竞赛奖励 600 多项，例如在第 8 至 12 届全中国挑战杯竞赛中，荣获特等奖 1 项，一等奖 3 项，二等奖 8 项，三等奖 16 项，学生参加省级以上体育竞赛获奖 500 多项等，在省内高校名列前茅。② 在询问学生学习成效上，是否因为整并而达到提升？受访者 K6、K7 行政人员的感受有所不同："若从生源、从参加学科竞赛来看，肯定提升了。"（IN20140107K6）"原先学生数量少，现在学生数量增加了，但总体上变化不是很明显。我们学生生源入学率明显比过去好很多，特别是在省外我们都是按一本招生，广州市和广东省内也还不错。就业也还可以，因为我们主要是面向广州。考研率有提高但不是很明显，过去本科招生少，生源看起来还不错，但现在招生多，有比较好的，也有一般的，就综合掉了。"（IN20140106K7）承上，"受访者对此的感受并不相同，若从生源、参加学科竞赛、就业上来看，整并后是提升了；但从整体的变化及考研率上看则不是很明显。因此，从部分成效来说是提升了，但整体成效却因招生人数变多而淡化。"（RT20140415研）在增进学生学习成效上，学校是否有采取哪些要求及做法？受访者 K8、K9 及 K11 学生，提出他们的看法："以前有要求英语过不了四级水平，就拿不了学位，可能就有麻烦。哪像我们平时参加考试，如果过不了

---

① 禹奇才主编：《广大胸怀造就新的广大》，广东高等教育出版社 2009 年版。
② 《本科教学工作水平评估自评报告》［Z］。

及格线，可能就要重考甚至重修。"（IN20140106K8）"还有二专，就是根据个人的一些兴趣选择第二专业。"（IN20140106K9）"可能就是奖学金奖励制度吧！还有学分制，要修够多少学分才能毕业。"（IN20140106K11）综言之，"该校采取英语必须达到标准、学分必须修足才能毕业，另规定二转制度和奖学金奖励制度亦是一项激励做法。"（RT20140415研）

该校整并前，由于各校均为地方办的教学型高校，本、专科并重的办学格局，学科发展水平并不高，故整并后经一系列改革措施之后，逐步减少专科招生数量，扩大本科招生规模，并适度发展研究生教育，使得整体办学层次获得提升，招生范围也逐渐扩大。从表3—7数据中可了解该校招生状况：由于该校属于地方大学，主要面向广州市招生，每年广州市生源占60%，广东省生源占32%，省外生源则占8%；2000年整并初，第一志愿报考学校的考生分数达到广东省第二批本科院校录取分数线的比率仅为80%，至2003年已上升为205%，2004年为174%，2005年为209%，2006年为197%，[1] 显示高校联招分数线随该校整体教学质量和办学水平的提高，而逐年升高。

表3—7　　　　广州大学普通类本科录取第一志愿上线人数统计表

年度	第二批本科院校分数线	普通类（广东省）		
		录取人数	第一志愿上线人数	所占比例（%）
2003	565	4440	9102	205
2004	548	4102	7149	174
2005	559	4320	9038	209
2006	571	4382	8631	197

近期，招生工作持续保持良好态势，生源质量稳定提升，省外招生全部在一本线以上，成为二本招生最热门的院校之一。以2012年为例，该市生源的文科类出档分为565分，理科类出档分为551分，分别高出广东省招生出档线20分及28分；省内广州以外生源的文科类出档分为577分，理科类出档分为568分，分别高出省出档线32分和45分；文科录取

---

① 《本科教学工作水平评估自评报告》［Z］。

的最高分为 599 分，理科录取的最高分为 618 分，分别比一本院校分数线高出 10 分和 33 分，省、市生源投档线大大高于省最低录取控制线，如表 3—8 所示。[①] 由此可知，该校整并后在招生质量和素质上，逐年提升，已比整并初高出很多，成为广东省高校的前列。

表 3—8　　　　　　　　2011—2012 年广州大学生源质量统计表

年度	广东省文科最低控制线	广州大学二 A 文科出档线				广东省理科最低控制线	广州大学二 A 理科出档线			
		广州市	超出省线分值	广州市外	超出省线分值		广州市	超出省线分值	广州市外	超出省线分值
2011	536	558	22	568	32	504	535	31	549	45
2012	545	565	20	577	32	523	551	28	568	45

　　另外，毕业生就业率对一所高校而言，是衡量这所学校在社会上受重视程度的重要依据，亦是一项事关学生发展与社会稳定的任务。该校自整并后，极重视毕业生就业工作，采取多项有力措施，如建立广州大学毕业生就业指导中心、实行就业工作目标责任制、成立大学生职业生涯规划协会、设立就业咨询室、就业需求信息公布栏和网上公布栏等，提供就业指导和信息；2001 年至 2005 年毕业生就业率均达 98% 以上，位居广东高校前列，尤以广播电视新闻学、播音与主持艺术、建筑学、工程管理、土木工程等专业毕业生，就业率连年达到 100%。近期，毕业生就业状况，依广东省高校毕业生就业指导中心公布，至 2012 年 9 月 1 日止，本科毕业生初次就业率达到 94.48%，以珠江三角洲 9 个地级市最多，占已就业本科毕业生的 90.9%。[②] 受访者 K9 学生的感受则认为："我本科是读学前教育的，研究生后再换了教育技术学，但是学前教育的就业率还是蛮高的，像前几年刚推出的学前教育 3 年行动计划，这个专业很火，它从教育学下面一个方向变成一个系列，地位得到了一个很大的提高。我们主要是在珠江三角洲这里就业，自己应聘从事教职工作，小学中学都有。"

　　① 《广州大学 2012 年本科教学质量报告》［Z］。

　　② 同上。

（IN20140106K9）

由此观之，该校在促进学生学习成效上，系从精神建设方面着手，实际做法主要按照"厚基础、宽口径、强能力、高素质"的人才培养规格，在整并初即成立了学生工作领导小组，制定了系统规章制度和措施，并定期召开学生工作例会；还利用学科门类齐全、综合实力增强的优势，营造有助于提高学生思想道德、文化、心理素养和创新能力的校园氛围；另建立了一系列鼓励学生参加创新实践活动的规章制度、创新实践基地和训练基地、教学实验室、扩大专业图书馆等。而受访者认为在学生学习成效上部分成效因整并而得到提升，但整体成效却因招生人数变多而淡化；该校也要求英语未过四级水平无法获取学位、学分必须修足才能毕业，并依个人兴趣选择第二专长，来增进学生学习成效。在招生状况及毕业生就业率上，则均高于水准以上，显见该校在整并后学术知名度扶摇直上。

4. 学校整体成效方面

该校在组建逾十年的光景中，顺利完成了 4 大战略任务，包括学校整体搬迁大学城、获得博士学位授权单位、以优秀成绩通过教育部本科教学水平评估，及学位点建设取得重大突破。[①] 总结该校的发展与建设，可用"底子薄、发展快、增量大、亮点多"12 个字概括；亦即在办学上，初期是本、专科并举、研究生教育规模较小、学科专业力量薄弱的状况，发展到具有从学士、硕士到博士的完整人才培养体系、重点学科增量最大的较高水平，在人才培养、科学研究和社会服务等方面亦取得长足发展，办学质量不断提高，社会声誉和海外影响日趋扩大[②]，由前段陈述中可窥探，该校整并后在各方面都有不错的表现。

而就整体成效方面，包括行政、学术、教学、学生学习成效及办学环境上，是否有所提升？受访者 K3、K4 老师及 K6、K7 行政人员和 K10、K11 学生在受访过程中表示："环境是整体地改善了，进了大学城后都改善了，生均的建筑面积数、设备数、图书数，全部都提高了，都比以前好。"（IN20131222K3）"我认为各方面都有提升。尤其整并后发展非常快，主要是广州这个地方经济实力强，市政府对广州大学的重视和资助比

①　禹奇才主编：《广大胸怀造就新的广大》，广东高等教育出版社 2009 年版。

②　《我们这十年》[N]。

较强，再来有一个好的班子，第一抓住了搬迁这个机会，地方扩大了，原来就是麻雀学校嘛！第二还抓住了硕士点、学校合格评估等，很多名牌大学都是反对评估的，对我们学校来说是促进的。"（IN20140106K4）"整并后，各方面都挺好的。"（IN20140107K6）"办学环境上提升很明显，政府给我们很大的支持，整体建设及设备方面，全部由政府出资支应，学校自己不必负担。"（IN20140106K7）"如果从课题成果来说，是越来越多了。另外，学校还推行创新实验项目，在学生层次推行挑战杯啊！去推进学生的学术成就，这是一个由学生自己组成一个课题组，然后完成一个课题，由导师辅导，发一些学术论文，做一些研究成果。"（IN20140106K10）"广州大学目前在全国600所综合性大学中，已排名到192名。另外，像今年好像还有8个重点本科专业，已跟'211'大学在同一个招生分数线上招生了。"（IN20140106K11）整并后，新学校是否根据环境状况，订定整体发展计划？受访者K4老师认为："有啊！我们每5年就要一次规划。"（IN20140106K4）综上，"受访者一致表示该校整并后，整体成效方面都有提升，包括办学环境、课题研究、学术排名等，最主要的还是受到市政府在整并上的大力支助，另该校每5年也会根据环境状况，订定一次整体发展计划。"（RT20140415研）那是否有采用什么方式来促进学校组织目标或竞争优势的发挥？受访者K11学生认为："可能就是奖学金奖励制度吧！"（IN20140106K11）询问该校在招生排名上是否因此而提高？受访者K3老师指出："过去广州大学给人的印象是专科层次。合并之后，我们的排名是在第二等的录取里面，第一等的是部属院校中大及华工，在地方院校中从来都是排前3名，因为本地人很愿意来念，外地人也愿意来念，我们在外地招生都是一类招生。另外，通过这几年的发展，目前有博士点的专业是放在第一批，跟中山大学是同时来录取的。"（IN20131222K3）

进一步询问，整并对学校组织未来发展及竞争力提升上是否具正向的？受访者K3、K4、K5老师及K6、K7行政人员和K8、K10、K11学生的看法如下："当然有！就整体上来说，由于我们要进行教学评估，就要整合一些资源，所以对院系有一些调整，有些学院特别弱，有些特别强，跟这系相关的就会调整到这个学院来，像旅游学院力量不强，就抽调一些历史系、地理系的老师到旅游学院，使他们可以比较充实发展。学校也会根据广州市的发展，确定学院的发展方向和一个重点扶持力度，有以学术为主体的，就要强化他深塑生活能力和学术竞争力，其次就是去强化他服务社会的能力。另外，像新闻、旅游都属于新发展的学院，对他们就没有升博的压力，而教育、人文、建筑、土木工程学院就会有。又比如在专业研究生方面，我们以为会有很多在职专业研究生会来念土木或建筑，但当争取到指标后，来报名的却不多，有可能因为房地产发展太快，忙于赚钱，所以就不来念。而教育这块，因为指标总数是有限的，反而很多人来报名，我们就要设限，考试就比较严格，会有这样的情况。"（IN20131222K3）"我认为对广州大学整体发展是正向的，所以当初在华建西时，我是赞成整并的。"（IN20140106K4）"对，是比较明显的积极效应。"（IN20131222K5）"肯定是正向的，而且增加很大，以前没有整并，大家办了这么久知名度还是这样，现在就整体积极在前进。"（IN20140107K6）"合并后对学校的发展影响是正向的，而且这正向是挺强的，对提高学校竞争力帮助也特别大。合并可能对吉林大学这种学校作用不是很大，但对我们这种学校作用就很大，它提供了一个很好的平台。"（IN20140106K7）"整并以后，学校土木专业这一块，还是做得业界知名度很高，就是很突出，全省排名第一，很多外校都考这个，他有个院士叫周○○做防震防灾这方面特别好。"（IN20140106K8）"我感觉合并以后，学校的一个资源共享还是会更加有利。合并前可能因为地域的关系受到限制，合并后大家交流会多，现在有一些好的教学方法和成果更容易推广，也有利于整个学校的教育教学质量的发展，我觉得整并后比以前在资源方面的优势更看得出来。"（IN20140106K10）"整并以后，我觉得学校的规模效益应该是更好一些，这10来年时间发展成一个跻身到重点本科录取线内，如果是整并以前各个学校肯定是做不到的。"（IN20140106K11）承上，"所有受访者均表示，学校的整并对未来发展及竞争力提升是正向且明显的，也因为整并的关系，使得该校不论在硬件或软件资源上都得到了优化，学校的发展也因此变得更加迅速。"（RT20140415研）

综合言之，该校从原本本专科并举、学科实力薄弱的高校，发展成为涵盖学、硕、博士的教学研究型综合大学。从访谈中，受访者一致表示整体成效都有提升，主要的还是受到市政府的大力支助；在促进组织目标达成上，受访者认为应该是奖学金制度；整体办学层次得到提升，就学校招生排名而言是地方高校的前茅，在外地招生更是一类招生；所有受访者均表示，学校的整并对未来发展及竞争力提升是正向且明显的，且不论在硬件或软件资源上都得到优化，发展也因此变得更迅速。

（二）广州大学整并后学校对外关系

1. 与地方社区互动关系上

"社区"（community）是指有共同文化或居住在同一区域的人群，事实上它并无明确的界限，范围也可能大小不一，传统的概念局限于某一地区，或某一村里；然而就中国大陆而言，这个概念有可能是一个市，甚至一个省份。本书为方便阐述，将其定位于该校与广州市的互动关系上，以与下段回应政府社会需求上有所区别。

由于该校系为地方政府主办的高校，而作为一所地方型大学无论拥有多大自主权，受到地方政府支持程度的多寡才是成败的关键，因为它的主要资源包括政治、经济、人力等，都是直接获自于地方政府，故其遂以"面向广州、服务广州"为发展定位，充分利用地缘优势，进行多方位、多层面的应用研究，大力创新产、学、研紧密结合的办学体制，积极融入该市的经济社会建设，例如该校在 2006 年"申博"一事上主动邀请该市主管教育的副市长出任领导小组组长，以便获得政府资源与社会影响力的支持；另外，近年来专业学科的设置与调整，亦大多以该市产业状况和未来发展为依据考量。① 在实质互动上，该校坚持与地方共生共荣，如工业设计和动漫专业教师与珠江三角企业有长期密切的合作关系，多年来取得显著成绩；与该校市属各区政府建立战略合作关系，签订相关项目的"校—区"科研合作协议，搭建合作平台，充分发挥社会、市场需求对科研的导向作用，这些区域包括梦岗、番禺等地；与政府机关和企事业单位建立了信息服务合作关系，提供各种形式服务和咨询；更在第 16 届亚运会筹备及举办期间，积极参与服务广州、服务亚运的有关工作，取得突出成绩并获该市市委、市政府表彰。②③

由于该校本着务实精神，对该市各项产业、经济面向发展所采取的积极态度，除了带给该市许多正向帮助外，该校也在互动过程中不断提升办

---

① 禹奇才主编：《广大胸怀造就新的广大》，广东高等教育出版社 2009 年版。

② 同上。

③ 《广州大学 2012 年本科教学质量报告》［Z］。

学质量，声誉和影响力与日俱增。受访者 K3 老师在受访时亦指出："广州大学以立足广州产业和经济发展需要，成立了一批地方特色研究机构和技术支持与检测机构，服务地方并取得丰硕成果，如表 3—9 所示。其次，继续发扬本校承担广州市全部中小学、学前和特殊教育的教师教育与培训优势，又为因应当地发展需要建立了一批特色研究中心，如 2009 年成立的教育政策研究中心、台湾研究院为广州市教育政策和对台政策的智库；2003 年建立的广州发展研究院，近年来已向省市政府部门提交 50 余份《决策内参》，大多获得省市领导批示和有关部门的采纳，承接政府、社会委托课题 50 多个，研究成果以实操性而受到委托方的好评，现已成为广州地区具有广泛影响和知名度的"高校智库"之一；另外，面对广州打造世界文化名城，学校借助"广州人文历史研究基地"、"广州十三行研究中心"、"俗文化研究中心"和"岭南艺术重点研究基地"等学科平台，将广州历史文化遗产和资源的发掘、整理、保护、传承、开发和利用等，上升为广州大学人文艺术学科发展的学科目录，这是广州大学立足本土、服务社会的重大举措。"（IN20131222K3）

表 3—9　　　　　　　广州大学设置理工类研究机构一览表

	市政公用工程重点实验室
	环境污染控制与同位素应用技术重点实验室
	广州市建筑节能与应用技术重点实验室
	广州市氢能与绿色催化重点实验室
市级重点实验室	广州市植物抗逆基因功能研究重点实验室
	广州市天文观测与技术重点实验室
	广州市结构安全与健康监测重点实验室
	广州市环境功能材料与技术重点实验室
	广州市金属材料强化研磨高性能加工重点实验室
	广州市机电设备状态监测与控制重点实验室
广州市工程技术研究开发中心	广州市数学教育软件行业工程技术研究中心
合作基地及中心	广州市工程结构灾害与控制国际科技合作基地
	广州市穗台科技交流合作服务中心

资料来源：DO20140107

整体而言，该校在与地方社区互动关系上，以"面向广州、服务广州"为发展定位，充分利用地缘优势，大力创新产、学、研紧密结合的办学体制，积极融入该市的经济社会建设。受访者在访谈中亦指出，该校以该市产业和经济发展需要，成立了一批地方特色研究机构和技术支持与检测机构；承担该市全部中小学、学前和特殊教育的教师教育与培训；建立了教育政策、台湾研究院等特色研究中心；承接政府、社会委托课题，现已成为广州地区具广泛影响和知名度的"高校智库"之一；另借助各种学科平台，将广州历史文化遗产和资源加以开发和利用。

2. 回应政府社会需求上

根据《中华人民共和国高等教育法》第 35 条第 1 项、第 2 项规定，高等学校根据自身条件，自主开展科学研究、技术开发和社会服务；国家鼓励高等学校同企业事业组织、社会团体及其他社会组织在科学研究、技术开发和推广等方面进行多种形式的合作。[①] 易言之，服务社会已是当今高等教育发展的重要职能，亦是地方高校的使命，藉由提供高层次服务，如研发、技术咨询和各类教育培训等，扩大高校的影响力，以回应政府社会的需求，亦是与传统型大学的区别之一。

"服务荣校"是该校办学理念中独具一格的特色，其以"立足广州，面向广东，辐射海内外，服务社会"为发展宗旨，努力推进该校的办学规模、办学层次和学科建设，创建成一所具地方特色、现代化和开放性特色的综合性本科院校[②]，并朝向为政府各项建设提供人才支持和智力保障、高层次研发和技术服务等目标前进；而在经济社会飞速发展的形势下，更应鼓励人才走出教室、实验室，投身社会服务工作，使学校内部科研与外部社会发展有机结合，成为推动社会进步的关键作用。为此，该校从几个方面来推进社会服务，包括转变观念，积极鼓励教师从事纵向（教学、科研）工作以外的横向（社会服务）工作，勇于承担各项横向科研项目，及推动社会服务促进教学质量提高；建章立制，出台了《广州大学加强社会服务工作意见》，以及关于横向项目管理、社会服务工作量考核等一系列制度；管理制度调整，成立服务地方经济社会工作领导小组

---

① 《中华人民共和国高等教育法》［EB/OL］。

② 禹奇才主编：《广大胸怀造就新的广大》，广东高等教育出版社 2009 年版。

和"服务经济社会工作处"等领导和工作机制，致力于为政府提供高层
次服务,[①] 经过长期发展累积，该校在诸如工程抗震、教育软件、古建筑
维护、灯光音响、师资培训等领域，已形成一定的社会影响。[②] 换言之，
该校组建后，受到地方政府人力、财力、物力各项资源的支助，使得该校
在极短时间内，即有令人瞩目的成绩和发展，促使该校积极参与各种科
研、技术咨询，以回馈政府和社会的支持。

在实际成果上，该校近几年签订了校区、校企合作协议 30 多个，
承担各级各类项目 3000 多项，实得经费 1.7 亿多元；2008 年开设土木
工程综合试点班，着力推进土木类专业群工程教育中心，建成为华南地
区高校土木工程专业群创新人才培养试验基地；以周〇〇院士为核心的
工程抗震研究中心，其技术成果在广州地铁、新电视塔、港珠澳大桥、
汶川地震灾区重建等得到应用；岭南建筑研究所参与广东省内文物及岭
南古建筑修复近 20 项；声像灯光技术检测中心为广州亚运场馆、北京
鸟巢音响等工程提供技术，相关服务范围涵盖了全中国 26 个省（自治
区、直辖市）。[③] 在这方面，受访者 K3 老师在受访时也提出一些数据来
补充："广州大学在合并后对外关系有很大拓展，在自然科学方面：
2006 年获得了 3760 万元科研资助费，2008 年达约 4000 万元，2011 年
超过 1.6 亿元，其中纵向科研项目达到 1 亿元，到了 2012 年已超出 2.4
亿元。在人文社会科学方面：科研经费由 2005 年的 800 万元，增长到
2010 年的 1800 万元；国家社会科学基金项目由"十五"期间的 5 项增
长到"十一五"期间的 30 项，增长了 6 倍，仅 2010 年就获得 8 项，
2011 年又获得 1 项国家社科金重大攻关项目；"十一五"期间，社科科
研获得教育部高等学校科学研究优秀成果奖 1 项，全国教育科学研究优
秀成果奖 7 项，广东省哲学社会科学优秀奖 9 项，发表人文社科权威刊
物论文 200 余篇，出版著作 140 余部。另外，广州大学于 2001 年 9 月
专门成立继续教育学院，作为成人学历教育和非学历教育的规划、招
生、教学和管理的一级学院，学院坐落于广州市解放北路桂花岗，另在

---

① 《我们这十年》［N］。

② 禹奇才主编：《广大胸怀造就新的广大》，广东高等教育出版社 2009 年版。

③ 《我们这十年》［N］。

广州、深圳、珠海、东莞等地设置了 13 个校外教学点，目前开设了 80
多个本、专科专业，负责"全国计算机等级考试"、"全国公共英语等
级考试"、"全国中小学教师教育技术水平考试"等考点的建设工作，
承担广州市多项职业技能培训（鉴定）工作和广州爱国宗教人士研修
班等专门社会培训。（IN1021222K3）

　　整体而言，该校在回应政府社会需求上，以"服务荣校"为其办学
理念，从几个方面来推进社会服务，包括转变观念，积极鼓励教师从事横
向（社会服务）工作，勇于承担各项横向科研项目；建章立制，出台了
《广州大学加强社会服务工作意见》；管理制度调整，成立"服务经济社
会工作处"，为政府提供高层次服务。从受访中也了解到，该校整并后得
到各项科研经费逐年增长，及各种研究成果亦相当出色。

第八节　两岸大学整并后困境与省思

　　为落实台湾《教育改革咨议报告书》中所提，规模较小的大学院校
可采整并方式以达最适经营规模之建议，"教育部"积极提出包含经费
补助及相关配套等政策做法，来促成台湾大学院校的整并。然而，任何
组织的结合必然产生优势及劣势，尤以大学整并后所牵涉到包括人员、
财务、管理等极其复杂的面向，必然带来新的矛盾和问题。以下，将从
两岸大学整并后所面临问题及解决之道，与对未来整并大学之启示进行
探讨。

一　东华大学整并后困境与省思

（一）东华大学整并后面临问题及解决之道

　　该校整并后，从前述各项资料中可了解，无论规模经济效益或竞争力
方面都有不错的进展，然而由于整并初学校尚未整合成单一校区，故仍存
在些许问题。不过，旧问题解决了，接续又将面临新的问题，但有些问题
可以立即解决，有些问题却无法立竿见影，这也是组织发展上所必然历经
的过程。

1. 在管理问题上

　　大学整并首先产生的问题莫过于对学校管理所出现的巨大压力，且整

并前各校都有各自的管理体系与管理手段，或多或少会因为人的惯性思维，使得旧管理和新体制之间存在矛盾与冲突。① 而这些问题的发生，有些是人员职责权限不明确，有些则是因为学校并未进行实质性整并，导致管理松散现象，假若不妥当处理，将造成组织间的离心与疏离。

（1）人事管理问题

该校整并后，依《东华大学与花莲教育大学合并计划书（修订版）》内容所指："新大学应无条件将两校现有教职员全部纳编，两校现有教职员之职等、薪级、法定待遇及福利应予保障。"② 换言之，学校系采权利保障做法，将两校原有教职员工全部予以吸收，除非有自愿申请退休者，或无法承受现有压力而自动转校者外，其余人员与整并前均无太大变动。不过，在人事管理上仍然有些许问题，T6、T7 行政人员在受访时就指出："整并后就是希望能多补充人力，对工作重新分配，不过现阶段看似乎不太可能。那比如说学校需要有国际竞争力，就想要发展对外招生，但它却缩减系所人员去增加国际处人员，当初公会就有提到这一点，因为少子化之后，有风声说系所要缩减人力，譬如现在有两个助理，有一个助理离职了，将来就遇缺不补，而且还要做所有大学、硕士、硕专的工作，所以像最近有一个例子，资管系助理走了，缺额不补，该系争取到最后，这个月才用计划专案以最低薪资聘任工读生，我们院办也有这种情形，而且当初没钱，还叫各系帮忙出钱，我们都已经快忙死了，可是院里头的人员却还有这么多。"（IN20131231T6，T7）。"受访者认为，该校整并后在系所人事管理与分配上并不是很合理，而且人力还要更紧缩，如此仅会加重其工作量，反而不是很好。"（RT20140313 研）诚言，人力不足将直接影响行政效率，因此该校应在合理范围内斟酌人力配置方式，以降低人员工作量，提升服务品质和效率。

（2）财务管理问题

该校整并后，依《地区性"国立"大学院校整并试办计划》内容所指，整并之学校得配合审定通过之整并计划书，提出必要之软、硬体设施扩充或调整所需资源，以发挥最大效益；此项计划将列为重要经建投资计

---

① 王培根、聂会平：《对高校合并的思考》，《大学教育科学》2003（4）。

② 《东华大学与花莲教育大学合并计划书（修订版）》［EB/OL］。

划项目，除学校原有预算外，整并所需经费，由"教育部"相关经费项下支应，并根据核定之计划专款专用。①承上，依该项试办计划原则，该校整并后可在软、硬体建设及人力资源上，逐年得到主管机关必要的经费补助，不过除了这些经费之挹注外，事实上该校在财务管理上也出现了一些问题，T2行政主管即提道："'教育部'的补助及花教大校务基金部分，那是以前的钱了，现在因为新校长有一些很不错的构想，要花这些钱，例如绿色厨房，还有跨院的研究也花了一些，做一些'国科会'类型的研究又花一些钱，可是那不致影响整个校务基金，是我们这边人事结构问题，聘用太多人了。"（IN20131230T2）T3老师也指出："现在就是学校在经费方面比较困难，这两年给系上的经费越来越少，不只是业务费，一般都比较少，所以学校希望我们多接研究案子。而校务基金比较影响到行政部门，像现在每个系有两个行政小组，以后都要砍的。"（IN20131230T3）依上，"整并后新学校的经费补助，虽然比未整并前增多，但为发展各项学科研究及建设，经费显然有点不足，这也是整并后所产生的问题。因此，学校除从人事结构上进行调整外，也希望教师能多接一些研究案，来填补学校收益。"（RT20140313研）

换言之，财务是一所学校发展的重要支柱，故如何有效使用，使其发挥最大效益，显得相当重要。该校整并后，确实在财政上有些问题，"像是说学生宿舍的问题，因为'教育部'政策现在不补助'国立'大学盖宿舍，要盖宿舍必须自己筹费用，东华大学盖了3000多个床位的女生宿舍大约十五六亿，全部都是跟银行借钱，对学校的财务比较吃紧。"（IN20131230T2）因此，像现在学校必须自筹经费兴建宿舍，对学校未来发展亦是一大负担，故整并后主管机关仍需持续关心整并学校发展，给予必要之援助，否则花费如此多人力、物力及时间，却得不到应有的效果，将使整并工作的后续进展，大打折扣。

（3）课程管理问题

该校整并后，采用原东华大学课程学程化制度，该项制度是由各学系依基础学域定位，结合市场脉动，设计相关专门课程形成模组，再整合不

---

① 戴晓霞：《高等教育整并之国际比较》，《教育研究集刊》2003（49）。

同模组形成学程，目的是要使课程更为专精①，简言之，学程制优点即是要培养学生跨领域能力，而不是仅局限在本身专业领域。但因为整并前两校所采用课程管理方式不同，因此产生了一些问题，从取得之文件中了解："整并后，在有些课程认证部分发生问题，例如，在花教大叫几率论，在东华则叫基础几率，这是同内容，不同课名；还有一门较高阶的课程叫作几率论，虽然是同课名，但内容却不同。另外，因为花教大是采取学分制，东华大学则是学程制，那时在花教大学生要修系上的课 100 学分，其中 10 学分可以修外系的课，另外 28 学分是通识课，有争论过 10 学分如何认抵的问题，因为在东华这边换算成学分，只有 85 学分是必选而已，其他都是通识课，这样两边就差了快 15 学分，这边会认为为什么要拿一些外系可能是选修之类的课，来认数学系的课，怎么可以这样呢？可是经过沟通后，这边就认为说那没关系，从宽认定。"（DO20131230）在整并初，双方因课程认证、学分认定上发生问题，致产生一些争执，虽然事情的发展最后都能顺利解决，但由此也可看出该校在整并过程中对课程细节的思考，是有欠周全的。另外，像在选课系统部分，亦发生一些问题，T3 老师即提道："花教大原有花教大的选课系统，整并后我们整个人员都调过来，但全部都用东华系统，所以我们的行政人员才会很生气说不好用，那问谁谁又推给谁，但美仑那边自己也有自觉，反正以后都要回来这边，因而就经过那一段的磨合期。"（IN20131230T3）综言之，课程管理关乎学生权益甚巨，若能在整并前做一缜密的协调，才不至于发生这么多执行面上的问题。

（4）人员态度问题

俗话说："格局决定结局，态度决定高度"，一点也没错，大学整并后最难融合的就是组织文化，而文化问题之所以难以解决，又大多源自于人的因素，因此人员态度对大学整并而言有着密不可分的关系。该校整并后，在组织文化融合部分，初期时如学科整并、组织气氛及文化差异上虽有一些争执，但经过一段时间相处后这些纷扰已逐渐淡化。然而，T3 老师在受访时仍点出了该校在人员态度上的问题："现在学校最大困境除了经费外，还有向心力不够，我觉得这个学校向心力不强，像以前在花教大

---

① 《学生学习成效网》[EB/OL]。

星期六、日或寒暑假，我都还遇到老师上课，大家都在那儿做研究，现在我是几乎每天都会在学校的人，看到学校常常人都很少。而要如何弥补？我觉得现在校区太大，人跟人相处减少，上面领导者应该要关心底下，并不是只专注在你的 Paper 有多少，就是说你在要求 Paper 之前，有没有给他一个环境鼓励他，你的基本都够了，再来要求他的 Paper，也不是用一种压榨的，特别是对新老师有一些正向的鼓励，我觉得这个比较重要。"（IN20131230T3）换言之，受访者指出，目前该校有经费及缺乏向心力两大不足，因此她建议学校决策层级应该多关心鼓励底下基层同仁，给他们一个合适环境，来从事教学和科研活动，以增进其对学校的凝聚力。

而除了缺乏向心力之外，T1 行政主管在受访时也提到："像是教师升等，在看同一个资料时，两边的眼光可能不一致，因为一边以教学为主，一边以研究为主。所以就是由时间慢慢磨合，另一个还是要彼此互相尊重，我虽然不赞成你，你还是有讲话权利，就是采取共识。"（IN20131231T1）整并后，两校人员都应彼此相互尊重，不要有任何歧视或轻视眼光，尤其在教师升等上，无论采用何种做法，更应包容任何一方，才不致造成整并上的困难。

2. 在硬体建设问题上

该校整并后，在主管机关援助下，于硬体设备方面扩增了不少场馆和校舍，如花师教育学院大楼、环境学院大楼、艺术学院大楼、第二期公共设施之扩建及第六期学生宿舍等，以支应与服务增多的师生。不过，在增建过程中却发生了意想不到的事情，T1 行政主管就提到："当初两校在整并时，所有情况都有考虑到，单一校区学生搬迁，系所的整并等，唯一没办法控制的因素，就是建筑物的建设、硬体设备、厂商因素，发生了一些风波，像要开学了学生宿舍还没盖好，就变成大一新生到处借宿舍住，所以那时候风波闹很大。"（IN20131231T1）另外，T6 和 T7 行政人员在访谈过程中，也提出了她们看到的事情："听体育系的人说，之前在花教大有很多基本配备，及多功能体育馆，但搬来后可能因为没地方摆，且东华本身因经费不足，没有这种体育馆，所以上课还要回花教大。"（IN20131231T6，T7）事实上，学校整并为单一校区不仅有助于文化之融合，更符合经济效益，但"从学生宿舍因兴建合约纠纷致使工期延宕，及体育设施搬迁后却没地方摆设等问题，代表着该校在整并后仍有许多事

情是原先无法预设或设想到的，因此整并后学校仍须随环境随时改变思维和做法。"（RT20140313 研）

而像在闲置校舍运用问题上，T2 行政主管在受访时就提到："地方上也会关心，合并后美仑校区怎么办呢？不能荒废在那啊！我们校长就赶快弄，现在都是租给人家，或是附近高中校舍不够就搬到我们那边，观光学院搬到那边，那边变成科技园区啊！找一些企业去进驻啊！维持得还不错，还有收益，这也是后来出来的问题，空在那不知道怎么办？舆论就一直骂，变蚊子馆，我们又不想把它还回去，其实这也是一个问题，像这种合并大学，因为合并关系，变成单一校区，另一个校区很多学校都希望由这个学校来处分，这个钱由这个学校来收，但'教育部''国有财产局'说不行，除非你交给他们，但至少那个土地都还是我们的，我们慢慢经营，又不是说不理它，如果把它卖给别人，增加经济效益，那每个学校都会觉得这是个良法，'教育部'这样做谁都愿意合并，现在放在那大家在观望都不愿意合并，就是因为这样。"（IN20131230T2）换句话说，T2 行政主管认为闲置校舍的处理，是学校整并后产生的问题，若未积极处置将造成资源的浪费，她也指出若主管机关能让整并学校自己处分原有校地，将使更多学校愿意参与整并。

综言之，硬体建设的完整是否牵涉到师生居住的问题，两校整并后将所有人员、设备均迁至寿丰校区，不过因为新校区宿舍兴建发生厂商延宕问题，无法如期完工，致学生需向外租屋暂住；其次，美仑校区体育设施因寿丰校区无多功能体育馆可摆设，导致学生必须再回美仑校区上课；最后，美仑校区闲置校舍使用问题在各界关注下，终于得到解决，成为东华创新研究科技园区，将旧学校重新利用予以活化，否则又将成为整并后的一大问题。

3. 在人才问题上

在现今各项产业竞争激烈的环境中，能够掌握住人才就可以得到成功的契机，而人才问题事实上包含了育才、留才及揽才三个面向，对一所新整并大学来说，尤其要朝研究型大学发展，更是缺一不可。该校整并后，在人才问题方面实际上有点青黄不接现象产生，正如 T2 行政主管所提到："其实我们系老师都非常努力，而且也非努力不可，以前是师范体系，出来是要教国小的，只要有教小朋友能力就好了，所以不用学太多，评鉴也仅当参考用。像以前音乐系或教育系只要会弹 Keyboard，考试也不必太专业嘛！可是现在音乐系的，就是要跟外面纯音乐比，要有竞争，还要跟北艺大、南艺大这样比，那就不一样了，就会往比较纯粹专业的音乐去走，那就非常辛苦了，有时候师资就会有一点不足。在这过程当中各系都有退休老师，因为他觉得没办法，压力太大，退休了几个就再新聘一些新老师来，新聘老师就是纯粹音乐、艺术或设计，都是非常专业的，这种情况已在这几年改善了，可是还存在一些老师，上不上，下不下来的隐忧，他们有那个隐忧会造成一种气氛，他可能会压抑，会不支持你的政策，反弹你的政策来保护自己，积极的就会一直学，消极的就是反弹。"（IN20131230T2）易言之，由于整并两校在原本发展过程中就不同，花教大较属于教学型，原东华则属于研究型，但整并后必须共同朝研究型大学方向发展，因此就会发生教学型学校老师无法教授较专业学科，造成师资不足现象，但也存在部分没办法退休的老师，在研究上亦无法精进，反而回过头来反对学校政策。

　　4. 在重点学科突出问题上

　　该校整并前，原东华大学是一所综合大学着重在理工方面，而花莲教育大学则是一所师范院校以教育类别擅长，两校学科性质并不相同，应能发挥相辅相成、学科优势互补作用，使学校整体效益大于未整并前，然从实际上看却发现，整并后师范教育并无法提升，反而萎缩，T3 老师在受访时即指出："那很多学院就认为说，你们教育学院，现在花师那边最完整整过来的就剩下你们，不过他们理工那边 SSCI 或者 EI 很快，我们教育的就少，所以他们会认为说，等于我们把他们拖垮了，研究拉下来了，我也感觉整体教育学院整并后没有比较好。"（IN20131230T3）从受访者看法中了解，整并后各项学科整合，照理说应该发挥更大综合效力，然实际状况并非如此，师范教育原是花教大强项，但整并后却未见其优势提升，有可能系受师资培育法修正的影响，由此可见，该校在重点学科突出问题上应再重新研讨，采行更有效方式解决这项问题。

　　综合上述问题，受访者从管理、硬体建设、人才及重点学科突出等面向，提出其对整并后所面临之问题及解决之道的看法，而事实上所述这些问题有些是整并初即发生的，如课程认证、学分认定、系统操作、宿舍兴建等，有些则是整并后一段时间才逐渐浮现的，如经费不足、闲置校舍等，而提出的解决之道亦仅能解决目前之问题。若为长远设想，学校应该有个校务发展机制，随时针对所发生之问题拟订对策，解决之，勿让问题搁置，而衍生更多问题。

（二）东华大学整并后对未来大学整并启示

大学整并发展的未来展望，系希望解决目前大学教育因普及化后，所带来的大学院校数量增加、竞争力下降的困境。从该校整并的愿景中可看出："新大学是一所崇尚学术自由、注重人文关怀、秉持全人教育理念的综合大学，以致力学术研究、拓展新知疆域、培育社会英才为标的。本诸追求卓越之理念、掌握国际学术脉动、善用东台湾之人文及天然资源，兼顾各学术领域、倡行科际整合，建立一所具有学研特色与竞争力之学府；兼容并蓄、全体共塑含有民主风范的校园文化，借由创新达致永续之发展。"① 换句话说，该校的未来展望是希望与地方结合，善用地方资源，成为一所重视学术研究、关怀人文、作育英才的综合大学。因此，本段依该校整并结果，并就访谈所搜集到的资料提出对未来大学整并启示。

T1 行政主管提道："任何学校整并，一开始参与的人不要太多，每个学校 3 个人就好，先有一个合校小组，把核心问题讨论好，这样比较容易把重要问题厘清达成共识，再跟全校说明，且比较容易解决学校问题，当然必要时是'教育部'的支持参与，还有就是两个学校合校，总希望'教育部'可以给个嫁妆，所以'教育部'要很明确地说合校有什么好处；其次，就是要尊重老师的选择权，因为整个校务会议要投票通过，通常都是老师投票，若没有侵害老师权益，或对他有影响，他通常也不会反对，所以才有落日条款啊！或是他可以自由选择要去的地方。"（IN20131231T1）T1 行政主管还进一步指出："两校原本文化可能不同，开会思考重点会有些不同，也会有一些冲突啦！但这没什么，因为一个大学本来就会有异议，所以还好，若没有合校，也还是会有这些问题，后来互相了解就好了，反正这些就是时间因素。"（IN20131231T1）T1 行政主管认为，未整并前先由少数人组成合校小组，讨论核心问题达成共识，再者要尊重老师选择权，若对他无影响，他通常也不会反对，而教育决策机关也应说明合校好处，给予利多支持，这样比较容易成功。另外，整并后

---

① 《东华大学与花莲教育大学合并计划书（修订版）》[EB/OL]。

两边人员原本文化即不同，有冲突与摩擦在所难免，就让时间来解决。

T2 行政主管指出："两个学校合并，总有一方比较强，一方比较弱，比较强的一方言谈就必须比较节制，有些老师讲话很难听，话总会传到对方耳朵里，会造成破坏和谐气氛；譬如说东华大学就明显在人员、土地方面比教育大学大，而且又自认为是研究型大学，那教育大学就是一般培养师资的，有的系刚开始还说他要进入我的系可以，我要先审查看他合不合格，就搞得对方不高兴，类似这样，事实上有些教授觉得自己很大，也没办法控制他要说什么，只是说尽量能够克制才不会影响整并。"（IN20131230T2）显然，整并后双方在谈论议题上，应朝对等方向去谈，尤其在讲话上更应懂得尽量克制，避免破坏和谐气氛，以致影响到整并后的后续发展。

T3 老师在受访时指出："真的要合校也不容易，因为要克服老师各式的想法，像两个技术学院并起来，当然很容易，因为都是升等啊！一个大一个小并就会变得比较难，国北师、新竹教育大学都是一样的问题，以小并大，小的心理都会有比较多的问题，依大学法规定'教育部'可以强迫整并，但'教育部'还是没这样做，就是考虑这个问题。"（IN20131230T3）T3 老师认为，两个都是小的学校较容易整并，但一大一小要整并就变得比较难，因为小校心理上会比较多问题，不过主要还是要克服老师的各式想法。

T4 老师也指出："其实整并后最大的阻力大部分都是老师，因为学生他都是'国立'大学比较没什么差，而且合并起来新的校名会比旧的好，那老师就比较会担心自己，本来这所学校升等容易啊！那合并后升等就难了。就像市立台北教育大学为什么一直整并不进台湾大学，因为市立台北教大的老师都很害怕，台大的要求会比较高，没办法升等啊！六人条款，然后一下就被踢出去了，老师会担心这个，所以主要是要克服老师的心理障碍。"（IN20131231T4）T4 老师认为，教师是整并的最大阻力，因为整并后他必须面对新学校的各项规定，如升等上若无法达到其要求，恐将难以生存，因此如何克服教师心理障碍是相当重要的事情。

T6、T7 行政人员则提道："少子化影响的范围，除了学校之外，老师、行政人员也会慢慢减少，我们主任说他现在都去县政府开小学整并的会议，就是要开始裁校了，那老师、校长怎么办呢？所以这势必是一个趋向，那经费也不足，要维持人力、行政运作都会造成问题，整并前后都有阵痛期，长远来说还是要一所比较综合发展性的大学。"（IN20131231T6，T7）。T6、T7行政人员表示，少子化现象所带来的影响层面甚广，所以整并是必然的趋势，从长远角度来看还是要发展成一所综合性大学，因此各校应有随时面对整并的心理准备。

综上所述，受访者对未来大学整并启示，主要还是围绕在人员部分，亦即人员是整并成败的关键因素，这与前述文献探讨内容相符。如未整并前只要由少数人组成整并小组，较容易达成共识；教育决策机关应清楚说明如何补助整并学校；尊重教师的选择权及解决小校老师的心理障碍；整并后人员间的冲突，让时间来解决；两校整并双方应克制言谈，才不致影响整并；少子化现象所带来的整并问题，是必然的趋势，应随时有面对整并的心理准备。

二　广州大学整并后困境与省思

（一）广州大学整并后面临问题及解决之道

整并工作是项大工程，不仅可以带来好处，亦有可能带来一些问题，而整并后所产生之问题，就如同K1行政主管在受访时所提到的："这个难题永远都是没有止境的，旧的问题解决了，新的问题又来了。学校10多年来，一直在调整，有些老师也抱怨，政策朝令夕改啊！不稳定啊！突然间搞三年，三年之后又变另一个，这种又需要做很多工作，每次我都跟大家强调，学校在发展，很多问题在不断地出现，既然是快速发展，问题也是在快速产生，如果我们发现不适应学校的发展也不改，等三年再改，那就来不及了，这个机遇就错过了，所以我们一发现问题，不适应马上就改，今年执行的，一看不行明年就改，请大家理解。"（IN20140106K1）换句话说，学校整并后规模扩大了，为了促进发展，必然采取一些措施或作为，而在这整个历程当中旧问题刚解决，新问题又接连地再发生，学校就是在这样的律动中进展。

1. 在管理问题上

高校整并后首先面对的是各项管理问题，因为其系学校是否能够正常运作的关键因素。该校整并后，由于办学绩效不错，学生规模不断地扩大，演变成大学城校区不敷使用，致使一部分大一新生必须到桂花岗校区上课的情形发生，除了加深学校管理工作困难、资源无法共享外，更难以保证培养质量的好坏，诸如此类的管理问题，都是整并后不断衍生的问题。

（1）人事管理问题

由于高校整并后，亟待解决处理者即是如何安定人事问题。该校在整并初，采取了因应的做法："合并以后这么一大群人，怎么来分配、消化？当时广州市的思路主要还得靠自我消化，所以就考虑到几个方案。第一个过渡期，大概半年到一年，所有都按学科来分，你是哪个学科的统一就属于新设的学院，管理干部也是，4个教务处并成1个，先合署办公，合起来几十号人，除了调走的、退休的，还是有一大群人，先包容下来、稳定下来，再由每个组织人事部门统筹，制定若干安排措施，比如说能转为搞业务的，尽可能利用这个机会回到你原来的专业学科或学院去，因为有很多都有职称或有专业背景的，那么就减少了一部分；另外，我们跟广州人事局沟通过有个政策，就是允许提前退休，所以大概50多岁这些干部或老师，如果不是因为工作特别需要，就开个口子让他们提早退休。其次办法，就是每个学校都有所谓产业部门，很多校办公司、设计院啦！形成很多干部能够向后勤产业部门分流，剩下来的实际上大概2/3左右，学校再采取从人事制度来改革，原来4个学校都有一名正职的负责干部，就从中间去定一位临时召集人，将人员召集起来，就这样过渡了半年，才开始采取竞争上岗方法。"（IN20140106K1，K2）换言之，该校整并初期，将各校人员不论是行政或学术人员全部纳编，主要先将人员安顿下来，然后透过转回原来专业、提前退休或转向后勤产业部门等措施来分流与消化人员，解决人事管理问题。

虽然是运用这样的分配方式，来解决整并初的人事状况，不过在招募人员过程中仍然产生一些问题，K3老师在受访时即提出其看法："由于学校规模变大了，没办法给你更多的支持，所以学校是以学院这个层次作为最主要的管理层次，那在每个学院都有不同的差异，有的学院发展得很快，有些学院就慢一些，但发展过程中我们也有一些做法，有一些成功或不太成功的，比如说有一些学院在院长换届时，每次都是向世界招聘，那很多外地的就会进来，但因为他跟学校没有感情，他也是到处走来走去，哪个位子好、条件好，不好就走，所以会有一些短期效应；另一类是当院长之后，为了很快做出政绩，会有一些比较冒进的学术政策，不太适合，在这种外聘过程中就会有这两种不太好的现象，但这不仅仅是广州大学的状况，很多向外招聘的学校都会遇到。"（IN20131222K3）承上，"学校为了发展，向世界各地招募人才，不过因为所招募之人才与学校没有感情，所以较无法融入学校体系，而为了很快做出政绩，也会有一些比较冒进的学术政策，这些都是整并后所面临的问题。"（RT20140415 研）

另外，K6 行政人员从收入分配机制谈人事管理问题，他指出："我们从 2002 年制订的收入分配方案一直实施到 2012 年 10 月，这个由学校施行的统一收入分配机制，方便学校统一调配资源、考评人员，确实发挥了很大的功效；但是现在学校大了，若再集中使用权力，将不利调动各个学院的积极性。所以学校进行了统一的做法，还有学院进行二级分配机制，学校核定编制人员给各个学院、机构，由各个单位自己选任，然后递交到人事处，符合就认，不好的话人事处可以否定，因为权力必须符合学校的利益，所以在用人制度上我们给他很充分的权力，给他择优选优。"（IN20140107K6）诚然，该校透过统一分配机制来管理资源及人员，确实发挥了一定的成效，不过随着学校规模扩大，该校进行了学院二级分配机制，由学院自行选任人选，再递交人事处，有效地调动各学院的积极性。K6 行政人员在访谈结束前，还进一步提到了一个必须立即解决的问题："近 10 年来，由于过度控制行政人员进入，我已经和领导紧急呼吁，必须要放开限制，补充行政人员，不然这些老的退了，新的衔接不上，要有一个行政人员更新换代的情形。"（IN20140107K6）换言之，目前由于整并初所控管的人力已消化差不多了，因此必须再进用年轻的行政人员，否则将造成工作衔接断层。

（2）财务管理问题

依《广州大学章程》第 66 条规定，学校经费的来源主要包括举办者财政拨款、事业收入、附属单位上缴收入和其他收入；学校积极拓展办学经费来源渠道，筹措事业发展资金，鼓励和支持校内各单位面向社会筹措教学、科研经费和各类奖助学基金；学校可以建立教育基金会，发挥其在吸引社会捐赠、募集资金等方面的积极作用，增加办学资源。[1] 由上可知，该校经费来源系由上级拨款、学校办学经费及自社会

---

[1] 《广州大学年鉴 2009》［Z］。

募集而来，而自整并后，市政府对该校的经费补助确实比整并前的 4 校还多，不过在财务管理上却也发生了问题，K2 行政主管指出："由于每个学校原来都有自己一个独立的财政，按照计划，哪个专案多少钱，教授、副教授每月多少钱，工资由国家人事局统筹的，这个是谁都不敢动的；但大陆这边还鼓励每个学校留自己的开发能力、研发能力，经营什么服务来自己所谓创收，那么这个创收的钱，后来改革统一纳入到财务处来统管，也算是纳入到经费里，不准各个单位自己来搞，但它怎么用、怎么分配？自由度就比较大了，实际上每个老师有两张卡，一张卡是每个月由财政拨给你学校等级的钱，另外一张卡则是学校自创收分配的钱，那很多学校为鼓励老师多上课、多接任务，往往就把课时费，或与这些业务有关的奖励就由这个账来给钱。那么合并以后，原来财政状况比较好的学校，心底就会很不高兴了，因为这背后还有一个叫利益格局，你改革肯定要调整这个格局，因为这个格局大家相差比较大，像原来华建西搞建筑搞什么比较有钱，但你说像其他搞教育的，没这个机会，所以造成大家之间很大的隔阂或者说利益的争夺，所以这是一个很大问题，后来学校提出要统一财务，就是强行地将各个学校的创收做统一分配，当然也做了很多工作了，但像华建西这个问题是没有办法彻底解决的，那因为他们在社会上有兼职，这个网络他早就建立起来了，所以很多老师也不在乎通过学校分配来获得多少钱，相反地比较计较的反而是处于中间状态的那些人。"（IN20140106K2）鉴于此，该校整并后在财务管理上，主要面临的问题是由于原各校创收的财务各不相同，如华建西因从事建筑及土木等类科创收费用就多，而其他从事教育类别的学校创收费用相对就少，因此整并后在财务分配上差别就大了，该校为解决这问题就将创收经费作统一分配，这对其他学校来说是好的，但对华建西而言，却是不公平的，不过因为华建西在校外所获得的经费比起校内来说还多，因此也就不计较这些事了。

（3）课程管理问题

该校整并后，按照教育部提出的《面向 21 世纪教学内容和课程体系改革计划》，及社会主义市场经济对各专业知识、素质、能力的要求，积极推进课程制度改革，于 2003 年制定了《广州大学关于制订课程教学大纲的指导意见》，要求各专业人才培育方案中所列课程，均须符合课程教学大纲规定,2004 年再制定《关于加强精品课程建设的实施意见》,进一步推进该校精品课程建设工作①,透过这些方式,促进了该校的课程管理。而在课程管理问题上,K2 行政主管在受访时指出:"还有一个比较严峻的问题,合并以后马上安排怎么上课,因为那是个火烧眉毛的,这个绝对不能有混乱或耽搁的,学生等着要上课入学,你说我还没调整好,马上天下大乱了。由于几个学校合并,实际上层次也不一样,广师和华建西是本科层次的,原广大和师专是专科层次的,它们从教育理论、管理制度差异都很大,那合并以后,怎么从事教学,怎么规范管理,结果矛盾就很大,按照本科比较严格的管理制度来说,很多原来习惯很松散管理制度的那些老师,因为这些具体的操作要落实到学院或系里面去,这种就是基层矛盾,那系主任就天天面对这样的事了,尤其是转科教学制度的安排这个非常严峻,所以对于这个管理制度后来提出一个统一的制度问题,搞了一年多最后才大体上重新修订出一套新的制度,这是很不容易的事情。"(IN20140106K2)换言之,在课程教学上,整并后的各校由于原本办学层次即有差别,故在教育理论与管理制度上各不相同,因此初期如何整合落实管理这些课程,是相当严峻的问题,俟后来重新修订了一套新的管理制度后,才解决这项问题。

(4)人员态度问题

高校整并后,往往会出现三种情况:一是发挥了高水平文化的带动作用;二是拂逆了高水平文化的带动作用;三是不同文化在"打架",这会大大增加高校整并的成本②,而会出现这些状况,除了是出于一种历史情结外,另外所隐含的就是人的因素,尤以人员态度问题反而是高校整并成败的重要成因。该校整并后,在人员态度问题上,从取得的文件资料中可了解:"整并初人员间还是有些隔阂,但到了 2006 年 12 月接受了教育部本科教学工作水平评估,评估使大家的心真正地凝聚在一起了,不分彼此;除此之外,还有一个重要的原因是,从 2004 年开始学校大举地向海内外招聘人才,引进人才,使老师们进行更新换代,这使得教师队伍的构成发生了很大变化,大家就逐渐淡化了过去所谓的校区隔阂等问题,真正

---

① 《本科教学工作水平评估自评报告》[Z]。
② 黄成凤:《对高校合并的几点思考》,《江苏高教》2003(2)。

认同广州大学，尤其评估前搬到大学城来，原来分散在各个校区上班，平常很难碰在一起，现在都在一起了，对这个融合就促进了。"（DO20140107）换言之，该校在整并初，由于大家都来自不同学校，人员间还是存在一些隔阂，因此产生了一些适应上的问题，自然有些许的校区情节，但这些人员向心力问题，很快地在 2004 年该校大举向海内外招聘人才，及 2006 年接受本科教学工作水平评估两件大事下，被彻底地融合了，因此现已是一个实质整并的学校。

2. 在硬体建设问题上

该校整并初，由于是分散办学，因此硬体设备亦以原各校为单位进行部分修建，2003 年市政府斥资建设，打造一具国际化、生态化及资讯化的广州大学新校园，该校于 2005 年整体搬迁入大学城办学，新校园软、硬体功能齐全、设施先进，足供师生使用。然在硬体建设方面也产生了问题，K2 行政主管在受访时即指出："整并初，像学生宿舍这个部分，觉得不够，就由学校出面租，在校区的周围看有哪些能够让我们租的一些单位、学校，现成已经有的，我们再改造，投入也是相当大的，比如说在我们原广大，后来也把登峰大酒店，也是当地农民办的一个大酒店，就把它以一个友好的价租下来，反正就用各种办法来解决。"（IN20140106K2）由于整并前各校校地均狭小，无法容纳所有整并后的人员及设备，故必须由学校出面租赁房屋，以因应学生住宿之用，这也是整并初期发生的状况。

那目前由于学校扩展太快，致使学生人数不断攀升，K2 行政主管进一步指出："当时教育部批给学校的定位还不是很高，没有说积极发展，只是说要适度地发展，而且还提到要发展本科、专科、成人教育，但没想到把教育搞到这个规模，所以这个大学城还是 2000 亩还不到嘛！因为按生均 0.1 亩地是大陆的标准，那如果说定位是两万人规模，我给你 2000 亩就到顶了，这是我们目前感到有点遗憾的，面积小了一些，当时的定位确实也没错，但现在要发展研究生教育的话，这就成问题了，我们现在连研究生院的大楼都没有。"（IN20140106K2）而受访者 K3 老师在受访当中也提到相同的问题："现在我们碰到一个问题，就是扩招后大学城已经饱和不能容纳，也没有再建新宿舍，因此我们在桂花岗校区重新规划装修，想把一些学院移入，因为那里没有全日制学生，都是进修的，还有一些闲置宿舍,但没人愿意。现在的做法是让一些文科一年级的学生先进去,好几个学院都有,大家都公平,到二年级时再进大学城,用这样的方式解决。"(IN20131222K3)而 K4 老师则直截了当地指出:"现在就是一个住宿条件不满足问题。"(IN20140106K4)承上,因为该校生员不断地扩张,造成大学城校区空间不足,硬体建设不敷使用,无法容纳更多人员,这是摆在眼前有关硬体建设方面所遇到的问题,亦是该校未来发展所亟须解决的事情。

3. 在人才问题上

人才是高校办学的关键资源,该校整并后,为建设一支高素质的人才队伍,初期制定了《广州大学 2004—2006 年师资队伍建设规划》及《广州大学引进优秀人才实施办法》,近期则制定了"十一五"和"十二五"等师资队伍建设规划,目的是要完善人才引进、培养、奖励、特岗设置等制度,以确保学校实现跨越式发展①,并且能够承担为广州地区经济社会发展服务的重点课题。就人才问题部分,K1 行政主管在受访时指出:"学校整并后,不断在引进人才,在提升自己的人才,我们从别的学校把人挖过来,我们自己的人又要走,怎么来稳定这个呢? 2000 年并校时,教授总共才六七十个,博士也才四五十个,在 2002 年时,我们一下走了14 个博士教授,因为刚并校,学校本身层次低,原来主要是广师的老师层次较高,一并校后看到的是这么一个水准低的学校,因为像老广大和教育学院都是专科学院,完全没有科研的这种学校,它天天就是教书教学,所以你做科研,不计工作年,大家就去挣课上,上一节课他的教酬很高,一个教授一节课六七十块钱,他一天上六七节课就有几百块钱,除了工资外,他就拿这个,他的收入很高的,科研你怎么写也拿不到那么多,所以谁都不愿意做科研,加上平台太低了,没有发展前途,那么一批有能力的教授就要走了。为了留住这批人,我当时是担任科研处长就跟学校提出,大学不搞科研就不是大学了,所以我说科研必须要上工作量,当时管分配的副校长说没有钱,他留了 150 万元,我说那你把那钱留给我,科研实行这个你不要在校内要到校外找,要出去争取,你争取到了学校给你配套,我把 150 万元的科研立项经费,砍了一半只立 75 万元,另外 75 万元我就

---

① 《我们这十年》[N]。

拿来配套，你拿到一个国家项目，我就给你算 1.2 个满教学工作量，因为我们周时教学工作量是一周上 8 节课，拿到一个省级项目，算 0.8 个满工作量，就是说你只要有科研专案，就可以安下心来做科研，你的酬金没问题，采取这种鼓励方式。其次，在这个基础上，为了稳定这些教授我们搞了一个叫特岗教授，除了你的工作以外，特岗当时是分两级教授，评上这个一级教授，除了正常收入外，满工作量后，每月额外给你加 5000 元津贴，二级教授加 3000 元，这样抚平了 100 人，这 100 人稳定了，广州大学就稳定了，这 100 人就是能够拿得出东西来的教授，叫他们考虑不要走，你就在这里，把这里做好，我们一直坚持到现在。"（IN20140106K1）由于该校整并初期办学层次较低，主要以教学为主，因此留不住一些好的科研人才，K1 行政主管为留住人才，透过科研与教学的奖励措施，鼓励教师能够在校外争取到科研项目，就给予等量的教学时数，使教师能够安心做科研，另一项措施则是经评选为一级、第二级特岗教授者给予额外津贴。

再一个问题，则是高层次师资队伍建设力度仍然不足，K4 老师对这个问题认为："我觉得是怎样调动教师的积极性？因为合并时基础很差，稍有成绩大家都觉得我们上了一个台阶了，而且以前有个目标，大家都会集中力量去达到这个目标，如习总书记有个'中国梦'，什么国家强盛、民族富强、人民幸福。但现在在台阶很难上了，要上重点学科、重点实验室很难了，也有可能是一个能够凝聚全校人心的目标不太明确。"（IN20140106K4）K4 老师对人才问题的看法，认为学校发展到一定阶段后，会出现发展瓶颈问题，主要是缺乏一个大的目标，一个能够凝聚人心、调动教师积极性的目标，因此如何提升人才的素质或其动力，是该校往后必须努力的方向。

4. 在重点学科突出问题上

学校整并后必须构建合理的学科专业体系，才是长远发展的基础。该校整并后，锐意改革，不断进取，因此取得了实质整并，而学院的组建，促使不同学科相互渗透，形成了一些有发展潜力的新兴交叉学科、边缘学科和社会急需的学科。① 但在重点学科突出部分，K6 行政人员在受访时

---

① 课题组：《对广州大学 2003—2006 年学科建设的若干思考》，《广州大学学报》（社会科学版）2003（2）。

却提到："如今广州大学的发展进入了一个'高原期'，合并前基础差，学校整个氛围可以不断地发展，但到了一定的台阶，要往上就比较困难，现在拿国家课题争取外来经费还可以，但争取到一定程度还是有限的，只有不断进入新人才才能达到，就发表文章也是有限的；所以目前广州大学的战略是'服务社会'，往社会实际需要去发展，服务广州的岭南文化、历史，结合广州农村治理等，不要搞纯学术，所以本科生的课程计划也要按这个来调。"（IN20140107K6）承上，该校在发展上由于进行了实质性整并，故减少了磨合时间，加上领导层级策略正确，所以能在短时间内将学科优势显现，但学科优势发展到一定水准后，却出现了瓶颈，无法再进一步突破，因此该校目前采取的战略除了引进新人才外，就是服务社会，不要只搞纯学术，往社会实际需要面去发展。

（二）广州大学整并后对未来大学整并启示

该校整并以来，历经十多年光景，根据区域经济和社会发展需要与现代大学发展趋势，在科学发展观指导下，确立了"教学立校、科研兴校、人才强校、服务荣校"的办学理念和"建设教学研究型大学"的中长期目标[①]，并采取了一系列改革发展的有效措施，在全校教职员工共同努力下，不仅实现了从整并到逐步融合跨越，而且学校教学、科研、学科建设、人才培养、合作交流、基础建设、校园文化建设等各方面均得到了开拓性发展，取得了显著成绩。因此，从实际访谈过程中，得到相当多启示，足供后续整并学校参考，兹将各整并的启示汇整如下：

K1 行政主管提道："学校合并在大陆是搞了很多，但是多数学校的矛盾至今还是很多，也都不一样，解决得并不好，我觉得广州大学能够快速地发展，完全是得益于并校带来了机遇，那么并校这中间它从经验上来讲，首先抓住了按机构、按学科来分，一开始不考虑原有情节，管理是按各个部门，就是人、财、物都是按学科，你学科划在哪，现有的一切设备平台你就带到哪，就不存在大家争，你也要我也要。这使得后面的磨合期大大减少，干部也采取统一竞争上岗，你能够上那你自己去讲，你没有上，那你自己也认，你说你有再高的能力，得不到大家的认可，自己心里有数。其次，就是学科建设，并了以后一定要做强、做大，那才有意思，

①　禹奇才主编：《广大胸怀造就新的广大》，广东高等教育出版社 2009 年版。

如果你连原来都不如那就没有意思，所以往往那种都比较强的学校整并谁也不服谁的，外壳合了，内部没有合，到最后还是各自为政，就比较麻烦了，当然我们都比较弱，就减少了这种麻烦。最后，一定要把关键点做好，作为高校来说就是教务处、科研处、人事处、财务处等几个部门，那你一定要得力，你才能推行得了，出一个政策一定要给大家讲清楚，大家有什么好处，让大家接受这个观点，不接受很难推行，我觉得广州大学在申博及本科水平评估那两件事上，我们做了思想政治工作，只要大家思想通了，那么多矛盾、牢骚变成最后大家都齐心合力来做这个，这就很不简单，这就是体现了思想政治工作的威力啊！"（IN20140106K1）承上，K1行政主管认为该校整并后能够快速发展，完全是因为它在人员、组织编制上按机构、按学科来分，使得后面的磨合期大大减少，干部也采取统一竞争上岗；在学科建设上要做大、做强，那才有意思；最后，在几个关键部门上着力，政策才能推行得了，并做好思想政治工作，让大家齐心合力为学校努力。

K2行政主管提道："提到融合问题，整并初其实有很多学科专业都是重复设置的，在这种情况下，如果维持原来基本不动，那学科资源肯定就浪费了，而且也不利于把这个优势资源包括人啊、实验室啊！搞一个新的组合能够尽快提高他们学科建设的水准。新校长来之后提出学科归队，那么这个归队在这里面牵涉到核心的就是谁来当头、学科定位定什么位元、定到什么层次的位元、谁来当首席教授、他的团队由谁来主导团队等问题，所以对学科专业问题调整比较难，像当时我们的美术学院，搞什么工艺，搞成两摊，就是因为摆不平，因此对学科专业要采取比较稳妥的方法，稍微缓一些慢慢调；而实际上从人员架构、从制度层面来看是比较坚决的，很快就实现统一了，因为原来都有一批比较有经验的管理干部，如果你不统一的话，马上出现混乱。总结来说，在这里面我还是那句话，应该根据实际情况，能快就快，该慢就慢，尤其在学科专业牵涉到人的问题啊！权威啊！更要慎重。"（IN20140106K2）K2行政主管认为高校在行政架构和干部的安排上较能够快速地推进实质性整并，但在学科整并部分，则应该更为慎重，稍微缓一缓，慢慢地调，这样对全局的影响可能会少一些。

K4老师提道："虽然广州大学在政策指导下当时是弱弱合并的组合，

但合并后紧紧抓住了实质性合并，包括人员重新竞聘、学科专业重新整合、收入分配统一，所以发挥了最大的效益，如果是强强合并像四川联合大学、金陵大学这样的航母型大学，由于磨合时间太长，效益并不大。广州大学通过大约一年的过渡调整后迅速发展，成为同类院校中一个成功的例子。"（IN20140106K4）K4老师认为，该校虽是弱弱整并，但抓住了人员、学科及资源等方面的实质性整并，所以发挥了很大的效益，成为同类院校中的成功例子，因此未来将从事整并的学校，也应朝此方向迈进。

K5老师指出："整并最关键还是人的因素，这当中分成几个层次，学校最高层领导者，中层领导者又细分成机关行政部门领导者、学科学院的领导者、教职员工队伍及学生队伍，这些人的心理状况都会有不同的变化，例如教师部分重视研究与教学方面，职员部分则重视服务问题，而在他们当中又需从是否要转为教学或在行政工作选择一项；其次，是环境因素，校区文化如何打破壁垒，打破各个校区情节，建立一个统一的广州大学真正核心。"（IN20131222K5）承上，整并后最关键因素还是人的因素，其次则是环境因素，人的部分必须了解其心理状况，环境因素则要打破校区情节，统合为一。

K6行政人员提道："我觉得整并可以分成几类，例如，强强联合、差异性整并或弱弱合并，不管哪种类型，都是可行的，前提是如何定位发展方向，不能因为合并而合并，把机构做大，要采行切实措施，实质的合并，才是保证愿景和实现的基础。不能说哪种模式最好，每个模式都有每个模式的优缺点，采取了合适的模式，在那个模式基础上，都有更好的发展，这就是目的。"（IN20140107K6）诚然，整并虽分成几类，但前提是要抓住发展方向，选择合适模式，采行实质性整并，才能确保整并的成功。

综上所述，整并工作是项漫长路程，无法在短时间内即看出成效，唯若能从他人的整并经验中得到一些启示，亦不失为一种方式。该校从人员、学科、资源、整并方式等方面着手进行实质性整并，因此解决了不少问题，亦加速了学校发展。

第四章 结论建议篇

本书旨在以比较教育研究法，探讨两岸大学整并，并以台湾东华大学及大陆广州大学为主要研究对象，再从中了解两岸在大学整并上之异同。本章根据前面章节的实证研究篇，归结出异同点作成结论与建议，以期能作为台湾在大学整并上之参考。

第一节 结论

一 两岸大学整并政策问题方面

（一）两岸大学整并政策问题缘起，均与经济、政治及社会因素有关

任何组织政策问题的缘起大都与环境因素脱离不了关系，两岸在大学整并政策问题上亦是如此。根据研究资料显示：虽然两岸政治体制不同，不过大都在20世纪80年代开始逐步对高等教育采取开放政策，以促进社会阶层流动，唯也间接促使高等教育数量在短时间内迅速扩充，更让政府财政陷入困境，而大多数成立的高等教育机构普遍规模不大，缺乏竞争力，致无法面对市场竞争压力，加以学校学习及生活空间过小，不利科研和教学，更无法快速地回应社会需求。因此，两岸大学均在90年代左右着手进行大学整并政策之推动。另在个别成因上，台湾高等教育面临了出生率下降、大学入学门槛降低、市场竞争白热化等因素；大陆高等教育主要则是为解决50年代计划经济体制下，所形成的高等教育办学体制等问题。

（二）台湾大学整并政策发展主要依据"大学法"；大陆则以《高等教育法》为依据

经过立法程序所制定的教育法令，是建立与推动教育制度的重要凭据。根据研究资料显示：两岸在大学整并政策问题法制面上，均有法令依据，台湾主要依据"大学法"第 7 条，大陆则依据《高等教育法》第 7 条、第 11 条、第 12 条，唯差别在于台湾于法令中有明定大学应如何进行整并，大陆则仅原则性规范，然其计划或方案的实施反而比法令更有效率，而在初期整并文件上也发现，大陆较台湾在整并议题上更有主导力量，另在整并法令推动现况上，大陆已完成多数高校整并且已趋于和缓，台湾则正在如火如荼地推动当中。

（三）两岸大学整并政策问题动力，主要由上而下，由外到内来进行

大学作为研究高深学问、实施高等教育的社会组织，与一般行政组织有着不同的特性，如管理的松散性、各自的独立性，及组织的复杂性等，基于这样的组织特性，大学应按自身特色发展，并无寻求整并之需要，若非靠由上而下、由外而内的推动，实难以完成整并。根据研究资料显示：两岸大学整并政策问题动力，主要还是受到外在环境变迁和政府推动的影响，一个由外一个由上来推动，而东华大学与广州大学两校在外在环境变迁上，虽各有不同的主、客观因素，但都同时受到政府政策影响，而广州大学的整并相对于东华大学几乎是由政府所主导推动的；另两校在本身需求上，共同的问题都因学生数过少，不过广州大学相较于东华大学较能感受本身的劣势而积极配合政府整并工作；本书也发现两校在整并上，广州大学内部并没有受到较大抵触或无谓损耗，然东华大学则因校名问题受到极大阻力。

（四）两岸大学整并政策推动过程与做法各不相同，致影响整并时程长短

任何政策在推动过程中由于牵涉面甚广，极有可能影响到众人权益，致使人们对政策产生疑虑进而衍生阻力，故会历经一段时日的折冲过程，方能成事。根据研究资料显示：两岸在大学整并政策推动过程上，政府的推动是主要力量，广州大学由于中央、地方和学校本身三方面均有整并共识，故在推动上较为顺遂，东华大学则因缺乏法源依据，加上学校师生抗拒整并，故让推动过程延宕许久。而在实际推动做法上，东华大学可分成整并初探期、整并推进期、整并停滞期、政府支持期及整并整备期等五个时期，政府在推动上所采用的做法系以鼓励替代强制方式，让两校自行召开校务会议决定；广州大学则分成地方政府酝酿期、地方政府推进期及正

式筹备期等三个时期，政府从调查研究、反复论证、征求各方意见、召集各种形式座谈会、向中央请示等步骤，完成整并。

二 两岸大学整并后人员角色知觉方面

（一）两岸大学整并后，在人力资源配置上，均纳编整并各校所属成员，初步达成整并最适经营规模效益

人力资源是学校最重要资产之一，亦是学校未来发展不可或缺的核心能量，两岸大学在人力资源配置上，均纳编了整并各校教职员工及学生，初步达到整并最适经营规模效益。根据研究资料显示：东华大学在教师、职员工、学生人数上均有增加，其中职员工人数因校务基金聘请专案助理及约聘人员等纳入统计，故增加近 1 倍，而在教师学历中具博士学历者占专任教师 92%，也因整并使得师资阵容更加强大，生师比也由 20：1 变为 19：1；广州大学在教职员工、学生数上均大幅增加，其中职员工人数与整并初相比略有下降，反而专任教师却稳定成长，显示该校对此有进行深化改革，但在教师学历中具硕士学历者仅占专任教师 77%，虽优于整并前，唯仍有提升的空间与必要，生师比率亦同，也由 15.84：1 变为 18.09：1。不过，就学生员额数而言，东华大学虽已达整并最适经营规模，不过将随台湾少子化现象的演进而不断枯竭，这也迫使台湾大学院校必须加快整并步伐，以节省有限资源，提高大学竞争力；反观，广州大学则没有生源不足问题，反而因为整并后学校办学绩效优良，而招收更多、更优质的学生。

（二）两岸大学整并后，校长均由中央遴派，其领导理念与风格，直接影响整个组织运作

在团体情境中领导干部之领导理念与风格，将直接影响整个组织的运作，也是引领组织成员向上的力量之一。根据研究资料显示：东华大学在首任校长选派上，系由"教育部"组织遴选委员会直接选聘，而其他初任干部如副校长、行政主管、学院院长、系主任及所长的选任，则由新任校长聘任之，目前行政干部选派仍由校长决定，学术干部则由遴选委员会透过民主机制产生之；广州大学在首任书记及校长选派上，系由上级直接派任，而这些人选与整并各校均无任何渊源关系，其余初任干部，由学校予以任命，目前行政及学术主管遴选上，则采竞聘上岗方式进行。不过，

两岸大学在领导干部重组与职位调动上，仍有些不恰当及欠公平之处，如东华大学选派原东华大学校长为新任校长、选任多数原东华大学人员担任领导干部，除易导致成员心态的不满与隔阂外，并将影响组织气氛和领导作为；另广州大学行政及学术主管遴选采取竞聘上岗方式却不公布投票结果，而是由校领导做最后决定，此举有违选举精神。因此，遴选方式的不透明容易牵动人员浮动的心，使得彼此间产生冲突和对立，由此更可凸显整并后领导干部选任的重要性。

（三）两岸大学整并后，在人员管理流程上，均制定相关规定或处理原则，并以稳定人心为首要

从人力资本概念中可知，在人员身上的投资，将从人员的"未来所得"中得到回报。根据研究资料显示：两岸在人员配置原则上、教职员工进用上、人员培训上、引进高层次人才上，均制定相关规定或处理原则，以满足成员内、外在需求，并抚平及安定其情绪；然在人员配置原则上，东华大学较尊重成员个人之意愿，广州大学则强调整体规划；在引进高层次人才上，广州大学有特别考虑为人才家属安排工作问题。再从人员心理感受情形来看，在领导者促进成员融合上，大多透过会议来进行，另东华大学是经由不断交流而渐渐融合，广州大学则以鼓励教师继续进修、决策时尽量顾虑平衡各校区人员心理感受等方式处理；在领导者提升同仁工作动机与士气上，两岸均透过一些活动和财务奖励来提升；在对新学校的认同或归属上，两岸均是逐步地加强，但广州大学通过向海内外招聘人才、搬迁广州大学城、接受本科教学工作水平评估等活动后，才真正产生认同与归属；对新学校薪酬、升迁及其他福利制度的满意情形上，东华大学认为整并后基本上差异不大，广州大学初期并不太满意，但现在已习惯没太大意见；在对新事务的参与上，两岸都认为参与程度的高低与整并无关；在新环境中成员间的相处情形上，两岸初期有一些矛盾或纷争产生，但与整并无关，东华大学学生在相处上仍不是很融洽，广州大学则已没有隔阂存在了。由此可见，找寻适当方式来稳定人心是大学整并后所需用心思考的问题。

（四）台湾东华大学在人员权益保障上，仍未符合多数成员需求；大陆广州大学则较着重学生权益保障

由于新组建学校成员均来自不同学校，因此其依法应享有之各项权益

自应受到保障，才不致违背政府与学校成员间的契约关系。根据研究资料显示：两岸在人员权益保障做法上，均先成立一委员会，除为保证整并工作能顺利进行外，更重要的是保障人员及资源的合理分配；在教职员工、学生权益保障上，皆有相关法令适用，并可组织工会或代表大会，及学生会，来维护自身权益，并对学生权益尤为重视。而对人员权益保障感受上，东华大学提出休假不合理、系所整并、电量使用、学术研究发展、行政人员权益及学生权益保障等问题，其中认为系所整合问题受整并之影响牵连较大，也关系到许多师生之权益；广州大学则对学生权益问题着墨较多，其中认为更换毕业证书和学历提升受整并影响较大。由此可见，两岸对于学生权益保障都相当关注，亦为未来发展趋势，不过大陆地区似应将对学生权益的保障更落实在文件上才符合法制。

三　两岸大学整并后资源配置方面

（一）两岸大学整并后，在组织结构重组上均朝单一校区办学，以有效统合各项资源

组织结构重组是大学整并必然过程，学校整并前所形成的策略目的，将引导整并后组织的设计与管理，成为一个新组织体，带领学校朝向未来目标前进。根据研究资料显示：两岸初期都先以分散校区办学，然后再朝单一校区实质整并发展，并订定相关搬迁计划，其余校区则另作他用，如此除可减少组织文化间所带来的冲击与隔阂外，更方便统合各项资源；在行政组织整并感受上，受访者对此没有太大意见，做法是先整并各校原有行政单位，再依新学校业务分工及功能上需求来做分派。而在其他组织结构重组上，在馆舍配置感受上，东华大学没太大意见，广州大学则认为不敷使用；在图书资源整合上则均有增加，东华大学增加达200万册，广州大学增加达260万册；在经费配置与运作实际感受上，整并初期均有明显提升，东华大学认为目前整体经费不像以前那么好，系因聘用过多人员所致，广州大学则认为整并后在经费上都统筹了，彼此间的差别就不大了。

（二）两岸大学整并后，在学科配置上均纳编整并各校原有系所，朝综合性发展，且随现实需要而调整

学科整并目的是要消除重复设置、促进交叉融合、突出特色学科，让学科由单科性往多科性或综合性发展。根据研究资料显示：两岸在学科配

置上，为减少反弹、安定人心，均纳编各校原有学科，并依现实状况不断地在做调整与更新，东华大学先由两校系所先各自整并后，再进行统一整并，广州大学则将各校所有系所全部放进去整并；在学科整并感受上，东华大学感受特别深，主要围绕在系所整并间问题，还曾发生抗议事件，广州大学可能由于整并已久，且学科发展已历一段时日，故感受不深。而其他像在课程设计上，均依相关法令进行规划，并随社会经济环境变迁，进行课程调整，整并后已达到资源整合目的了，但东华大学在学分采记上未实际了解课程内容，只看课名致发生争议，广州大学则是本科课程选修很多样性；在学生社团整并上，均重新整合各校原有之社团，分类名称虽有不同，但社团性质大同小异，并有相关法令依据。

（三）两岸大学整并后，有各自订定相关章程规则及考评制度，但在资源管理流程上，感受程度却不相同

新学校运转过程，是建立新格局的过程，因此内部组织结构合理设置及人员、机构紧密协作，有助于提高学校管理效率。根据研究资料显示：两岸大学整并后，均订定一些新的章程规则，来管理新的组织结构，在各项资源使用效益评估上建立考核制度，运用绩效评核制度在学校绩效评估上，订定相关计划在教职员工教育训练及学生生涯发展上，使得学校在资源管理流程上能更为顺畅；但在资源配置感受上，东华大学认为整并前后都有法令依据，所以没什么差别，广州大学则认为还是不完善；在薪酬感受上，东华大学部分人员因薪俸未调整，而感到不满意，广州大学则普遍感到满意；在考核制度建立感受上，东华大学仍以原东华大学规章为主，广州大学则另订立新规章；在评估学校绩效感受上，东华大学的老师若未通过评鉴会受到解聘，广州大学则较人性化不会让任何人下岗。又从行政管理流程上，在行政效率方面，东华大学因很多规定都依原东华大学，且行政工作原本即分工较细，规定较多，程序也较繁杂，故没感觉变好，广州大学则认为有提高了；在行政工作流程方面，东华大学部分流程因业务分工未厘清，产生推诿情形，广州大学则随着搬迁至大学城后，更为顺畅及提高了。

四 两岸大学整并后组织文化方面

（一）两岸大学整并后，在物质制度文化层面建构过程中，仍有争议产生；在精神文化上则渐进形成

物质制度文化又称载体文化，是大学文化的外在标志，这些文化要素是要能进一步强化学校师生员工间的协同，以对新有机体的理解，而精神文化则是全体学校成员共同奋斗下，所逐渐发展出不同于他校的独特气质。根据研究资料显示：两岸在校址选取上，均以发展整体单一校区为目标，但以搬迁新校址又优于选其中一个校区为校址，易于融合组织文化间的差异；在校名选取上，东华大学整并双方各有争执，广州大学则没有太多争议；在校庆日期选择上，东华大学折中选择一日为校庆日，但参与校庆的意愿却不高，广州大学则尚未取得共识；在校徽设计上，东华大学由艺术学院设计，经校务会议通过后即予公告实行，未经公开征图产生，广州大学则在广征民意基础上做出决定；在建筑风貌上，东华大学以国际竞图方式建造，广州大学则由广州市人民政府统筹建设，故无法真正体现出广州大学的教育精神，加以近年来学校办学规模不断增大，使得建筑空间已不敷使用，这也将直接影响到建筑风貌改变。从精神文化层面以观，在校训制定上，东华大学并未订定新的校训，广州大学则部分来自私立广州大学；在校歌制作上，东华大学仍延续原东华大学校歌，但从学生的问卷中对新校歌的满意度与行动力却是偏低的，广州大学迄今则仍未有属于自己的校歌；在办学理念上，均有建构相关办学理念，以引导学校朝向未来目标发展，但东华大学随领导者治校理念不同会有所变动，广州大学则有一主轴持续发展；在发展目标上，均有建构发展目标，以培育优秀人才；在办学精神上，也均有构建办学精神，以传达学校深层的思维和价值理念。

（二）两岸大学整并后，均努力促进组织气氛融合，以提升成员对组织文化认同

新学校成立后在组织文化融合上，并非一蹴可及，而是整并后长期的任务。根据研究资料显示：两岸在组织气氛融合上，初期时均有融合不佳的状况产生，也有透过一些方式来促进，但现在情形就好多了，东华大学认为，校区太大及个人格局太小是造成对组织文化认同薄弱的因素，但也有人表示透过如校长的领导风格、各项公共艺术展览和表演，也能慢慢促进组织气氛的融合，广州大学则是透过歌咏比赛来促进；学校领导者在引领学校成员进行组织文化融合上，均有采取一些措施来促进，东华大学采取如两校区召开行政会议，或实践社会服务工作等做法，广州大学则是领

导者能够积极与强势地整合各方势力，抓住每一次机运。不过在校名、校徽、校歌、校庆等表征文化，能否促进组织文化融合上，东华大学多数受访者均不太认同，广州大学多数受访者反而认为，这能够潜移默化地增强师生对学校的归属感和认同感；而在原有学科发展专长上，东华大学虽有提出构想要推动，却碍于经费问题而无疾而终，另感觉师生似乎亦不太了解，学校的发展优势，广州大学则有对原整并各校学科优势进行分析，像土木、建筑、应用数学等较强专长持续培植，但像师范类由于变成综合大学后，专业学科分散至其他学院，加上师资培育来源的多元化，致使学科优势却逐渐被弱化了。

（三）台湾东华大学在文化差异上，因整并时间短，仍有些许隔阂；大陆广州大学则已无差异情形

文化差异的产生是由于两种不同个体或族群，因认知或价值观等之不同，导致沟通障碍之产生。根据研究资料显示：两岸在初期均有文化差异情形产生，学生间亦同，不过现在这种情况已好多了，东华大学从学院更名、校庆啦啦队比赛、教师升等、系所评鉴等方面，体会出差异情形，广州大学则认为这是整并初的一种感觉，自然产生的一些心理上隔阂；而因文化差异导致意见不合或冲突现象发生上，东华大学在学院改名、学生会行政事务及学分认抵上有发生过，不过随时间演进，现在情况也好多了，广州大学则经过几个关键点整合，尤其是 2006 年本科教学评估后，目前已无太大差异与冲突产生，更没有校区情结问题，若有也是意见不合，那是个别问题了。

五 两岸大学整并后组织运作效益方面

（一）两岸大学整并后，对学校未来发展及竞争力提升具正向性

组织运作效益或称效能，是一种抽象与含糊概念，是学校组织在内、外在环境运作下的成果。根据研究资料显示：两岸在学术研究上，均采取各项方式积极促进学术研究发展，在学术成果及教师学术成就上，亦优于整并前；在推动国际学术交流上，也均成立专责机构以促进交流；在教学表现上，均采取诸多策略及办法，促使教学成果有不错成绩，并订定相关评核机制；在学生学习成效上，除提供各项软、硬体设备外，更重视理论和实践的结合，另在招生方面，亦有不错成绩；在毕业生就业率上，也均达到很好成效；因

此受访者均同意整并对学校组织未来发展及竞争力提升具正向性。另外，在学术成就或知名度感受上，东华大学认为整并时间不长，仍有待加强，广州大学则表示得到了很大提升；在教师教学质量感受上，东华大学认为不受整并影响取决于教师个人，广州大学则表示因整并而提升；在学生学习成效感受上，东华大学认为资源环境虽变好，还须看学生本身学习态度，广州大学则认为从生源、参加学科竞赛、就业等部分成效提升了，但整体素质却因招生人数变多而弱化；在学校整体成效上，东华大学大多认为有所提升，广州大学则一致表示都有提升；在大学排名及招生排名上，东华大学认为大学排名有所下降，广州大学则认为招生排名得到提升。

（二）两岸大学整并后，学校各项成果及整体效益得到了提升，对外关系互动亦增强

大学本身必须维持内部稳定及适应外在环境变迁，才能促进学校持续生存与发展，故整并后的组织效益亦是学校在内外在环境运作之下的成果。根据研究资料显示：两岸大学整并后，均积极促进学术研究发展，在学术成果及教师学术成就上，也都优于整并前，使得整体成效得到了提升，也都肯定整并对学校是有帮助的。而在学校对外关系上，与地方社区互动方面，均运用自然、人文环境优势，提供各项学术与科研咨询与服务，积极融入地区经济社会建设，其中东华大学朝向社会实践和生活内涵结合，广州大学则着重产、学、研之结合；在回应政府社会需求方面，亦均积极投入办理各类在职进修教育或培训，及配合政府政策从事科研工作，其中东华大学较着重在支援政府社会之所需，如开办各类在职教育，广州大学则趋向主动承担政府社会的各种需求，如鼓励教师从事社会服务工作。另外，在促进学校组织目标达成感受上，东华大学似乎感受不到学校采用何种方式来推进，广州大学则认为应该是采用奖学金奖励制度；在排名感受上，东华大学认为加入教育、人文及艺术等类别后，导致整体排名应该有所下降，广州大学则指出是地方高校的前茅，在外地的招生更是一类招生。

六　两岸大学整并后困境与省思方面

（一）两岸大学整并后，均存在待解决之问题

大学整并工作是项巨大工程，必须耗费相当多人力、物力及财力的支援才能完成任务，而学校组织重整后，在初期校务运作上难免会带来一些

问题和困难，若未能加以克服，恐将成为学校未来发展的隐忧，这也是组织运作必然的过程。根据研究资料显示：两岸同时面临到人事管理、财务管理、课程管理、人员态度、硬体建设、人才及重点学科突出等问题，人事管理问题方面，东华大学面临人力分配不均与不足问题，广州大学则是人才无法久留及人员替代问题；财务管理问题方面，东华大学面临经费不足问题，广州大学则是创收费用统一问题；课程管理问题方面，东华大学面临课程认证、学分认定及选课系统操作上等问题，广州大学则是不同课程整合问题；人员态度问题方面，东华大学仍有向心力不足问题，广州大学初期有现已无此问题了；硬体建设方面，两校同时遇到学生宿舍不足问题，东华大学则还有闲置校舍问题；人才问题方面，东华大学整并初教师层次低无法适应研究工作，广州大学则是学校办学层次低无法留住好人才，及如何调动人才的积极性等问题；重点学科突出问题方面，东华大学面临师范教育无法突出的问题，广州大学则是学科优势无法再提升的问题。

（二）对未来大学整并启示，仍以解决人的问题为首要

政策分析是一项"预测"的工作，因为它必须配合各项主、客观因素来进行分析，以提供不同替代方案，供决策者作为决策参考，而大学整并政策执行后，对于整并执行的结果，亦会产生各式建言或看法，这些极有价值的资料，对未来整并学校发展相对是正向的。根据研究资料显示：两岸大学均不约而同地提到人的问题，是以人员是整并成败的关键因素，东华大学认为整并初只要由少数人组成整并小组，较容易达成共识；尊重教师的选择权及解决小校老师的心理障碍；整并后人员间的冲突让时间来解决；两校整并双方应克制言谈才不致影响整并。广州大学方面则认为学校能够快速发展，完全是因为它在人员、组织编制上按机构、按学科来分，干部也采取统一竞争上岗；做好思想政治工作，让大家齐心合力为学校努力；整并后最关键因素还是人的因素，必须了解其心理状况。

第二节 建议

一 对台湾大学院校未来整并之建议

（一）台湾应运用大学整并法令全面加速推动，另应有充分配套措施为宜，以符合实际需要

　　根据研究结果发现，两岸由于国情不同，故政府在整并推动力度上各不相同，台湾地区直至 2011 年通过"大学法"第 7 条修正案后，才得以加速整并作业，而大陆地区虽有法令依据，然则是由政府依计划或方案全面主导整并工作。目前台湾在整并工作上尽管有立法授予"教育部"主导整并工作，但面临少子化问题严重及外在市场竞争白热化现象，台湾各校若不自觉配合主管机关即早进行整并工程，恐将造成高等教育更大伤害，而主管机关也应积极介入主导作业，督促各校尽速进行整并。唯应有充分配套措施为宜，以符合实际需要，如欲参与整并学校，主管机关应予政策说明及思想建设工作，减少师生疑虑；由主管机关先遴选合校小组成员几人，将核心问题厘清达成共识，减少纷争；又参与整并学校，主管机关亦应明确提出给予何种优惠及补助；整并后也应持续追踪了解各校实际发展状况，提供必要协助，以真正落实整并工作。

　　（二）教育行政主管机关应重视整并后，首任校长的遴派，以减少学校间的冲突产生

　　根据研究结果发现，广州大学整并后，上级在首任书记和校长的遴派上，系以与整并各校完全没有任何渊源关系的人来担任，其余初任干部亦由非广州师范学院的人优先担任，除非其他学校在资历和职称上无资格符合时，再由广师来担任，如此做法正好能够中立地平衡各方在整并过程中，因权力划分所产生的情绪纠葛，亦能驾驭各方势力，开展工作。反观，东华大学在首任校长的遴派上系由原东华大学校长来担任，其余初任干部遴聘亦以原东华大学人员居多，有受访者在访谈中即透露出其对两校整并的许多不满与无助，如此遴派除易导致成员心态上的不满和隔阂外，更易影响到学校领导者的领导作为和组织气氛。有人说："有什么样的校长，就有什么样的学校"。意思是，干部的领导信念与作为将决定一个学校的走向与发展，尤以大学整并后，更是如此。由于整并各校成员均来自不同学校，在各校中原有各自利益和权益存在，对于新环境仍在观察与适应当中，故其想法未必是理性的，容易产生一些情绪性的因素，所以怎样秉持公平原则、中立态度与人性方式来尊重与包容不同文化的对象，是学校领导干部的一种智慧，然而因为人性的私心，难免在行事上会有所偏颇，故若在领导干部选用上无法得到共识，极易造成学校成员心态无法调

适情况，更会对大学整并带来伤害。

（三）大学整并后，可采行如招聘新人才、参与评鉴考核等措施，来加速学校成员对组织的认同与归属

根据研究结果发现，广州大学整并后，虽然有订定一些如校名、校徽、校训等共同文化，来促进学校成员对新学校产生认同与归属，但初期仍有些隔阂存在，不过自从 2004 年学校大举向海外招聘人才后，教师队伍构成发生了变化，就将一些不愉快冲淡，共同为下一个目标而努力，逐渐淡化过去所谓校区情结问题；其次，2006 年接受本科教学工作水平评估开始，由于经常开会，学校成员把时间、精力都花在这项工作上，更消除了彼此间的隔阂，真正地认同广州大学。然而，在这当中最主要的促成因素还是 2005 年整体搬迁广州大学城后，使得学校人员平常很难碰在一起的，现在都聚在一起了，相互之间更增进了融合，才确实地完成了实质性整并工作，促使学校能快速发展。学校整并后，成员间彼此并不熟识，加以对新学校尚在磨合当中，所以领导者可藉由一些策略或措施，加大成员间的参与感，让学校发展目标成为每个人的事，使成员愿意付出心力共同努力，运用此方式来拉近同仁与学校间的距离，调整受整并的人员的心态，将能快速产生认同与归属。只是学校若处于分散校区阶段，仅有透过开会或活动，大家才有机会碰面，且必须花费大量时间在交通路程上，故采此方式所能增进的效果极其有限。因此，本书认为处于单一校区，加以领导者采用各项策略与措施，最能快速促进整并后学校成员对组织的认同和归属。

（四）大学整并后，可朝单一校区办学为发展方向，有利于各项资源统合及组织文化融合

根据研究结果发现，两岸大学整并后，初期均以分散校区办学，不仅需留部分行政人员于各分校区办理行政工作外，更在校区交通往返上、资源配置与共享上、行政工作流程及效率上、学校整体文化融合上等方面，产生了极大的不便利性。之后，两校均朝单一校区办学为发展方向，将行政、学术、各馆舍及主要资源集中于一校区，其余校区则另作他用，大体解决了上述所提问题，也更增进了组织文化的融合。不过，广州大学在整并前，原定全日制在校生规模为 2 万人，但由于学校整体发展迅速，生员人数不断增加，以致大学城校区学生宿舍不敷使用，现则规定经济与统计

学院、公共管理学院、工商管理学院三个学院，本科一年级学生必须搬至桂花岗校区上课，二年级再搬回大学城，故此点为该校必须重视且亟待解决的问题。所谓"工欲善其事，必先利其器"，亦即要做好一件事，必须将准备工作先做好，学校在整并初，各项软、硬体设备，尚待整合，又因各校区分散，使得资源使用及组织文化形成受到限制，从台湾整并案例中如嘉义大学亦发现相同问题，因此本书建议最有效的解决方式，即是朝向单一校区办学发展，而校地的取得可采用与其他机关以地换地，或另扩充校地方式，以达成实质整并，而非流于表面化。

（五）大学整并后的规模发展应有一定限度，若超过反而降低办学效益

根据研究结果发现，东华大学整并后，在人员数量上已达"最适经营规模"，而广州大学整并初期虽有达到政府所预计的2万人门槛，但随着学校办学效益增长，人数即不断地在成长，现已达2万7、8千人，除造成大学城校舍不敷使用外，对于无法容纳的学生则安置于桂花岗校区上课，如此一来，学生在各项资源共享上将难以得到满足，教师亦必须往返于两校区，形成时间与金钱的浪费，及行政效能的低落。因此，本书认为广州大学应根据自身办学条件与社会需求来发展，否则不仅未能产生规模效益，反而演变成更多隐性浪费。从经济学上来说，厂商之生产规模扩大，其长期平均成本起初随生产规模扩大而递减，但到某个阶段后随生产规模扩大反而递增，递减部分表示规模愈大，生产效率愈高；递增部分表示生产规模愈大，生产效率愈低。换言之，学校规模发展若过大，将不利于经济效益成长，因为当规模过大时，管理环节就会增多，除容易造成行政沟通及协调的困难度，导致讯息、管理过程损耗大之外，也会造成学校成员间关系的疏离感和行政僵化，与部分设备闲置的状况。

（六）大学整并后，以学科整并争议最多，应充分沟通建构共同愿景，以减少抗拒阻力

根据研究结果发现，东华大学整并后，受访者对于学科整并的感想特别深，争议也最多，学校方面最初以学科性质相近的系所自己讨论未来架构，并进行整并，唯此过程双方总是谈不拢，为加速整并步调及考量整体组织运作，像观光暨游憩管理研究所和运动与休闲学系，学校便介入主导采取强势整并做法，但却导致该系所近百名学生的静坐抗议事件，最后只

好同意将整并案暂缓，并将全案交由该系内部重新进行讨论，并允诺让学生能充分表达意见，才告落幕。系所整并不像行政组织或馆舍的整并，除了是外在形式的改变外，更牵涉到师生权益，故是所有整并过程中，费时最久，争议也最多的一个项目，尤以当人习惯于某种环境当中，便常会采取较为保守的态度来面对事情，所以学校组织在处理学科整并问题时，应就问题了解成员真正的需求，找出成员抗拒整并的主要原因，充分沟通。因此，本书建议不论学校领导者或所有师生，都应具有整并是学校组织发展必然过程的共识，再来进行沟通，并建构学校未来发展的美丽图像，增进实质的利益，才能减少抗拒阻力。

（七）大学整并后，在精神文化层面，应确立办学主轴的特色愿景，不致因校长更替而有所变动

根据研究结果发现，广州大学整并后，在办学理念上，建构出"教学立校、科研兴校、人才强校、服务荣校"的主轴；在发展目标上，拟订了"分三步走"的近、中、长期发展战略构想，第一步为"十五"时期的"整合资源、强化建设"阶段，第二步为"十一五"时期的"突出重点、夯实基础"阶段，第三步为"十二五"及其后较长时期的"全面提升、形成优势"阶段，学校即以此目标及主轴，来引导学校发展。反观，东华大学在此方面则随领导者治校理念的不同而有所变动。新学校成立后，文化间融合在短时间内是难以看出成果的，而欲型塑一新组织文化更不是一件容易的事。因此，本书建议学校领导者在学校组建后，应召集会议统合各方意见、思想，克服种种"山头主义"倾向，形成共识，根据学校创建宗旨与目的，共同规划建立学校未来整体发展趋向，突出本身学科优势，开展其他专长，并依社会经济环境变动适时调整，这将对学校发展带来帮助，亦为学校成员有一依循方向，不因领导者的更替而变动。

（八）大学整并后，学校应建立一套内部沟通机制，来消弭文化间差异

根据研究结果发现，两岸大学整并后，初期均有文化差异情形发生，亦有因文化差异导致意见不合或冲突的现象，学生间亦同，这是一种感觉，自然出现的一些心理隔阂，不过这些事情随着时间的演进，现在情况就会好多了。东华大学在学院更名、校庆啦啦队比赛、教师升等、系所评

鉴等方面，可体会出学校文化间的差异；广州大学整并迄今已超过 10 年以上时间，现则已没有所谓文化差异了！有的话也是意见不合。新学校成立后，不同学校间原有各自形成已久的文化，文化差异的产生即是因认知或价值观不同，所产生的沟通障碍，故想在短时间内予以融合并非易事。因此，本书建议可行做法包括在学校中建立一套内部沟通机制，让讯息、建议及回馈能够畅通，并得到满意解决；再者，让学校师生能够参与学校重大决策，增加充分表达意见的机会，并将决策过程和结果公开透明化；最后，在人员心态调整上，学校应透过各种正式或非正式会议，提高全体师生员工对大学整并重要性、必要性和发展共同目标的认识，以激发全员积极向上的精神面貌，全心投入学校未来发展与建设事业上，相信随着时间的演进，即能将文化间的差异逐渐淡化。

（九）大学整并后，师生应多加利用学校资源配置与管理，以提升整体效益

根据研究结果发现，两岸大学整并后，在图书资源整合上均有增加；在经费配置上亦有明显提升；在资源管理上，均订定了一些新的章程规则，来管理新的组织结构；建立考核制度，在各项资源使用效益的评估上；运用绩效评核制度，在学校绩效评估上；订定相关计划，在教职员工教育训练及学生生涯发展上，使得整并后学校在资源管理流程上能更为顺畅。但台湾东华大学有受访者却提醒，新学校学生多、校园大、环境好、设备也好，什么都好，环境虽然变好了，但整体成效提升，仍需靠教师及学生自身努力，以争取未来的实力。大学整并的改革，改善了学校原本规模过小，资源过少的缺点，除了整并各校原有之资源外，并依整并前的规划，政府另外再挹注其他经费，使得整并后的学校在资源与设备上提升不少，将教育资源的配置优化，在如此优渥的学习环境下，整体学术研究、教学品质及学生学习成效自然能够有所提升，从两校整并后的相关数据亦可得到证实。因此，本书认为学校整体成效的提升，与学习资源、环境的改变固然有关，但仍需靠学校成员能否运用这些资源，努力来争取自己未来的实力。

（十）大学整并后，政府仍应管控学生数量，以免学生学习成效及整体素质弱化

根据研究结果发现，两岸大学整并后，在学术研究上，均采取各项方

式积极促进学术研究发展，在学术成果及教师学术成就上，亦优于整并前；在教学表现上，则采取诸多策略及办法，促使教学成果上，均有不错的成绩；在学生学习成效上，除提供各项软、硬体设备外，更重视理论和实践的结合，另在招生状况上，亦有不错的成绩；在毕业生就业率上，也达到很好的成效；在与地方社区互动方面，均运用自然、人文环境优势，提供各项学术与科研咨询与服务，积极融入地区经济社会建设，形成紧密互动关系；在回应政府社会需求方面，亦积极投入办理各类在职进修教育或培训，及配合政府政策从事科研工作，使得整体对外关系热络；在整体成效上，因为整并的关系，使得学校不论在硬件或软件资源上都得到了优化，学校发展也因此变得更加迅速，故对学校组织未来发展及竞争力提升具正向性。事实上，从两所学校包括教师、行政人员及学生的访谈中，亦明确指出整并对学校未来发展是具正向性的。在东华大学由于少子化问题，致使学生来源有停滞及下降趋势；但在广州大学却因整并后办学绩效良好，因此生源不断地增加，已超出原先规划生员数，以致学生整体素质因而弱化，这是个值得注意的现象，故本书建议，整并后的大学在设定员额数上，应以学校能够负荷的最大量为要，不宜以规模庞大的巨型大学为目标。

（十一）学校应以实事求是精神，正视整并后所产生之问题

根据研究结果发现，两岸大学整并后，受到内、外在环境及现实因素影响，产生了人事管理、财务管理、课程管理、人员态度、硬体建设、人才及重点学科突出等问题，唯假若这些问题未加以重视并解决，将攸关学校未来建设与发展。不过，这些问题部分是可立即解决，如课程认证、学分认定、选课系统操作及闲置校舍等，大部分则是无法立竿见影的，如人力不足、向心力不足、经费不足、如何调动人才的积极性、师范教育无法突出、学科优势无法再提升等。依此，本书建议学校应以务实态度，针对问题解决问题，并存有问题的产生是必然的过程，也是短暂现象的态度，因为今天的大事将变成明天的小事，今天的新闻将变成明天的历史，所以学习以平常心看待这些事情，将能快速解决这些问题。

（十二）人员态度是大学整并工作成功与否的关键，学校宜多沟通及尊重个人想法，以进行实质性整并

从相关整并文献中可得，倘若人员对整并工作抗拒态度表现越强烈，整并过程越容易充满阻碍，甚至面临破局。根据研究结果发现，东华大学在整并过程中，由于一方整并意愿强，另一方整并意愿弱，且在会谈过程中一方又以言语刺激另一方，致造成整并推动过程停滞，徒增困扰；反观，广州大学因为做了思想政治工作，使得学校内外人员对整并均达成共识，所以在很短时间内即完成整并。因此，本书建议在整并过程中学校应开诚布公，消除各项疑虑，此外整并后必须克服人员心理障碍，如在升等问题上应采取更弹性做法以容纳差异；在职务异动上也应尊重其个人选择、保障其权益，建立起共同信念，以定位出学校未来发展方向。

二 对后续相关研究之建议

综合以上，本书尚有以下方面值得后续作进一步研究。

（一）扩大研究对象及范围

本书囿于时空、环境因素，仅以东华大学及广州大学为个案分析对象，无法兼顾其他学校整并的特殊性。建议后续研究者可考虑将研究对象扩及当时实际参与决策的政府官员或承办人、毕业校友，或者社会大众；而研究范围倘若在经费、时间许可下，可进一步将研究触角深入其他整并案例学校（包含未成功案例），相互比较各校整并经验，以求取能提供更完善、更全面之助益在大学整并上。

（二）改善研究工具及研究方法

在研究工具上，本书采取质性研究之访谈法进行两岸大学整并之资料搜集，以了解个案对大学整并之看法，对于部分无法搜集到的资料，建议后续研究者能辅以问卷调查研究法，以扩大资讯搜集的范围；在研究方法上，本书则采取比较教育研究法进行两岸大学整并之比较研究，而进行两地比较教育研究，笔者必须亲临研究现场进行研究，才能获得比较真实的材料与资讯，及探究更深入的细节层面，远胜过文献探讨所呈现的部分，建议在未来研究上，仍可持续运用此研究方法，来探讨更多整并案例，另也可再辅以焦点团体访谈法，让参与者在一个舒适、包容、无威胁性的情境下进行讨论，以进一步提供丰富和有建设性的意见，收集思广益之功效，使所得结论能愈加适切与周延。

　　事实上，大学整并已是现阶段台湾高等教育不可忽视的方向，因此台湾应从相关大学整并文献中，归纳出一套标准作业流程，内容包括整并政策问题分析、整并后人员配置规划、整并后资源配置规划、整并后组织文化方面、整并后组织运作效益方面及整并后困境与省思等，以作为后续整并学校参考依据。

附录 大陆广州大学（台湾东华大学）整并之比较研究访谈提纲

一 学校整并政策参与者、教师及行政人员部分

（一）高校整并政策问题分析

1. 请您说明，贵校整并的历史沿革情形为何？

2. 请您说明，贵校整并的法令依据为何？

3. 请您说明，贵校当时进行整并的缘起与背景为何？

4. 请您说明，贵校当时进行整并的愿景为何？

5. 请您说明，贵校当时进行整并的预期效益为何？

6. 请您说明，贵校当时的整并计划内容为何（可提供书面资料）？包含教职员工生权益保障部分、行政组织架构、学术组织架构、校区使用规划、校名决定等如何规划安排。

7. 您认为，贵校较属于哪一种整并型态？整并政策之制定周全吗？

8. 请您说明，贵校实际整并过程为何？整并程序、步骤如何决定？

（二）高校整并后人员知觉情形

1. 整并后，就您所知，贵校新领导者采取什么具体措施，来进行沟通、协调，或广纳不同声音，以增进新同人间的互动，情形为何？

2. 整并后，就您所知，贵校新领导者运用什么具体方式，来提升或满足同人的工作动机与士气，情形为何？

3. 整并后，就您所知，贵校同人对新学校的认同或归属程度为何？例如，对于新学校教育目标、宗旨与未来发展有何看法？

4. 整并后，就您所知，贵校同人对新学校的薪酬、升迁或其他福利制度权益上，满意程度为何？

5. 整并后，就您所知，贵校同人对于学校事务的参与程度为何？

6. 整并后，就您所知，贵校同人间的相处情形为何？产生什么纷争？认同彼此间的差异吗？情形为何？（请举例说明）

7. 整并后，就您所知，贵校同人在新环境中业务工作量为何？发挥自我潜能及能力的情形为何？

8. 整并后，就您所知，贵校同人在新环境中整体工作表现为何？

（三）高校整并后资源配置情形

1. 整并后，就您所知，贵校在行政组织、学术组织、设备、资讯平台、场馆等组织结构上，制定相关法令章程，其运作或磨合情形如何？产生什么问题？

2. 整并后，就您所知，贵校在人员招募、遴（甄）选、任用、人员能力和工作分析、绩效制度之建立及运用、人员薪酬和福利制度、教育训练、生涯发展等制定考核制度，情形为何？在整体上制定如大学评鉴制度，以评估办学绩效，办理情形如何？

3. 整并后，就您所知，贵校在系所课程规划与设计及学生社团，是否达到资源整合，情形如何？

4. 整并后，就您所知，贵校在预算经费、内部人事升迁、其他福利制度等资源分配重组上，其运作情形为何？

5. 整并后，就您所知，贵校对教职员工职位、学生权益安排为何？

（四）高校整并后组织文化分析

1. 整并后，就您所知，贵校在整体组织气氛的营造上，采取什么样的措施或方法，以增进组织和人之间的融合，情形为何？校徽、校庆、校歌等表征对组织文化的整合情形为何？

2. 整并后，就您所知，贵校采取什么样的措施或方法，来促进组织目标的达成及竞争优势的发挥，情形为何？例如，整并前各校原有之专业类别如何整合问题。

3. 整并后，就您所知，贵校有无因组织文化间差异，导致学校内部的意见不合与冲突发生，情形为何？整体组织文化发展趋势为何？例如，注重研究绩效、注重教学效能或强调整体规划。

4. 整并后，就您所知，贵校根据环境状况，制定整体发展规划和定位，情形为何？

（五）高校整并后组织运作效益分析

1. 整并后，就您了解，贵校在学术成就、教学品质、学生学习成效上（包含学生、教师、学校整体竞争力指标）提升情形为何？整体研究实力提升情形为何？

2. 整并后，就您感觉，贵校在经营效能及行政效率上是否提升？

3. 整并后，就您了解，贵校在跨学科交叉与研究项目增多之下，是否有发挥学科综合优势，情形为何？

4. 整并后，就您感觉，贵校在办学环境效益上提升情形为何？

5. 整并后，就您感觉，贵校在整体营运效益上比起未整并前情形为何？好与不好在哪里？有否达到真正整并目标？例如，招生排名及入学率提升情形等。

6. 整并后，您认为，对贵校组织未来发展有正向帮助否？有无提升？贵校本身竞争力，情形为何？

7. 整并后，您认为，贵校与社区互动关系为何？如何回应政府社会的需求？

（六）高校整并后困境与省思

1. 请您说明，贵校在整并后所产生之困境与难题为何？您认为这些问题主要受何因素影响？因应及解决方式为何？例如，组织文化冲突问题、因校区分散所带来的管理难题、办学目标发展应为教学或科研上问题、资源配置与共享问题、相关配套政策与机制不健全问题等。

2. 在这当中，最大阻碍及最亟须解决问题又为何？

3. 对未来整并学校是否可提供整并意见？

（七）您是否还有其他有关整并之意见要补充？

二　学校整并后学生部分

（一）高校整并后人员知觉情形

1. 整并后，就您认为，贵校同学间的互动情形为何？对贵校的认同或归属情形为何？有无整并融合阻碍因素存在？

2. 整并后，您对贵校公共事务的参与程度为何？

（二）高校整并后资源配置情形

1. 整并后，就您所知，贵校在行政组织、学术组织、设备、资讯平台、场馆等组织结构上的设计与使用情形为何？产生何问题？

2. 整并后，就您所知，贵校对学生生涯发展有否制订相关计划，情形为何？对学校整体发展有否制定如大学评鉴制度，以评估办学绩效，办理情形为何？

3. 整并后，就您所知，贵校在系所课程设计及学生社团规划上，情形为何？

4. 整并后，就您所知，贵校对学生权益安排情形为何？

（三）高校整并后组织文化分析

1. 整并后，就您认为，贵校的校徽、校庆、校歌等表征对组织文化的整合情形为何？

2. 整并后，就您所知，贵校采取何种方式在促进组织目标的达成及竞争优势的发挥上，情形为何？例如，对学生的学习要求。

3. 整并后，就您体会，贵校有无存在因组织文化间差异，导致学校内部意见不合与冲突发生？在整体组织气氛上感受为何？

（四）高校整并后组织运作效益分析

1. 整并后，就您了解，贵校在学术成就、教学品质、学生学习成效上（包含学生、教师、学校整体竞争力指标）情形为何？整体研究实力情形为何？

2. 整并后，就您感觉，贵校在经营效能及行政效率上是否提升？

3. 整并后，就您了解，贵校在跨学科交叉项目增多之下，选择修习课程更自由多元，社团种类与活动亦更为多样，对您的帮助情形为何？

4. 整并后，就您认为，对贵校组织发展有正向帮助否？有提升贵校本身竞争力否，情形为何？

5. 整并后，您认为，贵校与社区互动关系为何？如何回应政府社会的需求？

（五）您是否还有其他有关整并之意见要补充？